Histórias reais
sobre o demônio
e como combatê-lo

EXORCISTA

OS ARQUIVOS SECRETOS

Padre
CARLOS
MARTINS

Título original: *The Exorcist Files*

Exorcista: Os arquivos secretos
1ª edição: Abril 2025

Todas as citações bíblicas foram retiradas da *Bíblia Sagrada NVT – Edição Católica*,
publicada pelo selo Gratus (Citadel Grupo Editorial) em 2024.

Autor:
Carlos Martins

Tradução:
João Fonseca

Preparação de texto:
Elisabete Franczak Branco

Revisão:
Gabriel Silva | Rebeca Michelotti

Projeto gráfico e diagramação:
Jéssica Wendy

Capa:
Marcus Pallas

Impressão:
Plena Print

DADOS INTERNACIONAIS DE CATALOGAÇÃO NA PUBLICAÇÃO (CIP)

Martins, Carlos
Exorcista : os arquivos secretos : histórias reais sobre o demônio e como combatê-lo / Carlos Martins ; tradução de João Fonseca. — Porto Alegre : Citadel, 2025.
336 p.

ISBN: 978-65-5047-614-4

1. Exorcismo 2. Possessão diabólica I. Título II. Fonseca, João

25-1047 CDD 265.94

Angélica Ilacqua - Bibliotecária - CRB-8/7057

Produção editorial e distribuição:

CITADEL Grupo Editorial

contato@citadel.com.br
www.citadel.com.br

EXORCISTA

OS ARQUIVOS SECRETOS

Padre
CARLOS MARTINS

Tradução:
João Fonseca

CITADEL
Grupo Editorial
2025

NOTA PARA O LEITOR

Este livro contém relatos reais de possessão e outras atividades demoníacas de meus arquivos de casos e anotações.

Para manter o anonimato das vítimas e de suas famílias, alterei os nomes de todos os envolvidos. Também alterei outros detalhes quando havia uma chance razoável de que as vítimas ou suas famílias pudessem ser identificadas.

Os exorcistas geralmente usam o termo "o Diabo" quando se referem a um demônio genérico. Isso não ocorre porque não há diferença entre Satanás e os demônios sob seu comando, mas porque toda ação demoníaca é realizada sob a autoridade de Satanás, independentemente de o próprio Satanás ser o ator direto. O mal opera em uma hierarquia. Satanás está no topo dessa hierarquia e os outros demônios são seus agentes. O exorcismo é uma prática sacramental da Igreja Católica Romana e, como sacerdote católico ordenado, as explicações teológicas que ofereço neste livro estão fundamentadas nessa tradição. Reconheço que alguns leitores de outras denominações cristãs ou tradições religiosas podem achar certos aspectos pouco familiares ou até mesmo contraditórios com suas próprias crenças. Não é minha intenção causar ofensa ou criar conflito. Convido os leitores a considerar essas perspectivas com a mente aberta, entendendo que as diferenças de interpretação fazem parte do diálogo cristão mais amplo.

Este livro é destinado a um público adulto, e os tópicos discutidos podem ser perturbadores.

Salvo indicação em contrário, todas as referências das Escrituras são da Versão Padrão Revisada.

Mariis
in vita mea micantibus

*A razão pela qual o Filho de Deus
apareceu foi para destruir as obras do Diabo.*

1 João 3:8

SUMÁRIO

Apresentação 11

Prefácio 17

Introdução 21

1. A realidade do demônio 33
2. O que é atividade demoníaca? 59
3. O que é exorcismo? 87
4. Portas: como os demônios entram em uma pessoa 119
5. Uma sessão de exorcismo 147
6. Backup celestial 169
7. O mundo oculto 201
8. Bruxaria e satanismo 231
9. Maldições 261
10. Fantasmas e assombrações 279
11. Sexo e sexualidade: portais para a alma 297

Conclusão 323

Bibliografia 328

Notas 330

apresentação

Ao longo de minha vida sacerdotal, encontrei regularmente almas que, de uma forma ou de outra, foram afligidas por Satanás e seus anjos caídos. Posso me juntar com confiança ao meu irmão sacerdote, padre Carlos Martins, para declarar que o mal é real. De fato, o mal não tem apenas um nome, mas também uma vontade – um impulso incessante de roubar, matar e destruir.

Ao mesmo tempo, experimentei pessoalmente e testemunhei na vida de outras pessoas a realidade dos santos anjos, inclusive dos anjos da guarda. As palavras das orações diárias, como o *Angelus*, o *Angele Dei* e a Oração a São Miguel Arcanjo...

"O Anjo do Senhor anunciou a Maria...,"

"Anjo de Deus, meu querido guardião... esteja ao meu lado para iluminar e guardar, para governar e guiar", e

"São Miguel Arcanjo, defendei-nos no combate" não são figuras de linguagem, mas referências a criaturas puramente espirituais de Deus que são Seus mensageiros. Eles nos ajudam em nossa luta para resistir à tentação e viver fielmente em Cristo, com a ajuda da graça divina que flui imensamente e incessantemente de Seu glorioso Coração perfurado para nossos corações (cf. Daniel 7, 10).

É uma triste verdade que muitos hoje em dia, inclusive muitos dentro da Igreja, rejeitam essas afirmações ou se afastam delas por considerá-las incômodas. Nos últimos tempos, surgiu uma tendência racionalista que procura reduzir falsamente toda a realidade ao que é naturalmente explicável ou enfatizar totalmente um corolário de otimismo sobre a vida cristã, que não leva em conta a incessante atividade demoníaca liderada por Satanás.

Cristo, ao contrário, não tinha tais ilusões. Com total realismo, Ele identificou Satanás como "homicida desde o princípio" e "mentiroso e pai da mentira" (João 8:44). Da mesma forma, o *Catecismo da Igreja Católica* e a sólida teologia dogmática nos ensinam a levar a sério a realidade de Satanás e de seus companheiros, ao mesmo tempo que temos confiança na vitória final de Cristo sobre o mal.

A guerra de Satanás contra a humanidade é real e deve ser levada a sério. Ao mesmo tempo, o homem conhece a vitória definitiva de Cristo sobre Satanás, em que ele é chamado a compartilhar desde o momento de seu batismo e a não ceder ao medo covarde e ao desânimo. O capítulo final da história da batalha entre o bem e o mal já foi escrito. É a vitória de Cristo. Resta-nos fazer dos capítulos intermediários histórias de fidelidade a Cristo na batalha diária – histórias de sempre permanecer na companhia de Cristo por meio da oração, da adoração e da vida devocional.

Ao confrontar a força preternatural de Satanás e seus demônios, não devemos nos deixar enganar pela apresentação sensacionalista da possessão demoníaca encontrada em certas produções contemporâneas, a começar pelo filme *O Exorcista*, de 1973, que reduz toda a aflição de Satanás à possessão. Em vez disso, a verdade deve nos guiar conforme é anunciada nas Sagradas Escrituras e no ensino e na prática perenes da Igreja. Um confronto com Satanás nunca é agradável e tem a ver com o mal resultante do pecado, mas, ao mesmo tempo, não é aterrorizante, como é retratado em filmes sensacionalistas. Se estivermos em estado de graça, devemos sempre permanecer serenos, sabendo que a graça do Espírito Santo sempre triunfa no final.

Com essas considerações em mente, tenho o prazer de recomendar *Exorcista: os arquivos secretos*, do padre Carlos Martins. Com base em seus muitos anos de administração da graça da cura àqueles afligidos pelo Maligno, o padre Martins descreve como, nas várias formas de aflição demoníaca, quando Cristo é invocado por meio da oração, Ele sempre triunfa. A luta e o sofrimento decorrentes do encontro com os demônios maliciosos e assassinos são reais, mas Cristo sempre forneceu o remédio que dissipa suas mentiras e frustra suas tentativas de destruição. O livro do padre Martins é completo e aborda as muitas questões que envolvem a realidade da atividade demoníaca no mundo, colocando a possessão diabólica dentro do contexto de todo o espectro dos estratagemas de Satanás para afligir as almas.

Embora sua apresentação da possessão diabólica e do exorcismo seja fundamental, suas descrições de outras formas de ataques de Satanás são uma ajuda essencial para os muitos cristãos que não experimentam a possessão, mas ainda sofrem com as forças do mal – por exemplo, por meio do uso do tabuleiro Ouija, atividades ocultas e bruxaria. Cada capítulo de *Exorcista* constitui uma exortação à pureza de coração que nos vem do Sagrado Coração de Jesus, sentado em glória à direita do Pai. O dom sétuplo do Espírito Santo, que flui do Coração de Jesus para o coração humano, purifica o homem do pecado e o fortalece com o amor divino. Embora nenhum cristão deva procurar encontros com o Maligno, ele deve trabalhar diária e incansavelmente para ser puro de coração e, assim, estar preparado para resistir, com a ajuda da graça divina, aos ataques de Satanás.

Como a obra de Satanás é o engano e a desordem – em suma, o pecado –, os relatos da aflição das almas por Satanás são sempre feios. Embora seja necessário reconhecer e confrontar realidades desagradáveis, o padre Martins nunca apresenta a feiura como convidativa ou sedutora, mas, sim, como repugnante para um coração puro, como um incentivo para respeitar e promover a boa ordem com a qual Deus criou o mundo e que Ele inscreveu em cada coração humano.

Resta apenas expressar a mais profunda gratidão ao padre Carlos Martins por seu árduo trabalho de apresentar a realidade da aflição demoníaca da forma mais precisa possível, com fidelidade ao ensino perene e à disciplina da Igreja Católica. Que seus escritos nos inspirem a reconhecer o mal e a sermos "cooperadores na verdade" (3 João 8), cooperadores com Cristo no combate ao mal com confiança em Sua vitória. No fim de nossos dias na Terra, ao buscarmos a vida que está por vir, que possamos dizer com São Paulo:

> Lutei o bom combate, terminei a corrida e permaneci fiel. Agora o prêmio me espera, a coroa de justiça que o Senhor, o justo Juiz, me dará no dia de sua volta. E o prêmio não será só para mim, mas para todos que, com grande expectativa, aguardam a sua vinda. (2 Timóteo 4:7-9)

Que Deus abençoe você e seu lar! Que vocês testemunhem cada vez mais heroicamente o mistério da graça divina que expulsa os demônios, cura as almas afligidas pelo mal e fortalece e aumenta a pureza em cada coração humano.

Cardeal Raymond Leo Burke
18 de maio de 2024 – Solenidade da Ascensão de Nosso Senhor Jesus Cristo

PREFÁCIO

"Deus existe mesmo quando não há. Mas o demônio não precisa de existir para haver – a gente sabendo que ele não existe, aí é que ele toma conta de tudo."

— Guimarães Rosa, *Grande Sertão: Veredas*

Discernir é um ato essencial, tanto espiritual quanto humano. A palavra, derivada do latim *discernere*, une o prefixo dis- (separar) ao verbo *cernere* (ver claramente), revelando seu significado profundo: a capacidade de distinguir entre o que é verdadeiro e o que é ilusório, o bem e o mal. O discernimento, assim, torna-se mais do que uma habilidade; é uma necessidade urgente para aqueles que buscam viver com lucidez em um mundo onde as sombras frequentemente confundem e distorcem a verdade.

Como nos lembra o Concílio Vaticano II, na Constituição Pastoral *Gaudium et Spes* sobre a Igreja no mundo atual: "Deus nos reconciliou consigo e entre nós, arrancando-nos da servidão do diabo e do pecado". No entanto, a Constituição Dogmática *Lumen Gentium*, que versa sobre a natureza da Igreja, também alerta que o maligno continua a nos tentar, desafiando nossa resistência e o nosso propósito. Essa realidade se manifesta de maneira concreta e palpável nas experiências de exorcismo que este livro documenta. Ao nos apresentar essas histórias reais, o autor nos convida a um encontro honesto com a natureza do bem e do mal, e nos lembra de que o poder de Deus sempre prevalece, mesmo nas situações mais difíceis.

Para Guimarães Rosa, a ausência de Deus abre um vazio perigoso: "Mas o demônio não precisa de existir para haver". Nesse contexto, discernir torna-se não apenas um ato de clareza, mas uma forma de proteger nossa alma de influências que prosperam na escuridão. Não basta negar o mal para escapar dele; é preciso confrontá-lo, compreendê-lo e, com a ajuda de Deus, superá-lo. Em um mundo cada vez mais afastado da dimensão espiritual, *Exorcista: os arquivos secretos* torna-se um guia para a vigilância espiritual, iluminando a luta pela liberdade e a restauração da paz.

Como bem diz o apóstolo Paulo em sua carta a Timóteo: "Combati o bom combate, terminei a corrida, guardei a fé". O exorcismo é, de fato, um bom combate – uma luta pela alma humana contra forças que buscam desviar e destruir. Mas essa batalha é travada não apenas para repelir o mal, mas para reestabelecer o bem e permitir que a graça de Deus volte a habitar no coração humano. E, assim como Guimarães Rosa, o autor nos lembra que a vida é vasta e perigosa, e que o discernimento é nossa bússola nessa jornada.

Exorcista: os arquivos secretos não é uma coleção de histórias sensacionalistas, mas um convite ao discernimento. Que cada página seja uma lembrança de que a verdadeira liberdade, como escreveu Rosa, é "movimentação": um movimento constante em direção à luz, ao amor e à presença divina. Que essa leitura inspire você, leitor, a combater o bom combate, a cultivar a fé e a enfrentar o mal com esperança e discernimento, sabendo que, mesmo nos momentos de escuridão, Deus está presente, iluminando o nosso caminho.

Padre Cássio Dalpiaz
Vigário paroquial, professor de Literaturas nos seminários da Arquidiocese de Brasília e doutorando em Literatura Comparada pela UnB

INTRODUÇÃO

POSSESSÃO DEMONÍACA, EXORCISMO E DOENÇA MENTAL

Um dos meus primeiros encontros com o Diabo ocorreu dentro de uma casa logo após minha ordenação como sacerdote. A casa de uma mulher havia sido destruída por um incêndio, então ela se mudou para a residência do tio enquanto ele estava no Afeganistão. Em pouco tempo, ela começou a ouvir vozes chamando-a de cômodos adjacentes e ruídos de arranhões dentro das paredes. Os eletrodomésticos ligavam e desligavam sozinhos, e objetos que estavam em segurança sobre uma mesa ou bancada caíam repentinamente no chão. Os fenômenos a aterrorizavam.

Quando entrei na casa, senti uma tensão inconfundível, que acho difícil de expressar em palavras. Isso me fez lembrar de quando brincava de esconde-esconde quando era criança e esperava que meu esconderijo fosse descoberto a qualquer momento. Eu tinha a intensa sensação de estar sendo observado por algo que não me queria ali. Até mesmo o ar parecia estar contra mim. Eu estava sendo avisado: *Saia, ou então...*

Esse sentimento, no entanto, apenas aprofundou a compaixão que senti pela mulher e solidificou meu desejo de ajudá-la. Quando entrei na sala de estar, o ventilador de teto começou a girar. No início, girava lentamente – quase não se movia. Em um instante, porém, estava girando tão incrivelmente rápido que suas pás mal eram um borrão. O vento abundante do ventilador espalhou papéis soltos e pequenos objetos pela sala. Em um piscar de olhos, no entanto, o ventilador parou e ficou perfeitamente imóvel – apenas para começar a se mover lentamente alguns momentos depois. De repente, estava girando muito rápido novamente e, com a mesma rapidez, começou a girar na outra direção na mesma velocidade.

Coloquei a bolsa na mesa da sala de jantar e comecei a tirar o que precisava para fazer água benta. Pedi à mulher que enchesse uma tigela com água da torneira e comecei as orações quando ela voltou. Quando terminei e comecei a fazer as orações de exorcismo para a casa, ouvi o som de uma caixa de música vindo do andar de cima.

"Ali!", exclamou ela. "Essa é a caixa de música!"

Ao solicitar minha ajuda, a mulher mencionou uma caixa de música como o mais assustador de todos os distúrbios. Ela estava no quarto do tio e tocava aleatoriamente dia e noite, mesmo que ninguém desse corda nela. A mulher tentou tirá-la da casa, mas ela não saía do lugar na cômoda. Era como se os dois estivessem fundidos. Ela até removeu a chave de enrolamento para garantir que não estava sendo girada de alguma forma. Mesmo assim, a caixa de música continuou a tocar.

Comecei a aspergir água benta pela casa, e subi as escadas depois de ter terminado o andar inferior. Depois de abençoar todos os cômodos, entrei no quarto do tio dela e vi a caixa de música tocando. Abaixei-me e peguei-a sem problemas e, assim que a toquei, ela parou de funcionar. Abri a tampa para dar uma olhada no interior. Para nosso choque mútuo, a caixa de música não continha nada. Não havia peças, nem sinos, nem mecanismo de corda, nem lugar para pilhas. Tampouco havia qualquer evidência de que ela já tivesse abrigado qualquer um desses itens. Era uma caixa de madeira vazia.

Tomando emprestado um ditado muito usado, "A vida é uma caixinha de surpresas". Eu não esperava ser bem-sucedido no dia em que entrei na casa dessa mulher, mas também não esperava ser um exorcista. Depois que borrifei a caixa com água benta, ela nunca mais teve fenômenos diabólicos e viveu em paz na casa do tio.

Eu também nunca esperei estar em um ministério ordenado. Na verdade, até minha conversão do ateísmo durante meus estudos de graduação, nunca esperei acreditar em Deus. Mas agora escrevo este livro como um sacerdote católico que também é exorcista. Na Igreja Católica, o exorcismo não é um ministério ao qual um sacerdote normalmente aspira. É um ministério que lhe é designado... e que ele aceita com grande relutância. Se um seminarista ou jovem sacerdote demonstra um interesse significativo pelo demoníaco, isso geralmente é recebido com preocupação por seus superiores ou pelo bispo, e ele é instruído a direcionar sua atenção para outro lugar. A única coisa tão ruim quanto dar pouca atenção ao demônio é dar muita atenção a ele. Com ou sem razão, há uma certa "mística" em torno desse ministério. As pessoas perguntam regularmente aos exorcistas: "Você não tem medo do demônio?". De minha parte, a resposta é simples: não. Se tememos o demônio, já cedemos demais a ele. Eu respeito o demônio. Eu o respeito muito. No entanto, não o temo. Eu temo somente a Deus. Tenho medo de ofender a Deus; tenho medo de abandonar Sua graça; tenho medo de pecar contra Deus. Mas não temo o Diabo.

Qual é a diferença entre respeitar o demônio e temê-lo? Uma analogia pode ser útil. Você provavelmente tem uma faca afiada na cozinha. Quando usa essa faca, você é cuidadoso por causa do que pode acontecer se não for. Em outras palavras, você respeita a faca. No entanto, quando vai para a cama à noite, por mais perigosa que sua faca de cozinha possa ser, você nunca se preocupa com ela ou perde o sono por causa disso. Se isso acontecesse, você concordaria que algo está errado com seu estado mental.

Embora seja uma alegria fazer esse trabalho, nunca gostei de encontrar o Diabo e seus asseclas. Eu teria ficado satisfeito com minha vida de padre se nunca tivesse encontrado um único demônio. No entanto, considero esse ministério uma bênção e imensamente significativo. Por meio dele, ajudo Jesus Cristo a resgatar as almas que Ele ama, almas pelas quais Ele deu Sua vida, mas que estão sob o tormento de Seu inimigo. O que poderia ser mais gratificante do que dar a Jesus o que Ele quer?

Embora seja da natureza do trabalho de um exorcista combater demônios, seu foco principal nunca é o mal, mesmo que ele passe a maior parte do tempo lutando contra ele. Seu foco principal é Jesus Cristo, por quem ele deve estar loucamente apaixonado. Esse foco é crucial porque o une a Cristo e permite que Cristo o transforme em si mesmo. Tomando emprestado um termo do cristianismo oriental, o objetivo do exorcista é tornar-se *divinizado*. Seu ministério é eficaz na medida em que isso ocorre.

Publico esta obra sabendo que há sempre um perigo em fazê-lo. Muitos preferem ler um livro sobre o Diabo a um sobre Jesus Cristo. A atração humana pelo mal é um obstáculo para o crescimento de muitas pessoas em santidade. Embora nas páginas seguintes eu discuta a natureza e a estratégia do antigo inimigo do homem, fiz isso apenas para destacar a vitória do Deus encarnado, cujo propósito é "fazer novas todas as coisas" (Apocalipse 21:5).

A CIÊNCIA NÃO ELIMINOU A NECESSIDADE DE EXORCISMO?

Vivemos em uma era de contradições. Embora praticamente todas as culturas humanas tenham histórias de demônios e possessão demoníaca, muitas pessoas com "mentalidade científica" descartam a possibilidade de atividade demoníaca. No entanto, e se uma pessoa não conseguir encontrar alívio para seus sintomas por meio da ciência médica, mas sentir uma cessação após um exorcismo? O bom raciocínio científico e a lógica não ditariam pelo menos uma possibilidade de que a causa dos sintomas fosse, de fato, demoníaca? A racionalidade e a boa ciência exigem que a existência de demônios e suas atividades nefastas tenham seu dia no tribunal.

Aqueles que descartam a possibilidade de demônios são vítimas da armadilha demoníaca tão sucintamente colocada pelo autor francês Charles Baudelaire, que escreveu em seu famoso conto "O jogador generoso": *"La plus belle des ruses du diable est de vous persuader qu' il n'existe pas!"* ("O mais belo truque do diabo é convencê-lo de que ele não existe!")

Infelizmente, muitos hoje em dia – inclusive cristãos – acreditam erroneamente que os relatos do Evangelho em que Nosso Senhor realiza exorcismos são apenas exemplos de Ele curando pessoas de uma doença médica. Como os autores dos Evangelhos não conseguiam diagnosticar doenças físicas e mentais, atribuíram à possessão demoníaca o que é simplesmente um problema médico.

O cristianismo sempre acreditou na importância do exorcismo. Mesmo durante suas perseguições mais ferozes, a jovem Igreja estava ciente de que trazer almas para o Reino de Deus é, por seu próprio ato, uma pilhagem do reino de Satanás. O papa Cornélio, que reinou de 251 d.C. até seu martírio, dois anos depois, deixou uma lista de colaboradores. Em sua "Carta a Fábio", o bispo de Antioquia, o papa Cornélio indica que havia na Igreja de Roma 46 sacerdotes, sete diáconos, sete subdiáconos, 42 acólitos e 52 exorcistas.[1] O fato de os exorcistas serem mais numerosos do que os sacerdotes ressalta a seriedade com que a Igreja primitiva considerava a antiga serpente.

Ao mesmo tempo, a Igreja entende a necessidade de distinguir doenças médicas das espirituais. Em 1583, o Sínodo Nacional de Reims decretou:

> Antes que o padre faça um exorcismo, ele deve investigar diligentemente a vida do possuído, sua condição, saúde e outras circunstâncias, e deve conversar com pessoas sábias, prudentes e instruídas, já que os crédulos demais são frequentemente enganados, e melancólicos, lunáticos e pessoas enfeitiçadas frequentemente se declaram possuídos e atormentados pelo demônio, e essas pessoas, no entanto, precisam mais de um médico do que de um exorcista.[2]

Ao fazer essa distinção, a Igreja segue o exemplo do Novo Testamento, que diferencia doença de aflição demoníaca em Marcos 6:13: "Expulsaram muitos demônios e curaram muitos enfermos, ungindo-os com óleo.". Duas outras Escrituras mostram que o Mundo Antigo também reconhecia essa distinção. Em ambos os exemplos, os escribas acusam o Senhor. Em um deles, declaram que Ele está fora de si porque deixa de comer para pregar (Marcos 3:21). No outro, dizem que Ele deve estar possuído por um demônio porque afirma ser capaz de dar a vida e retomá-la (João 10:20). No entanto, após essa última acusação, os espectadores defendem o Senhor, dizendo que Suas palavras não são de um demônio, porque os demônios não curam a cegueira (João 10:21).

As doenças médicas e espirituais são genuínas, portanto, qualquer exorcista competente afirmará que cada uma delas deve ser tratada pelo praticante de sua respectiva arte: o médico ou o exorcista.

ATIVIDADE DEMONÍACA E DOENÇA MENTAL

A presença de espíritos demoníacos e doenças mentais geralmente não é uma situação de um ou outro. É possível estar sob controle demoníaco e ser mentalmente doente ao mesmo tempo. Os demônios são predadores e, como um bando de leões à caça, eles se voltam para aqueles que são mais fáceis de capturar. Muitos doentes mentais têm cicatrizes causadas por traumas passados. Muitas vezes, eles são propensos a fazer amizade com pessoas erradas que podem levá-los a comportamentos espiritualmente perigosos e moralmente pecaminosos. A doença mental também pode causar depressão grave, acabando com toda a esperança de que a situação melhore e colocando aqueles que lutam contra ela em risco de serem alvo de atividade demoníaca.

Por sua vez, os demônios são hábeis em usar o disfarce da doença mental para esconder sua presença. Assim como um inimigo trabalha para manter sua presença em segredo, os demônios trabalham para se misturar às condições e circunstâncias de seu hospedeiro de forma discreta. A doença mental costuma ser o disfarce perfeito porque os membros da família e a equipe médica acreditam ser ela – e não o demônio – a razão do comportamento aberrante da vítima.

Ainda assim, não há nenhuma conexão inata entre a doença mental e a opressão demoníaca. Um exorcista deve insistir que, juntamente com a oração, seja feito um exame sóbrio e adequado para confirmar se o sofrimento é ou não decorrente de opressão demoníaca. *Os exorcistas começam com a presunção de que os fenômenos comportamentais que observam provavelmente têm origem em causas naturais.* Partimos do princípio de que o comportamento estranho ou de aparência demoníaca é, com toda a probabilidade, causado por alguma doença. Empregamos os serviços da equipe médica e de especialistas em psicologia para entender e diagnosticar a origem do comportamento de um indivíduo. Portanto, afirmar que o exorcismo e a ciência estão em desacordo é, do meu ponto de vista, um absurdo.

A ciência psicológica moderna e o exorcismo

Também é justo observar aqui que a psicologia moderna *reconhece* o fenômeno da "possessão". O *Manual Diagnóstico e Estatístico de Transtornos Mentais* da Associação Americana de Psiquiatria (*DSM-5-TR*), às vezes chamado de "bíblia da psicologia", considera a possessão como um estado que carece de explicação completa e está sujeito à interpretação cultural. Embora o *DSM* presuma que tais estados sejam especulativamente dissociativos ou psicóticos por natureza, e embora não observe nem mesmo o sucesso do cristianismo em libertar pessoas de estados de possessão nos últimos dois milênios, o *DSM* contém, no entanto, observações fascinantes e convincentes, entre as quais a seguinte:

> A possessão... normalmente se manifesta comportamentalmente como se um "espírito", um ser sobrenatural ou uma pessoa externa tivesse assumido o controle, e o indivíduo fala ou age de maneira distintamente diferente. Por exemplo... o comportamento de um indivíduo pode dar a impressão de que sua identidade foi substituída por [um] "fantasma".[3]

Se a possessão "não é atribuível aos efeitos fisiológicos de uma substância... ou a outra condição médica"[4], então vale a pena perguntar: se a possessão não é causada por drogas ou doença, então o que a causa? Aqui temos a hesitação da ciência moderna em reconhecer a possibilidade do mal espiritual, embora não possa negar sua manifestação clínica.

Nossa era é uma era de contradições.

Por que este livro e por que agora?

Escrevi este livro para ajudar os leitores a manter o Diabo fora de suas vidas. O Ocidente está rapidamente se descristianizando e abraçando o paganismo. Essa mudança tem implicações graves. Os seres humanos são seres espirituais. Quando alguém não mais adere à visão cristã do mundo – ou não acredita em Deus, por exemplo –, o instinto espiritual ainda funciona. Ele busca satisfação nas miríades de caminhos pagãos e ocultistas doentios que inundam a sociedade ocidental. Atualmente, a seção de bruxaria em muitas livrarias é maior do que a seção de cristianismo. Lojas de brinquedos e varejistas on-line comercializam tabuleiros Ouija para crianças. A aceitação e o uso da pornografia explodiram, e a redefinição secular da sexualidade e da identidade de gênero, além de desestabilizar a sociedade, deixa aqueles a quem ela pretende beneficiar em uma situação ainda pior do que antes.[5] A alfabetização religiosa geral das pessoas é tão pobre que muitas não sabem o perigo espiritual a que estão se submetendo quando entram em um spa que oferece tratamentos de Reiki, usam cristais que "elevam" seus níveis de energia ou consultam um médium. De fato, muitos cristãos não sabem que têm um pé em dois reinos incompatíveis – o de Deus e o do inimigo.

Embora eu espere apresentar uma compreensão do ministério no qual me engajei por anos, meu objetivo final é dar aos leitores uma nova apreciação da vitória de Jesus Cristo e de como Ele capacitou Sua Noiva, a Igreja, para distribuir os despojos de Sua vitória para a libertação de todos os que acreditam Nele.

1

A REALIDADE DO DEMÔNIO

O CASO DE UMA TARDE ESTRANHA DE QUINTA-FEIRA

Mark e Cheryl se conheceram na faculdade e começaram a namorar depois de apenas uma semana. Um ano depois, eles se casaram. Ambos tinham 22 anos.

Embora se complementassem bem, o relacionamento entre eles ficava cada vez mais tenso a cada ano que passava. Ambos desejavam ter filhos, mas, por algum motivo, Cheryl não conseguia engravidar. Ela e Mark faziam exames médicos e os resultados eram sempre normais. Do ponto de vista fisiológico, os médicos não encontravam nada de errado com eles.

Cheryl foi ficando cada vez mais deprimida. Ela trabalhava como assistente jurídica, mas, após seis anos de casamento, não conseguia mais se concentrar nos detalhes de seu trabalho. Por isso, foi demitida.

Do ponto de vista econômico, o impacto sobre o casal foi mínimo. Como professor de inglês na faculdade, Mark ganhava o suficiente para sustentar a esposa sem ela precisar trabalhar. Mas ele temia que, sem um emprego, Cheryl tivesse mais tempo para se preocupar com o fato de não conseguir ter filhos.

Mark estava certo. Com o tempo extra, Cheryl fez quase nada além de se preocupar. Ela passou por um período muito sombrio durante um ano e viveu praticamente fechada em casa.

Depois, houve novos desdobramentos.

De repente, Cheryl começou a comprar roupas de bebê. No início, Mark não deu muita importância a essas compras, mas, por fim, elas se tornaram excessivas. Cheryl comprou grandes quantidades de macacões, toucas e cobertores de bebê, além de pacotes grandes de fraldas, latas de leite em pó e brinquedos. Ela até comprou um berço e um sistema eletrônico de monitoramento de bebês.

Depois, de forma ainda mais sinistra, Cheryl começou a coletar insetos. Insetos mortos. Ela fazia incursões ao ar livre todas as manhãs e trazia para casa tudo o que encontrava. Sua coleção incluía grilos, gafanhotos, vespas, mariposas e borboletas. Inicialmente, Cheryl os colocou no quarto de hóspedes, que ela havia transformado em um berçário, alinhando-os, lado a lado, no parapeito das janelas, em cima da cômoda e no trocador. Quando as superfícies acabaram, ela começou a colocar o excesso em outros lugares da casa.

Mark sabia que a esposa era psicologicamente frágil. Ele agiu com leveza, perguntando casualmente a Cheryl sobre os insetos. As coisas de bebê, de certa forma, ele podia entender. Podia-se considerar tudo aquilo uma forma de pensamento positivo. Cheryl queria ser mãe, então preparava as coisas para um bebê. A coleção de insetos mortos, no entanto, era simplesmente bizarra.

"Querida", disse Mark certa noite após o jantar, "para que servem todos esses insetos?"

"Alguém me disse que eles me ajudariam a engravidar", respondeu ela.

"Como?", perguntou Mark.

"Quando eles morrem, seus espíritos ficam ao redor dos corpos procurando um lugar para formar uma nova vida", disse ela. "A morte libera energia vital. Quero que essa energia faça um bebê acontecer dentro do meu útero."

"Você acredita nisso?", perguntou Mark.

"Aceitarei toda a ajuda que puder obter", comentou ela.

"Quem lhe disse para fazer isso?"

"Uma amiga", foi sua única resposta.

Cerca de duas semanas depois, Mark voltou para casa do trabalho e, quando estava saindo do carro, o gato do vizinho se aproximou dele. Ele carregava um esquilo morto na boca e o colocou aos pés de Mark. O gato tinha afinidade com Mark e ocasionalmente lhe dava presentes. Depois de acariciar o gato, ele jogou o esquilo morto em uma lixeira ao lado da garagem antes de entrar em casa. Ele notou que Cheryl não estava – sem dúvida saíra para coletar mais insetos –, então ele se deitou para tirar um cochilo.

Ele acordou depois de uma hora. Podia ouvir Cheryl preparando o jantar na cozinha. Ao sair do quarto, deu uma espiada no quarto do bebê. O esquilo que ele havia descartado estava em cima do trocador.

"Cheryl!", gritou ele. "Por que diabos esse esquilo morto está dentro de casa?"

"Ele é muito maior do que um inseto", disse ela. "Vai emitir mais energia vital."

"Cheryl", disse Mark com firmeza. "Isso está saindo do controle. Essa coisa morta vai empestear a casa. Todas essas coisas mortas têm que ir embora."

"Não!", gritou ela. "Nãooooo! Eu quero engravidar. Essas coisas vão me engravidar. Elas vão me dar um bebê." Ela jogou a panela com o jantar do outro lado da sala. Bateu na geladeira, deixando uma marca significativa na porta de metal, e espalhou o jantar pela parede. "Deixe-os em paz", gritou ela. "DEIXE-OS EM PAZ!"

Um arrepio subiu pela espinha de Mark. Embora tivesse sido Cheryl quem gritara as palavras, não foi a voz dela que saiu de sua boca. O grito soou como o de um homem corpulento. Profundo e baixo, o som ressoou nos armários e na parede da cozinha. Mark tinha um tio com a voz mais retumbante que ele já havia ouvido. A voz de Cheryl estava ainda mais grave.

Atordoado, Mark entrou no carro e saiu para dar uma volta. Ele estava desnorteado e sem saber o que fazer em seguida. Cheryl nunca havia explodido daquela maneira antes. Não era de sua personalidade fazer isso. Depois de dirigir por um tempo, ele finalmente se acalmou, então comprou jantar para os dois e voltou para casa. Cheryl não estava bem. Ele planejava ligar para o médico da família pela manhã e pedir que ele recomendasse um psiquiatra.

O comportamento de Cheryl ficou ainda mais estranho na semana seguinte ao incidente na cozinha. Mark encontrou um pássaro morto no parapeito da janela da sala de estar. Seis vezes, Mark ouviu Cheryl falando sozinha no quarto que seria o do bebê, como se estivesse cuidando de um – não apenas uma ou duas frases, mas uma conversa que durou de cinco a dez minutos, como se ela estivesse mesmo interagindo com um bebê. Cheryl fazia saques em dinheiro da conta-corrente quase diariamente – duzentos dólares por dia durante cinco dias seguidos. Mark notou que na fatura do cartão de crédito deles também havia cobranças recorrentes de viagens compartilhadas. Não era incomum que Cheryl usasse o serviço, pois eles tinham apenas um carro, que Mark usava para ir ao trabalho, mas ela nunca usava esse serviço tanto assim. Ele se perguntou o que estaria acontecendo. No entanto, depois do que havia acontecido no início da semana, ele estava com medo de confrontá-la.

Um dia, Mark saiu de casa no mesmo horário de sempre, mas, em vez de ir para o trabalho, ele simplesmente estacionou o carro mais adiante na rua, em um ponto de onde podia ver sua casa.

Após cerca de trinta minutos, um veículo entrou em sua garagem. Cheryl entrou no carro e ele deu partida. Quando o motorista parou em frente ao banco, Cheryl desceu do carro e entrou. Mark pôde ver pelo aplicativo no celular que ela sacou duzentos dólares. Logo ela estava de volta ao carro, que deu partida. Mark a seguiu.

O carro foi em direção ao centro da cidade e parou em frente a uma casa antiga com uma grande placa na porta da frente: vidente. Aquele lugar existia desde que Mark era adolescente. Ele nunca tinha visto ninguém entrar ali até então. Embora fosse surreal, ele viu a esposa fazer exatamente isso.

"Então, um vidente está recebendo meu dinheiro", murmurou ele. "Foram 1.200 dólares apenas nesta semana!" Cheryl ficou dentro da casa por pouco mais de uma hora até que outro carro estacionou. Cheryl saiu do consultório psíquico e entrou no carro, que se afastou. O carro parou em uma loja de animais e Cheryl entrou. Dez minutos depois, ela saiu, carregando uma sacola de papel, e o carro a levou de volta para casa.

Depois de ver Cheryl entrar em sua casa, Mark estacionou o carro na rua, a uma curta distância. Ele ficou dentro do carro e planejou sua conversa com Cheryl. O fato de ela acumular animais mortos, falar com um bebê imaginário, a idiotice de visitar um vidente, nada disso fazia sentido para ele.

Naquele momento, Mark pensou em outra coisa estranha. Nem ele nem Cheryl eram muito religiosos. No entanto, eles tinham vários quadros religiosos e uma cruz pendurada em casa. Os quadros consistiam em citações das Escrituras recebidas como presentes de casamento, uma foto de Jesus que havia pertencido aos pais de Cheryl e uma foto de um anjo da guarda guiando duas crianças pequenas por uma ponte frágil que Mark tinha desde a infância. Ele notou que as fotos haviam desaparecido cerca de três semanas antes. Mais tarde, ele as encontrou em uma caixa de papelão dentro da garagem.

Na época, Mark supôs que a esposa estava redecorando a casa. No entanto, ela só havia retirado os itens religiosos. "Talvez minha esposa esteja zangada com Deus", pensou ele. "Ou talvez ela esteja perdendo a cabeça."

Ele entrou pela porta que dava para a cozinha, assustando Cheryl com sua entrada antecipada e inesperada. Foi Mark, no entanto, quem ficou mais chocado. Em cima da mesa da cozinha havia dois ratos mortos e ensanguentados. Um terceiro estava sobre o balcão, ainda em processo de morte. O sangue escorria de um ferimento em sua cabeça e ele estava se contorcendo. Cheryl segurava um martelo de amaciar carne, cuja extremidade estava salpicada de sangue.

"Que diabos você está fazendo, Cheryl?", gritou ele. Cheryl ficou sem palavras. "Você pegou ratos na loja de animais para matá-los? O que há de errado com você? Tire essas coisas imundas da mesa."

Mark então ouviu a esposa dizer, com a voz mais profunda que já havia ouvido na vida: "Mantenha a %&$# das mãos longe dos ratos!".

A voz fez vibrar o teto e todas as portas dos armários da pequena cozinha. Cheryl jamais usava vocabulário vulgar. Durante todos aqueles anos em que a conhecia, Mark nunca tinha ouvido Cheryl usar uma palavra grosseira.

"Vá se f%&$#!", gritou ela ao se aproximar dele e levantar a marreta ameaçadoramente. Seus movimentos eram confiantes, seguros de si e agressivos – comportamentos que nunca demonstrara antes. De repente, Cheryl parecia significativamente maior e mais larga do que ele se lembrava. O rosto não era o dela. Ela parecia ter a aparência de um homem, e de um fisiculturista.

Mark sabia que não era sua esposa que estava falando. Não podia ser.

Ele estava interagindo com outra coisa.

Ele voltou para fora e entrou no carro. Tudo o que ele conseguia pensar era em dirigir até uma igreja metodista a duas quadras dali. Era a igreja que ele e sua esposa frequentavam ocasionalmente, mas muito pouco. Mark não tinha certeza se acreditava em Deus. Ele acreditava em "algo", mas não tinha certeza em quê. De vez em quando, Cheryl se levantava cedo para ir à igreja aos domingos. Como essa era a maneira de ela pedir um bebê a Deus, ele sempre obedecia.

"Eu não faço coisas do demônio, Mark", disse-lhe o ministro. "Isso me dá muito medo." O pastor havia passado um tempo na América do Sul com o Corpo da Paz quando era jovem. Durante esse tempo, ele viu muitas manifestações demoníacas selvagens entre as comunidades indígenas supersticiosas com as quais trabalhou, e as experiências o deixaram abalado e perturbado. "Você precisa procurar os católicos para obter ajuda com isso. Eles são os únicos que têm controle sobre esse tipo de coisa."

Mais tarde naquele dia, Mark ligou para uma igreja católica pedindo ajuda para sua situação. O pastor o encaminhou para mim. Como se viu, a casa de Mark ficava a menos de oito quilômetros de onde eu estava naquela segunda-feira, ajudando um amigo a limpar sua garagem. Combinei de encontrar Mark em uma cafeteria próxima no fim da tarde. Durante o café, ele me deu detalhes sobre Cheryl. Decidimos ir juntos à casa dele para que eu pudesse conhecê-la.

Normalmente, um padre usa roupas distintas: uma camisa clerical preta com gola branca e calça preta. No entanto, nesse dia em particular, eu estava usando uma camiseta velha e calça jeans porque estava limpando uma garagem. Cheryl não sabia que eu estava chegando. Ela nunca tinha me visto antes e eu estava usando roupas comuns, então ela não poderia saber que eu era um padre.

Mesmo assim, Cheryl se levantou do sofá quando entramos pela porta da frente. Com uma voz grave e estrondosa, ela se virou para Mark, acusadora: "Por que você trouxe este padre desgraçado aqui?".

"Quem é você?", eu lhe perguntei.

"Você sabe quem eu sou, %&$#."

DEUS TEM UM PLANO PARA VOCÊ. O DEMÔNIO TAMBÉM.

No primeiro capítulo da Bíblia, Deus declara Sua intenção de criar os seres humanos como o ápice de Sua criação.

> Então Deus disse: "Façamos o ser humano à nossa imagem; ele será semelhante a nós. Dominará sobre os peixes do mar, sobre as aves do céu, sobre os animais domésticos, sobre todos os animais selvagens da terra e sobre os animais que rastejam pelo chão". (Gênesis 1:26)

Os seres humanos são a joia da coroa da criação de Deus, a obra-prima que completou o trabalho divino. Após cinco dias de criação, cada um deles foi avaliado por Deus como "bom", Deus criou o homem no sexto dia, e essa criação foi declarada "muito boa" (Gênesis 1:31). Depois do homem, Deus parou de criar. Nada mais era necessário.

Ao encarregar o homem de governar sobre todas as outras criações (Gênesis 2:15), Deus revela que todas as outras criações existem para o bem dos seres humanos. Isso explica a amizade única que podemos desfrutar com Deus. Dotados de intelecto e vontade, o homem e a mulher existem como imagem e semelhança do Criador.

O amor de Deus pela humanidade não diminuiu nem mesmo depois que Adão e Eva desobedeceram ao mandamento de Deus de não comer o fruto da árvore proibida. Sua traição pecaminosa provocou um derramamento de amor, pois Deus imediatamente colocou em prática um plano de redenção (Gênesis 3:15). Esse plano incluía as alianças feitas com Noé, Abraão, Moisés e Davi, bem como o ministério dos patriarcas e profetas, por meio dos quais Ele se revelou ao Seu povo. No quarto Evangelho, Deus revela esse plano de resgate em seu esplendor: "Porque Deus amou tanto o mundo que deu seu Filho único, para que todo o que nele crer não pereça, mas tenha a vida eterna" (João 3:16). De fato, as últimas palavras de Cristo na cruz, enquanto Ele suportava as alturas da agonia, fazem referência à conclusão desse plano: "Está consumado" (João 19:30).

A desobediência a Deus não foi algo planejado por humanos. O Diabo – descrito em Gênesis como uma serpente – apresentou o mal como bondade de uma maneira poderosamente atraente, tão sedutora que fez o plano de Deus parecer maligno (Gênesis 3:6). O pacto de Deus com Adão era que ele cultivaria e guardaria o jardim, e teria a liberdade de comer de toda árvore que desejasse, exceto da que lhe era proibida (Gênesis 2:15-17). A serpente, entretanto, não tentou Adão diretamente. Ela tentou Eva, que, sem querer, tornou-se sua agente.

Eva foi criada como uma companheira. Ela era exatamente o que Adão queria, e ele ficou extasiado quando a conheceu. "Finalmente, esta é osso dos meus ossos e carne da minha carne!" (Gênesis 2:23)

Na alegria que Adão expressou, a serpente identificou uma vulnerabilidade em potencial: uma fraqueza para sua companheira.

A serpente então se aproximou de Eva, de maneira tão sedutora quanto astuta: ela deliberadamente citou Deus de forma errônea, algo que Eva se sentiu compelida a corrigir.

> "Deus realmente disse que vocês não devem comer do fruto de nenhuma das árvores do jardim?" "Podemos comer do fru-

> to das árvores do jardim", respondeu a mulher. "É só do fruto da árvore que está no meio do jardim que não podemos comer. Deus disse: 'Não comam e nem sequer toquem no fruto daquela árvore; se o fizerem, morrerão'." (Gênesis 3:1-3)

Como a criatura mais "astuta" (Gênesis 3:1), a serpente abordou Eva com informações erradas. Quando ela citou Deus erroneamente, Eva a corrigiu. No entanto, ao conversar com a serpente, ela se tornou vulnerável. Como o fruto da árvore era atraente (Gênesis 3:5), ela acabou sucumbindo à tentação em pouco tempo.

Adão caiu com a mesma rapidez. Com seu pecado, porém, algo terrível aconteceu. "Seus olhos se abriram" (Gênesis 3:7). Em um instante, o mundo se tornou um lugar diferente. O paraíso não existe mais, e toda a criação foi afetada pelo pecado de Adão.

O poder destrutivo do pecado de Adão não pode ser exagerado. Por causa da Queda, há doenças, fome, vícios, penicilina, hospitais, pandemias, casacos de inverno, coletes salva-vidas, impostos, prisões, delegacias de polícia, exércitos, caixões e cemitérios. O pecado de Adão nos confronta constantemente.

Às escondidas, a serpente se apropriou do senhorio concedido a Adão sobre a criação em Gênesis, antes mesmo que Adão soubesse que isso estava em risco. Ela não dominou Adão e roubou-lhe a bênção. Usou de astúcia. Referindo-se à natureza astuta do Diabo, Jesus disse mais tarde: "O ladrão vem para roubar, matar e destruir. Eu vim para lhes dar vida, uma vida plena, que satisfaz" (João 10:10). A palavra "roubar" aqui é o termo grego *klepto*, que significa "roubar ou furtar em segredo". Foi exatamente isso que a serpente fez. Ela conseguiu induzir Adão a entregar ele mesmo o direito de primogenitura.

Jesus também diz que o ladrão vem para "matar". Nos tempos antigos, essa palavra grega *thuo* era usada no contexto da observância religiosa para se referir ao sacrifício de animais. Significa "sacrificar, desistir ou entregar algo querido e valioso". Em contraste, *phoneuo* significa "assassinato". Portanto, quando Jesus diz que o ladrão vem para matar, Ele não está se referindo a assassinato. O que o Diabo faz é pior. Por meio de suas artimanhas, ele "reprograma" *você* para que mate o que ama. Ao se deixar seduzir pela serpente, Adão emitiu uma sentença de morte para si mesmo e para a raça humana que ele originou.

A terceira tática do ladrão é que ele vem para destruir. A palavra grega que Jesus usa é *apollumi*, "arruinar ou obliterar". Se ele não conseguir roubar a bênção que Deus lhe concedeu, e se não conseguir fazer você entregá-la a ele de bom grado, tentará aniquilá-la para que você não a tenha.

Com relação ao Paraíso, a serpente roubou com sucesso em todos os três sentidos: roubar, matar e destruir. A humanidade vem pagando o preço desde então. Essas características contrastam fortemente com DEUS, cujas ações são verdadeiras, vivificantes e abundantemente criativas.

O drama da existência humana é, portanto, duplo. Deus planeja abençoá-lo com vida e felicidade. O Diabo planeja roubar essa bênção de você e lhe dar a miséria dele.

ANJOS

Mark sabia que havia algo errado com sua esposa, Cheryl. Ele também sabia que, embora estivesse olhando para a esposa, algo mais estava no controle. Cheryl havia lutado durante anos contra a depressão, mas algo mais do que a simples depressão a estava afligindo. O que quer que fosse, era maligno. Era a coisa mais maligna que Mark já havia experimentado. Tão maligna que, pela primeira vez na vida, ele começou a acreditar que o Diabo poderia ser real.

O Diabo é um anjo caído, e os demônios são os anjos que perversamente o seguiram para fora do Céu. Portanto, só é possível entender quem é o Diabo, ou o que é um demônio, se entendermos o que são os anjos.

Os anjos são espíritos puros (almas que não têm corpos materiais). Deus os criou e os dotou de inteligência, livre-arbítrio, beleza e grande poder para servi-Lo. Os anjos têm propriedades notáveis, entre elas o seu nome, que denota uma atividade em vez de um tipo de ser. A palavra "anjo" significa "aquele que traz uma mensagem". No Evangelho de Lucas, por exemplo, um anjo traz a notícia a Zacarias de que sua esposa Isabel, já idosa, dará à luz um filho, e se identifica precisamente como um mensageiro: "Sou Gabriel, e estou sempre na presença de Deus. Foi ele quem me *enviou para lhe trazer* estas boas-novas" (Lucas 1:19; ênfase minha).

Os anjos têm personalidades distintas. Embora as Escrituras não façam distinção ou mencionem com especificidade muitos nomes e características de anjos, o que elas dizem é fascinante.

- Os anjos "davam gritos de alegria" quando Deus criou a Terra (Jó 38:4-7).
- Há coisas que os anjos não sabem (Mateus 24:36) e eles desejam conhecê-las (1 Pedro 1:10-12).
- Os anjos não gostam de perguntas sobre seus nomes. As Escrituras citam um anjo respondendo à pergunta de que seu nome é maravilhoso demais para ser compartilhado (Juízes 13:18). Outro perguntou ao seu interlocutor: "Por quê?", não respondeu, depois o abençoou e foi embora (Gênesis 32:29).
- Um anjo em sua glória é tão magnífico que, se revelado, pareceria a um ser humano o próprio Deus (Apocalipse 22:8-9).

- Se você alimentar um estranho, pode estar alimentando um anjo disfarçado (Hebreus 13:2).

A cultura moderna muitas vezes retrata os anjos como seres humanos fofinhos que entram em nossas vidas de forma irritante. Um comercial de TV de uma marca de *cream cheese* mostra um anjo sentado languidamente em uma nuvem, apreciando casualmente o produto. Nada poderia estar mais longe da realidade. Um anjo é uma realidade santa e terrível (cf. Daniel 8:17). Como agentes do Altíssimo, os anjos agem com o próprio poder de Deus. O menor dos anjos pode destruir o universo e tudo o que há nele em um piscar de olhos. O único limite para o poder de um anjo é a vontade de Deus.

Os anjos vivenciam a existência de forma diferente dos humanos. Por serem espíritos puros – e, portanto, imateriais –, as limitações de tempo e espaço não são obrigatórias. Os anjos não levam "tempo" para viajar entre lugares. *De fato, eles não viajam de forma alguma.* Sem as limitações que um corpo impõe, um anjo está tão presente para você e para mim quanto está para a parte mais profunda do oceano, para o pico da montanha mais alta da Terra e para a extremidade mais distante do universo. Toda realidade física está imediatamente presente para um anjo.

Por serem imateriais, os anjos não têm cérebro, portanto não são retardados pelas complexidades físicas e materiais do universo. Eles não estão sujeitos aos efeitos do tempo, portanto, embora não sejam oniscientes (não sabem tudo), o que sabem, sabem imediatamente. *Todo o conhecimento que tem, e as implicações causais quase infinitas desse conhecimento, um anjo adquire instantaneamente por intuição.*

Para entender o poder absoluto da capacidade cognitiva de um anjo:

1. Imagine se fosse possível ter todos os cálculos matemáticos de todos os livros didáticos ao longo do tempo à nossa frente em uma única pilha;
2. Acrescente a isso todos os cálculos matemáticos da vida real que cada indivíduo já fez desde o início dos tempos;
3. Agregue a isso todos os cálculos que todos os computadores já fizeram ou farão em todos os tempos.

Há uma apreensão conatural intuitiva e imediata das informações sem calculá-las e, uma vez aprendidas, um anjo nunca as esquece, independentemente de quanto tempo passe, porque não há nada dentro de um anjo que possa se quebrar ou se desgastar. Chamar um anjo de "supercomputador" seria um insulto ao que um anjo pode fazer e como ele o faz. Sua capacidade é muito superior à de um supercomputador (até mesmo à de todos eles juntos).

Por que os anjos têm esse nível de inteligência? Eles precisam dela para executar a obra de Deus. O livro de Hebreus declara que os anjos são "espíritos enviados para cuidar daqueles que herdarão a salvação" (Hebreus 1:14). Seu trabalho é realizado de forma tão eficaz que as Escrituras frequentemente equiparam seu ministério ao do próprio Deus. Há uma passagem famosa na Torá, por exemplo, que declara que ninguém pode ver a face de Deus e viver (Êxodo 33:20). No Livro de Juízes, quando um anjo aparece para Gideão, este percebe que se trata de um anjo e fica aterrorizado: "Quando Gideão percebeu que era o anjo do Senhor, exclamou: 'Ó Soberano Senhor, estou perdido! Vi o anjo do Senhor face a face!'" (Juízes 6:22). No versículo seguinte, o anjo precisa garantir a Gideão que sua vida será poupada: "Fique em paz; não tenha medo, você não morrerá".

DEMÔNIOS

Nem todos os anjos aceitaram o decreto divino de servir a criaturas inferiores a eles. Lúcifer se recusou a obedecer e convenceu um terço dos anjos a fazer o mesmo (Apocalipse 12:4). Quantos anjos eram esses? Embora as Escrituras não forneçam um número exato, afirmam que o número de anjos é muito significativo (Daniel 7:10; Mateus 26:53; Hebreus 12:22). Apocalipse 5:11 declara que o total é de "miríades de miríades e milhares de milhares". Independentemente disso, a descrição das Escrituras sobre a batalha que se seguiu à rebelião de Satanás é vívida e impressionante.

> Houve guerra no céu. Miguel e seus anjos lutaram contra o dragão e seus anjos. O dragão perdeu a batalha, e ele e seus anjos foram expulsos do céu. Esse enorme dragão, a antiga serpente chamada diabo ou Satanás, que engana o mundo todo, foi lançado na terra com seus anjos. (Apocalipse 12:7-9)

Observe estas três coisas sobre Satanás e seus demônios. Primeiro, eles continuam sendo anjos após a queda. Isso significa que, entre outras coisas, eles mantêm o tremendo poder angelical de conhecer e agir. Mesmo que a queda de um demônio o tenha deixado com uma natureza ferida que limita parte de sua capacidade, essa capacidade remanescente, agora voltada contra a humanidade, faz deles inimigos formidáveis.

Segundo, assim como a queda de Adão feriu a natureza humana, a queda dos demônios feriu sua natureza angelical. A graça, a beleza, a elegância, a exaltação e a bondade que antes possuíam foram substituídas por desfaçatez, feiura, vulgaridade, grosseria e maldade. Os demônios são distorcidos e malignos em níveis inimagináveis. Eles existem para infligir e multiplicar o mal a fim de impedir a salvação humana.

Em terceiro lugar, dada a imensidão de sua compreensão angélica e o fato de que eles existem fora do tempo, a escolha deles de seguir a Deus ou se rebelar contra Ele é eterna e irrevogável. Sua própria natureza os torna incapazes de mudar de ideia.

Como seres humanos, achamos isso difícil de entender. Os demônios odeiam a Deus, apesar de essa decisão lhes causar grande sofrimento, por estarem separados Dele. Não é razoável esperar que um deles acabe vendo o erro de seus caminhos e mude de lado? Isso é impossível, pois os anjos não vivenciam o "passado" ou o "futuro". Eles existem fora do tempo e vivenciam um "agora" eterno e sempre presente. Nesse eterno agora, Satanás e seus asseclas estão sempre blasfemando com seu original e rebelde "NÃO!" contra Deus. Sua escolha de se rebelar não é algo que fizeram no passado. É uma ação que eles estão fazendo continuamente no presente.

Pelas mesmas razões, não há nenhuma chance de um anjo bom decidir repentinamente se juntar a Satanás e aos demônios. A escolha de um anjo é eterna e não pode ser reformada. Jesus Cristo se refere ao "fogo eterno preparado para o diabo e seus anjos" (Mateus 25:41). Se houvesse uma chance de Satanás e seus demônios se arrependerem e se converterem, Cristo não teria dito isso. A salvação demoníaca é impossível.

Então, sabendo que sua escolha implicava miséria eterna, por que o Diabo se rebelou? Sobre isso, a Revelação não fala. O mal é um mistério, e não há explicação significativa para o comportamento do Diabo.

Perfil do demônio: o que faz o demônio se apossar de alguém?

Embora a Bíblia fale muito sobre o trabalho do Diabo, muitos acham surpreendente o pouco conteúdo sobre o próprio Diabo. É preciso ir até o último livro da Bíblia – o último a ser escrito – para ler sobre o Diabo sendo expulso do Céu (Apocalipse 12, citado há poucos parágrafos). Aqui está uma amostra dos nomes que o identificam.

Satanás (*"Inimigo"*) – Jó 1:6
Lúcifer (*"Estrela brilhante"*) – Isaías 14:12
Demônio (*"caluniador"*) – Mateus 4:1
Belzebu (*"Senhor das Moscas"*) – 2 Reis 1:2
Belzebu (*"Senhor dos Excrementos"*) – Mateus 12:24
Belial (*"Sem valor"*) – 2 Coríntios 6:15
Tentador – Mateus 4:3
Pai da mentira – João 8:44
Assassino – João 8:44
Governante deste mundo – João 14:30
Serpente antiga – Apocalipse 12:9
Acusador do povo de Deus – Apocalipse 12:10
Adversário – 1 Pedro 5:8

O fato de todas essas palavras terem conotações negativas mostra o estado a que Satanás se reduziu, que é muito diferente da glória que um dia foi sua. O profeta Ezequiel inadvertidamente descreve Satanás quando escreve sobre o rei de Tiro.

> Filho do homem, entoe este cântico fúnebre para o rei de Tiro. Transmita-lhe a seguinte mensagem do Senhor Soberano: "Você era o modelo de perfeição, cheio de sabedoria e beleza. Estava no Éden, o jardim de Deus. Suas roupas eram enfeitadas com todas as pedras preciosas: rubi, topázio, esmeralda, crisólito, ônix e jaspe, safira, berilo e turquesa, todas trabalhadas com cuidado para você sobre o ouro mais puro. Foram-lhe

> entregues no dia em que você foi criado. Eu o escolhi e o ungi, como querubim guardião. Você tinha acesso ao monte santo de Deus e andava entre as pedras cintilantes. "Era irrepreensível em tudo que fazia desde o dia em que foi criado, até que se achou maldade em você." (Ezequiel 28:12-15)

O duplo significado de suas palavras é evidente para o cristão que vê nelas o rei caído sendo comparado ao anjo do Paraíso, cuja iniquidade o arruinou. Embora a queda do rei seja grande, nunca houve uma queda igual à desse anjo. O profeta Isaías também descreve o que levou à queda de Satanás:

> "Como você caiu dos céus, ó estrela brilhante, filho da alvorada! Foi lançado à terra, você que destruía as nações.
>
> Pois dizia consigo: 'Subirei aos céus e colocarei meu trono acima das estrelas de Deus. Dominarei no monte dos deuses, nos lugares distantes do norte. Subirei aos mais altos céus e serei como o Altíssimo'. Em vez disso, será lançado ao lugar dos mortos, ao mais profundo abismo." (Isaías 14:12-15)

Assim como em Ezequiel, Isaías descreve a queda de um ser humano – o rei da Babilônia – em comparação com a de Satanás. Sua expulsão do céu é a justa retribuição por seu pecado e agora se torna o que o define. O próprio Senhor faz alusão a isso quando diz: "Eu vi Satanás caindo do céu como um relâmpago" (Lucas 10:18).

A rebelião do Diabo contra Deus continua por meio de seus ataques ao que Deus mais ama: os seres que Ele criou à Sua imagem e semelhança. Satanás faz isso fazendo o que fez no Éden: tentando suas vítimas a cumprir suas ordens. O objetivo de Satanás é provocar a condenação eterna de sua vítima ao morrer em um estado de pecado mortal. Se isso acontecer, o Diabo ganha a vítima – e Deus a perde – por toda a eternidade.

O QUE É POSSE?

Entre esses dois objetivos – tentar o homem e ganhá-lo para a eternidade – há outro desejo maligno que o Diabo pretende satisfazer: a posse de sua vítima. A possessão é o estado em que a vítima está sob controle demoníaco *por dentro*. O demônio assume o controle do corpo da pessoa que ele possui. Durante a possessão, a consciência da vítima é suprimida, e o demônio anima o corpo dela como se fosse seu.

Considerando que os demônios existem fora do tempo e do espaço, como um demônio pode estar "dentro" de alguém durante a possessão demoníaca? Embora a falta de fisicalidade de um demônio o liberte das limitações às quais os objetos físicos estão sujeitos e lhe dê acesso a tudo no universo físico simultaneamente, ele não tem *poder* sobre todas as coisas igualmente. Quando o demônio possui uma vítima – e agora está "dentro" dela –, adquire jurisdição legal sobre ela de tal forma que pode intimidar e manipular a vítima por dentro. O controle legal que um espírito possuidor tem é tão grande que o corpo que ele possui parece ser o seu próprio.

Felizmente, porém, a possessão é rara. O renomado Pe. Gabriele Amorth (1925-2016), que durante décadas foi o exorcista-chefe da Diocese de Roma, escreveu que, apesar de ter atendido mais de trinta mil pessoas durante nove anos, apenas 93 eram casos de possessão de fato.[1]

Entretanto, se a possessão é rara, não é porque os demônios não a desejem. Eles a desejam com todo o seu ser. Por causa de Sua misericórdia, o Senhor limita a capacidade de possessão dos demônios.

Alguém pode perguntar: "Por que os demônios desejam possuir?". O próprio Cristo responde indiretamente a essa pergunta no Evangelho.

> Quando um espírito impuro sai de uma pessoa, anda por lugares secos à procura de descanso. Mas, não o encontrando, diz: "Voltarei à casa da qual saí". Ele volta para sua antiga casa e a encontra vazia, varrida e arrumada. Então o espírito busca outros sete espíritos, piores que ele, e todos entram na pessoa e passam a morar nela, e a pessoa fica pior que antes. (Lucas 11:24-26)

Em seu estado natural, um demônio está em agonia. Sua experiência da realidade é ainda mais dolorosa e exaustiva quando ele não está possuindo, semelhante à dor que um deserto seco e sem conforto oferece a quem o suporta. A possessão dá ao demônio uma medida de conforto. Como? As Escrituras não dizem. Qualquer explicação é pura especulação. Durante um exorcismo, no entanto, não é incomum que um demônio revele que, se for expulso, será punido severamente ao retornar ao inferno por ter falhado em sua missão. Assim, parece haver pelo menos dois motivos pelos quais os demônios fazem de tudo para possuir uma vítima e depois a retomam se ela perdeu a posse inicial: buscar alívio da realidade como a vivencia e evitar a tortura infligida no inferno por ter falhado.

Um padre colega meu teve um encontro interessante com um demônio que "buscava descanso". O demônio ofereceu termos de "paz" quando ficou claro que seu poder estava enfraquecido e que ele estava prestes a ser expulso. Ele prometeu que, se lhe fosse permitido permanecer em sua vítima, ele reduziria o tormento de seu hospedeiro. Esse "acordo" absurdo foi fruto do desespero, e o exorcista certamente não o aceitou. Em vinte minutos, o exorcismo foi concluído, a vítima foi libertada e o demônio foi embora para receber seu justo tormento.

A LIBERTAÇÃO DE CHERYL

Cheryl sabia que eu era padre quando entrei em sua casa, embora não houvesse como ela saber, então ficou claro que eu estava lidando com um caso de possessão. Organizei sua primeira sessão de exorcismo cerca de uma semana depois, quando tive tempo de saber mais sobre ela conversando com Mark.

Durante a sessão, o demônio dentro de Cheryl revelou que havia adquirido o direito de possuí-la por causa de um pacto que ela tinha feito com uma cartomante. Cheryl se sentia torturada por não ser capaz de engravidar. Isso a afetava de forma tão aguda que ela se desesperava para ser feliz.

Cheryl tinha uma ferida profunda. Ela cresceu em uma família numerosa. Quando menina, Cheryl sempre ouvia os adultos comentarem que as crianças são a maior bênção da vida. Ela também os ouvia lamentar o infortúnio de sua tia, que, depois de ter dado à luz seu primeiro filho, não conseguiu conceber mais nenhum. A visão do choro amargo de sua tia assombrava Cheryl. Assim, quando Cheryl não conseguiu engravidar, ela acreditou que estava destinada a uma miséria ainda maior do que a da tia. Ela estava disposta a fazer o que fosse preciso para evitar isso, até mesmo aceitar um acordo oferecido por uma cartomante.

Cheryl precisou de oito sessões de exorcismo para ser libertada. No entanto, antes da libertação, a ferida familiar que ela carregava tinha de ser curada, pois produzia o medo que mantinha o demônio dentro dela. Cheryl não só teve de abraçar Jesus Cristo como seu Senhor e Salvador pessoal, como também teve de entregar completamente sua identidade e seu futuro a Ele. Ela teve de aceitar o plano de Deus para ela, mesmo que isso não incluísse a maternidade. A aceitação de Cheryl foi muito difícil, pois ela havia definido sua autoestima pela maternidade. Incapaz de gerar um filho, ela se sentia uma mera caricatura de mulher.

No final, foi preciso a dor, a humilhação e a impotência da possessão demoníaca para convencer Cheryl a buscar em Deus – e não na maternidade – um sentido. Após várias semanas de reuniões com um psicólogo, os exorcismos começaram a ser eficazes para expulsar o demônio. O psicólogo ajudou Cheryl a ver que seu desejo de ser mãe estava enraizado em expectativas doentias – em fantasias – e que sua recusa em aceitar as circunstâncias que a vida lhe proporcionava era o fator mais significativo que contribuía para seu desespero. Depois de ver a lógica e a racionalidade do conselho do psicólogo, Cheryl estava pronta para abandonar sua obsessão pela maternidade e confiar que Deus traria sua felicidade de outra forma, da maneira que Ele escolhesse.

O DEMÔNIO É REAL. EU LUTEI CONTRA ELE.

As pessoas me perguntam como é lutar contra o demônio. Meu oponente é o próprio ódio. Quando entro em uma sala para realizar um exorcismo, o desprezo e o desdém da antiga serpente, aquela que se recusou a obedecer a Deus, aquela que fez nossos primeiros pais caírem, aquela que se deleita com todo infortúnio e sofrimento humano, me enfrenta de frente. O Diabo sabe que, como sacerdote, eu continuo o ministério de Jesus, um ministério que levou à derrota de seu reino. Ele odeia sacerdotes com todo o seu ser. Ele fará de tudo para evitar ser expulso – inclusive usar a violência, que ele é mais do que capaz de infligir quando Deus permite.

Certa ocasião, quando o exorcismo de uma mulher de meia-idade estava prestes a começar, ela se agarrou a um homem cuja função era contê-la e o jogou sobre sua cabeça como se ele fosse uma boneca de pano. O homem tinha mais de um metro e oitenta de altura e pesava mais de noventa quilos. Dando uma cambalhota completa no ar, ele aterrissou no chão três metros à frente dela. A mulher então apontou o dedo para o interruptor de luz mais próximo na parede, a cerca de doze metros de distância. Um dos parafusos que segurava a placa de cobertura do interruptor se desparafusou e foi lançado em sua mão direita aberta pelo ar. Ela o enfiou no antebraço esquerdo. Mais tarde, na mesma sessão, ela me bateu no rosto, com tanta força que precisei de duas cirurgias para reparar os danos que sofri no crânio.

O demônio é real.

2

O que é atividade demoníaca?

O caso do engenheiro e sua esposa abandonada

A casa de Emma tinha uma terrível infestação demoníaca. Fotografias e obras de arte voavam das paredes, e itens desapareciam regularmente sem deixar rastros. As luzes frequentemente acendiam e apagavam, mas somente no cômodo em que ela estava. O rádio na sala de estar ligava e desligava sozinho e até mudava de estação. Entretanto, o fenômeno mais incômodo era um zumbido alto e mecânico, como o som de um trem de metrô. Emma podia ouvi-lo em momentos aleatórios no cômodo ao lado do seu. O estrondo fazia a casa inteira vibrar.

A própria Emma estava destruída. A mínima coisa a deixava furiosa: alguém a cortando no trânsito; a correspondência chegando vinte minutos mais tarde do que o normal; até mesmo encontrar o porta-guardanapos vazio em um restaurante fast-food. Os inconvenientes a enfureciam tanto que ela xingava, praguejava, rangia os dentes e até jogava coisas. Esses ataques podiam durar horas.

Emma nem sempre foi assim. Ela nunca teve temperamento explosivo e ninguém se lembrava de tê-la visto perder a calma no passado. Mas quando o marido de Emma, Robert, a deixou, ela orou muito para que ele voltasse, o que nunca aconteceu. Depois de um ano, ela parou de orar. "Se oração resolvesse alguma coisa, meu marido estaria de volta", concluiu. Emma não tinha mais certeza de que acreditava em Deus.

Antes de perder Robert, Emma valorizava seu relacionamento com Deus; sua identidade católica era a coisa mais importante para ela. Durante os 22 anos de casamento, ela esteve muito envolvida na paróquia, trabalhando como voluntária em vários ministérios e contribuindo significativamente para a assistência aos pobres da paróquia. Seu pai faleceu quando ela tinha seis anos, e sua mãe dependia da doação de alimentos da paróquia local para ajudar a alimentar seus cinco filhos. Como a paróquia evitara que eles passassem fome, Emma expressava gratidão dedicando horas a esse trabalho. No entanto, após o colapso de seu casamento, o desejo de Emma de ser voluntária diminuiu.

No passado, Emma adorava receber convidados. Ela e o marido sempre promoviam jantares. Agora, seus amigos raramente a viam, exceto por encontros casuais no supermercado ou em outro lugar da cidade. Ninguém visitava sua casa. Sempre que os amigos ligavam, ela não atendia nem retornava a ligação. A maioria havia parado de entrar em contato com ela.

Emma era uma casca de seu antigo eu. A única coisa que lhe dava energia era planejar a vingança. Ela fazia os advogados entrarem continuamente com novos processos contra Robert. Emma o havia levado ao tribunal seis vezes desde o divórcio, exigindo mais indenizações. Todas as vezes, o juiz decidia a seu favor. Os honorários dos advogados custaram mais do que o valor que ela ganhou. Mas seu objetivo era causar a Robert o máximo de sofrimento possível.

Robert era um respeitado engenheiro que trabalhava em sistemas de motor e transmissão para um dos maiores fabricantes de navios de cruzeiro do mundo. Era bem pago por seus talentos. Seu salário permitia que ele e Emma vivessem confortavelmente. Como não podiam ter filhos, tinham poucas despesas. Com a renda, eles gostavam de viajar, sair para jantar e apoiar suas instituições de caridade favoritas.

O juiz que avaliou os termos do divórcio determinou que Emma deveria receber metade do salário de Robert e ficar com a casa. Isso foi pouco consolador para ela. A traição dele a pegara completamente desprevenida. Ele simplesmente deixou um bilhete dizendo que estava se mudando para a França para ficar com outra pessoa e que Emma poderia ficar com a casa e tudo o que havia nela. Ela se sentiu humilhada, envergonhada e amargurada. Esses sentimentos acabaram dando lugar a apenas um: raiva.

Os fenômenos perturbadores na casa de Emma a motivaram a solicitar ajuda da diocese católica local, que entrou em contato comigo. Achei Emma agradável e encantadora quando a encontrei em sua casa. Fiz perguntas para determinar por que esses fenômenos estavam ocorrendo: "Há quanto tempo você mora aqui?", "Quando tudo isso começou?". Ela respondeu tudo com clareza, mas seu comportamento mudou quando perguntei se mais alguém havia morado com ela anteriormente. Ela começou a tremer e a se agitar.

"Eu o odeio!", gritou ela, mostrando os dentes. "Espero que apodreça no inferno junto com a amante! Fomos casados por 22 anos. Quero que Robert sofra mais do que qualquer pessoa já sofreu antes."

"Quando ele a deixou?", perguntei.

"Há seis anos", gritou ela.

A intensidade da explosão de Emma e a raiva evidente em seu corpo me fizeram pensar que o ex-marido havia partido nos últimos meses. Ela ainda demonstrava a reação de alguém que havia sido ferida recentemente. Sua dor era muito crua e fresca para a quantidade de anos desde que fora traída. O tempo não a tinha curado ainda.

Eu tinha ido até a casa de Emma esperando fazer o exorcismo do lugar. Os sintomas que Emma tinha descrito – porta-retratos caindo, objetos desaparecendo, luzes piscando, aparelhos eletrônicos ligando e desligando sozinhos –, embora perturbadores e inquietantes, são manifestações demoníacas de baixo nível que podem ocorrer por vários motivos. Quando são tão básicos, convidar os ocupantes a se arrependerem, orientá-los a fazer uma confissão sacramental e fazer um exorcismo doméstico simples geralmente resolve tudo. A única manifestação incomum foi o alto zumbido mecânico.

Pedi a Emma que descrevesse o zumbido com mais detalhes. Ela disse que era um estrondo alto que vinha do quarto principal, o quarto ao lado do dela. "Antes era o nosso quarto", disse ela. "Mas quando Robert foi embora, eu não aguentava mais ficar lá. Então me mudei para o quarto ao lado".

Naquele momento, tive uma ideia. Perguntei a Emma se ela tinha fones de ouvido.

"Por quê?", exclamou ela, ainda demonstrando raiva enfaticamente.

"Pensei em uma coisa." Acessei pelo celular um vídeo da sala de máquinas de um navio de cruzeiro, conectei os fones de ouvido e, sem mostrar qual era o vídeo, pedi que ela os colocasse. Em seguida, apertei o *play*.

Depois de cerca de cinco segundos ouvindo, ela ofegou: "É isso! É exatamente esse o som! O que é isso?". Informei que ela estava ouvindo o som de uma sala de máquinas de um cruzeiro. De todas as manifestações demoníacas que ocorriam em sua casa, essa era a que tinha o objetivo especial de perturbá-la.

"Isso são os demônios esfregando o triunfo na sua cara", eu disse. "É uma espécie de grito irônico de vitória. É irônico porque Robert fez uma carreira de sucesso produzindo esse som. E agora, esse som foi deixado para trás em seu quarto conjugal – que ele abandonou – para assombrá-la."

Emma se retesou e deu um grito animalesco. "Aquela besta perversa!", uivou ela. "Eu gostaria de nunca tê-lo conhecido! Que ele apodreça no inferno para sempre!"

Emma foi vítima duas vezes. Ela amou Robert de todo o coração, e ele a descartou friamente. Depois, ela se tornou vítima da própria raiva excessiva, que a manteve em cativeiro e impediu sua cura. Essa última tortura foi pior do que a primeira.

Os exorcistas procuram a "porta" que os demônios usaram para entrar na vida de alguém, a permissão que lhes foi dada para perturbar e assediar. A porta de Emma era sua fúria demoníaca. A fúria de Emma era um convite aberto aos demônios, que viam nela algo de si mesmos. A estratégia deles era chutá-la enquanto ela estivesse no chão. Expliquei tudo isso a Emma, ressaltando que o plano diabólico foi bem-sucedido porque ela cooperou com a estratégia montada para destruí-la.

"O fato de você atacar Robert permite que a decisão dele lhe cause mais danos", eu disse. "A única maneira de impedir isso, Emma – e você tem o poder de fazer isso –, é perdoá-lo."

Emma estava prestes a dizer algo quando percebeu o significado do que eu havia acabado de dizer. Pelo seu olhar, percebi que era a primeira vez em muito tempo que algo fazia sentido. Mas sua expressão voltou a ficar intensa. "Eu nunca vou perdoar aquele cachorro", ela gritou com os dentes cerrados. "NUNCA!"

"Emma", respondi, "Jesus diz que aquele que não perdoar não poderá ser perdoado".

"Nunca vou perdoar aquele cachorro", repetiu ela. "Apenas se livre dos malditos demônios em minha casa", acrescentou.

"Emma, enquanto se recusar a perdoar Robert, você estará desafiando Deus", eu disse. "Esse desafio é o que manterá os demônios aqui, não importa o que eu faça. Você está reproduzindo o mesmo desafio que os demônios cometem constantemente com todo o seu ser.

Cada ação deles é um desafio a Deus. Sua vida se tornou um espelho da deles – você vive apenas para destruir Robert. Será uma perda de tempo para mim e para você fazer qualquer coisa porque, para simplificar, eu não pratico magia. Eu sirvo a Deus. Somente a presença de Deus nesta casa e em seu coração pode expulsar o mal que ocupa tanto um quanto o outro. Sem a presença Dele substituindo a dos demônios, não posso fazer nada, porque os demônios estão simplesmente morando no que é deles."

Emma me encarou pensativa, analisando o que eu tinha dito. Houve um leve amolecimento dos músculos de seu rosto. "Emma", eu disse, "você e eu podemos fazer uma oração juntos, pedindo a Jesus que lhe dê forças para perdoar Robert? Podemos colocar isso nas mãos de Jesus e pedir Sua ajuda?"

"Meu ódio por aquele cachorro é tudo o que tenho", bufou ela. "Não tenho mais nada."

"Isso não é verdade", respondi. "Você tem sua identidade como filha de Deus, o Pai. Diga a palavra, e Ele enviará Seu Filho ao seu coração para resgatá-la. Ele removerá toda a sua dor, amargura e ódio. Estou falando sério."

Naquele momento, o som do motor a diesel começou a soar. A casa inteira roncou com o barulho estrondoso.

"Emma", eu disse, "já é hora de você se libertar disso. Vamos pedir a Deus que faça isso acontecer. Podemos fazer uma oração juntos?"

"Deus nunca me ouve", disse ela.

"Ele vai me ouvir", respondi. "Você vai ver. Podemos tentar?"

Emma concordou com a oração. Comecei oferecendo ao Senhor sua imensa dor e pedindo a Ele que lhe desse a graça de se libertar dela. Pedi que Ele ajudasse Emma a perdoar Robert. Embora ela não conseguisse pronunciar as palavras de perdão, ela pediu a Deus a graça de perdoar, com suas próprias palavras. A disposição de Emma em pedir a ajuda de Deus mostrou que a cura já havia começado.

Naquela noite, quase não houve ruídos incômodos na casa de Emma. Ela dormiu em paz e, pela primeira vez em muito tempo, sentiu-se mais do que apenas uma mulher abandonada. Embora Emma ainda não estivesse completamente curada e ainda sentisse uma terrível tentação de se enfurecer, eu estava confiante de que sua cura viria em etapas e com o tempo.

Encontrei-me com Emma uma vez por semana nos dois meses seguintes. Em nossa quarta reunião, ela conseguiu expressar o perdão a Robert. Seu comportamento mudou depois disso. Ela começou a se reconectar com amigos e familiares e, gradualmente, voltou a ser ela mesma.

Orientei Emma a fazer três coisas para garantir a permanência de sua cura. Primeiro, ela devia começar a ir à igreja e viver sua fé cristã. Frequentar a igreja é um mandamento divino do qual não podemos nos dispensar. É essencial para nosso relacionamento com Deus. Segundo, ela precisava parar de litigar contra Robert. Litigar era um produto da raiva e a colocaria de volta na escuridão. Terceiro, ela tinha que vender a casa. Ficar ali lhe traria lembranças constantes de Robert, e ela precisava começar do zero. Morar em outro lugar era melhor para sua saúde psicológica.

Em um ano, Emma estava curada. Ela estava feliz, tranquila e livre do assédio demoníaco.

OS SEIS TIPOS DE ATIVIDADE DEMONÍACA

Os ataques demoníacos não são aleatórios ou acidentais. Eles são deliberados. Os demônios usam o que puderem – um pecado, um trauma ou alguma outra ferida – para infligir a existência infernal que experimentam em suas vítimas. Os demônios executam essa estratégia por meio de seis tipos de atividades.

1. Tentação

A tentação é a atividade com a qual o Diabo e seus anjos caídos mais se preocupam. É, de longe, sua atividade mais perigosa. O Diabo pode usar a tentação para fazer o pecado parecer bom e atraente, e nossa queda por suas artimanhas pode facilmente ter ramificações mortais e eternas. Muitos protestantes se oporão veementemente a essa última frase e enfatizarão a crença protestante de que a salvação depende exclusivamente da graça de Deus e não das escolhas morais da pessoa. Em outras palavras, uma vez que a pessoa é salva – aceita com fé que Cristo é seu Senhor e Salvador pessoal –, ela está sempre salva. A declaração de Paulo de que Abraão foi justificado (tornado correto e justo perante Deus) pela fé, e não pelas obras, em Romanos 5:1, é um texto frequentemente citado pelos protestantes para provar que a justificação e a salvação são atos "definitivos". Em outras palavras, nossas escolhas pecaminosas não têm influência sobre a salvação, uma vez que o dom da fé – a ação justificadora de Deus – é recebido pelo crente.

Assim como os protestantes, os católicos sustentam que a graça de Deus é necessária e indispensável para a salvação, e é dada por Deus como um presente completamente injustificado.[1] Essa é a justificação que recebemos no batismo e nada mais do que essa justificação é necessário para a salvação. Entretanto, os católicos acreditam que é preciso se esforçar para aceitar essa mesma graça que Ele oferece gratuitamente (Tiago 2:22). Em Romanos 5:1-2, Paulo afirma que àqueles que são justificados pela fé Cristo concedeu a "graça que agora desfrutamos com segurança e alegria, pois temos a esperança de participar da glória de Deus". A palavra *esperança* demonstra que, mesmo depois de recebermos a justificação, ainda temos esperança de salvação, justamente porque é possível rejeitar a graça. Precisamos trabalhar com os desígnios de Deus para realizar nossa salvação: "Como cooperadores de Deus, suplicamos a vocês que não recebam em vão a graça de Deus" (2 Coríntios 6:1).

Os católicos sempre entenderam que o pecado é tão poderoso que pode expulsar a própria graça de Deus da alma. Não é incomum eu encontrar uma vítima que aceitou Cristo como seu Senhor soberano e tem fé cristã sólida, mas é vítima de atividade demoníaca. Devido aos pecados de falhas morais da vítima, o demônio se apegou ao crente. Certos pecados, que os católicos chamam de pecados mortais, são ações tão más que destroem nosso relacionamento com Deus e perdemos nossa justificação. No entanto, conforme 1 João 1:9: "Mas, se confessamos nossos pecados, ele é fiel e justo para perdoar nossos pecados e nos purificar de toda injustiça". Podemos vencer o pecado por meio da oração diária, da leitura das Escrituras, do estudo da fé, da comunhão com a comunidade cristã e da prática de obras de caridade.

Sentir raiva em resposta a uma traição é natural, mas há uma grande diferença entre a raiva justa e a fúria. O grande filósofo Aristóteles ensinou que toda virtude é uma média entre dois extremos. A média entre a mansidão excessiva e a raiva é a raiva justa.

Jesus Cristo demonstrou enorme raiva quando chicoteou os cambistas e derrubou suas mesas no Templo (João 2:13-22). Sua raiva, no entanto, permaneceu racional e não excedeu as injustiças que a provocaram.

Emma foi tentada a alimentar sua raiva, e ela deixou de ser justa para se tornar seu deus. Ela havia abandonado a adoração a Deus e deixado de cumprir Seus preceitos. Assim, o pecado de Emma acabou se tornando tão grave que ela abandonou completamente o discipulado de Cristo; isso ocorreu sem ela nem perceber.

Nem todas as tentações são obra direta do Diabo. Os seres humanos têm três adversários: o mundo, a carne e o Diabo. O mundo destruído e nossa carne pecaminosa exercem seus desejos desordenados sobre nós, assim como o Diabo exerce os seus. Um alcoólatra não pode colocar a culpa do vício no Diabo. Tampouco podemos simplesmente culpar o Diabo pelo frequente desrespeito do mundo do entretenimento a Deus e à bondade. A solução para o alcoolismo não é o exorcismo em si. É o tratamento da dependência. E a solução para o paganismo do mundo do entretenimento é uma conversão genuína por meio de uma experiência com Deus, e não o exorcismo.

Todos experimentam a tentação, que é *uma atividade demoníaca comum*. Até mesmo Nosso Senhor a suportou. Os próximos cinco tipos da lista são considerados *atividade demoníaca extraordinária*.

2. Vexação

Do latim *vexare* ("sacudir ou perturbar"), a vexação é um ataque demoníaco com uma força que vai além da mera tentação. A vexação pode ser mental ou física e pode assumir uma variedade de formas, como:

- Explosão de impaciência ou raiva por algo que normalmente não seria perturbador.
- Preconceito e ressentimento repentinos que resultam em rancor.
- Mudança repentina de um humor positivo para um humor de depressão, tristeza ou medo.
- Perda inexplicável de memória ou de lembranças de um evento positivo ou de uma boa pessoa.
- Sono constantemente perturbado, causado por pesadelos assustadores, depravados ou perversos ou por acordar repentinamente durante a noite e não conseguir voltar a dormir.

Vexação física é um ataque físico contra a pessoa, contra a propriedade dessa pessoa ou contra algo ligado à pessoa e valorizado por ela. Os exemplos a seguir são típicos:

- Pessoa muito desastrada ou que sofre acidentes crônicos.
- Perseguição inexplicável no local de trabalho, causando perda de emprego ou rebaixamento.
- Dificuldade repentina em um relacionamento.
- Fracassos e infortúnios financeiros crônicos.
- Mau funcionamento mecânico crônico de aparelhos ou equipamentos eletrônicos.
- Doenças físicas crônicas inexplicáveis e não diagnosticáveis.
- Conflitos repetitivos e intermináveis na família, no local de trabalho ou na igreja.
- Um período em que os motivos da pessoa são cronicamente questionados e/ou mal interpretados pelas pessoas ao redor, por exemplo, pelo empregador.
- Objetos inanimados que se movem sozinhos (por exemplo, livros que voam das prateleiras, retratos que caem das paredes, pratos que chacoalham nos armários).

A experiência de algumas dessas realidades não significa necessariamente que a pessoa esteja sofrendo um tormento. No entanto, se houver um *padrão* em que os sintomas ocorram com mais regularidade do que a coincidência ou o bom senso justificariam, pode ser um indício de que a pessoa está sofrendo um tormento demoníaco.

As vexações são eficazes porque evocam em nós respostas que encantam o Diabo: agravamento, aborrecimento, desconforto, angústia, perturbação, embaraço, exasperação, frustração, pesar, assédio, inconveniência, lesão, ira, irritabilidade, indignação e tormento.

A vexação pode causar grandes danos ao levar a vítima a tomar decisões terríveis por causa de sentimentos de desolação espiritual, incluindo tentação, tristeza, falta de confiança/esperança/amor, sentimento de que está separado de Deus ou que não é amado por Ele.[2] Assim, até que a vexação cesse, a pessoa deve evitar tomar decisões importantes, como mudar de carreira, terminar amizades ou parcerias comerciais, noivar, terminar o casamento e assim por diante.

Emma estava sofrendo com a irritação. Quadros que voavam das paredes, objetos que desapareciam da casa, luzes piscando, o rádio ligado aleatoriamente e o rugido avassalador do motor a diesel eram evidências disso.

Causas de vexação

Os vícios têm três causas possíveis, sendo cada uma delas única e independente.

1. Uma vexação pode ser resultado de atividade pecaminosa, como pecado sexual, mentira, roubo ou qualquer outra violação dos Dez Mandamentos, ou qualquer violação dos mandamentos de Cristo (por exemplo, não perdoar os inimigos) ou de Sua Igreja. Os pecados contra o Primeiro Mandamento (ou seja, pecados contra a soberania de Deus) parecem estar entre os mais propensos a causar irritação. Isso inclui consultar cartomantes, clarividentes, feiticeiros, curandeiros ocultos, praticar a devoção à Santa Muerte, praticar a Santería ou o vodu, ou participar de sessões espíritas ou atividades com o tabuleiro Ouija.
2. Também pode resultar de praga, maldição, feitiço, que serão descritos em mais detalhes no próximo capítulo.

3. Pode ser uma retaliação por um trabalho bom e virtuoso que irritou o demônio. Embora as vexações sejam sempre desagradáveis, devemos considerá-las um elogio. Se o Diabo foi tão prejudicado por nosso trabalho que comunica seu descontentamento nos irritando, o que quer que tenhamos feito para merecer isso é o que devemos continuar fazendo. Em relação aos outros dois tipos de vexações, essa forma geralmente é muito menos destrutiva e, como toda atividade demoníaca, só ocorre com a permissão de Deus.

Acredito que todos os seres humanos sofrem de vexações diabólicas em um momento ou outro. Quando suspeitamos de vexação, devemos fazer um exame moral para avaliar se o pecado entrou em nós. Se isso aconteceu, é preciso eliminá-lo e nos reconciliar com Deus. Também é preciso intensificar as orações e oferecer o sofrimento causado por uma vexação como penitência, tendo como consolo o fato de que até mesmo os maiores santos passaram por isso. A oração fortalece, protege e purifica.

3. Infestação

Do latim *infestatio* ("ser invadido por pragas ou vermes"), uma infestação caracteriza-se por uma infinidade de problemas em um local específico, por exemplo, em um cômodo ou uma casa. As infestações não atacam diretamente as pessoas, mas as propriedades, os lugares e as coisas. Sintomas de infestação demoníaca são aqueles típicos de uma "casa mal-assombrada" e podem incluir:

- O som de passos vindo de um local onde não há ninguém presente (por exemplo, no sótão).

- Ouvir vozes sem corpo (por exemplo, canto vindo do armário) ou sons aleatórios (arranhões ou batidas de dentro da parede; objetos batendo no porão).
- Portas que se abrem e fecham sozinhas.
- A aparição de uma pessoa, animal ou outra figura.
- Objetos que se movem sozinhos ou desaparecem completamente.
- Luzes, eletrodomésticos e eletrônicos que ligam ou desligam sozinhos.
- O mau funcionamento ou quebra repetida de aparelhos, esgotos, drenos etc.
- Comportamento estranho e atípico do animal de estimação da família.

Embora não houvesse dúvida de que Emma estava sendo importunada por demônios, o grande número de fenômenos que ocorriam em sua casa havia chegado ao ponto de infestação.

A causa mais comum de uma infestação é o pecado de um ou mais habitantes do lugar. E o antídoto para isso exige que a vítima se reconcilie com Deus, submeta-se à Sua autoridade e faça o possível para não pecar novamente. A pessoa deve voltar a se comprometer com o discipulado de Jesus e remover de sua vida tudo o que for incompatível com esse discipulado.

Depois, o local infestado deve ser purificado. A limpeza mais imediata, de longo alcance e duradoura vem de um exorcismo e de uma bênção de um sacerdote. Como os demônios sabem que um sacerdote age com a autoridade da Igreja, eles respondem às ações de um sacerdote mais do que às de qualquer outra pessoa. O Ritual Romano contém um exorcismo específico para lugares altamente eficaz.[3]

Ocasionalmente, nem mesmo um exorcismo e uma bênção combinados acabam com a infestação. Nesses casos, *supondo que as almas de todos que moram ali estejam livres do pecado mortal*, o melhor remédio é um sacerdote celebrar uma missa na casa.[4] Não me lembro de uma infestação que tenha sobrevivido ao exorcismo, à bênção e à celebração da Eucaristia de um sacerdote.

4. Opressão

Do latim *oppressio* ("uma apreensão ou derrubada violenta"), a opressão é um ataque físico que a vítima sente vindo *de fora de seu corpo*. A pessoa pode ser tocada, empurrada, chutada, arranhada, cortada, levar um soco e até mesmo ser violentada sexualmente. Algumas vítimas de opressão chegam a sofrer a experiência de serem estupradas. Esses não são meros "sentimentos", mas ataques físicos reais. Os golpes recebidos são reais, assim como os cortes. Eles não são autoinfligidos. Em alguns casos, pela gravidade dos ferimentos, a vítima precisa ser hospitalizada e de um longo tempo para recuperação.

A opressão geralmente inclui um componente emocional ou psicológico. Por exemplo, o inimigo deixará sua vítima deprimida, ansiosa e exausta. Ela também pode ter problemas externos, como tensões com o empregador, infortúnios financeiros e dificuldades nos relacionamentos (muitas vezes sofrendo sozinha). Também pode afetar o corpo, e a vítima ter dores e sofrer de doenças sem causa aparente. Acreditando que tem problemas físicos, a vítima frequentemente consulta vários médicos em busca de uma cura. O resultado é sempre o mesmo: não há nada de errado do ponto de vista médico. A vítima pode até ser suspeita de estar mentindo ou ter uma doença mental.

Eliminar uma opressão espiritual é mais desafiador do que acabar com uma infestação ou vexação. A causa geralmente é o pecado habitual na vida da vítima ou até mesmo um único pecado passado do qual a vítima não se arrependeu. Qualquer um deles dá ao demônio o direito de oprimir.

No passado, morei em um presbitério no centro de uma grande cidade. Profissionais do sexo andavam pela rua em frente à casa paroquial dia e noite. Elas eram viciadas em crack e sustentavam o vício por meio da prostituição. Uma delas, Rose, tinha um comportamento bizarro. Ela tentava aliciar homens mesmo quando eles estavam na companhia das namoradas ou esposas; gritava aleatoriamente blasfêmias sobre Nosso Senhor e a fé cristã; uivava como um animal enlouquecido; e tinha um comportamento instável e agressivo. Por exemplo, ao ver ciclistas ou motociclistas passando, Rose se lançava sobre eles e os empurrava do veículo, e muitas vezes eles se feriam gravemente.

Embora Rose às vezes aparecesse na porta do presbitério pedindo comida, ela nunca aceitava ajuda espiritual e fugia quando lhe ofereciam. Certa vez, quando fui levar uma sacola até a lixeira atrás do prédio, vi Rose se contorcendo no chão ao lado da garagem, mexendo violentamente o rosto, como se estivesse sendo agredida por um punho invisível. Cada soco deixava uma marca em suas bochechas e nariz. Rose estava sob a ação de demônios, e o domínio deles havia chegado à opressão: um inimigo invisível a estava atacando. Ela continua sendo, até hoje, um dos casos de opressão mais cruéis que já vi.

Um dia, Rose simplesmente desapareceu e eu nunca mais a vi. Ela é uma das almas infelizes que está sempre em minhas orações.

Felizmente, Emma não sofreu opressão. Embora sua casa estivesse infestada, ela não foi atormentada fisicamente. No entanto, acredito que ela estava pelo menos no início da obsessão.

5. Obsessão

Do latim *obsessio* ("um cerco"), a obsessão é um ataque *interno* à mente. Embora a vítima mantenha o controle do corpo, a soberania de sua pessoa é parcialmente comprometida. Por esse motivo, a obsessão às vezes também é chamada de *possessão parcial*.

Uma obsessão consiste em uma série de pensamentos intrusivos e compulsivos dos quais a vítima não consegue se livrar. Os exemplos incluem:

1. Pensamentos incansáveis sobre ferir ou matar alguém.
2. Ansiedades graves e avassaladoras, como sobre o futuro, o casamento, um evento do passado (por exemplo, um pecado ou um momento embaraçoso) ou uma decisão iminente (por exemplo, "Devo me casar com a Sally?").
3. Pensamentos suicidas recorrentes.
4. Apaixonar-se por alguém de tal forma que a vítima não consegue tirar a pessoa da cabeça, chegando até mesmo a "perseguir" esse indivíduo. (Estou convencido de que alguns perseguidores sofrem de obsessão demoníaca.)
5. Tentações compulsivas de cometer um ato sacrílego, como profanar a Sagrada Eucaristia ou incendiar uma igreja.
6. Extrema dificuldade em adormecer ou permanecer dormindo; a vítima pode ter pesadelos compulsivos constantes que lhe dão "pistas" sobre algum mistério falso que ela precisa desvendar.
7. Um vício extremo em questões religiosas, como desespero em relação à própria pecaminosidade; obsessão pelo sofrimento de Cristo na cruz; oração constante e interminável; jejum severo e insalubre ou outras mortificações.

8. Desespero em relação à própria salvação, como acreditar que cometeu um erro irreparável e um pecado imperdoável.

Os pensamentos opressivos são debilitantes, e a vítima acredita que esses pensamentos são inteiramente seus. Os pensamentos podem vir acompanhados de emoções, sensações e respostas fisiológicas correspondentes. Por exemplo, uma vítima com raiva obsessiva também apresentará respiração curta e acelerada, aumento da frequência cardíaca, punhos cerrados, tremores e outros sintomas relacionados.

A amargura sempre presente em que Emma vivia era um caso de obsessão. Suas birras que duravam horas e o constante litígio que ela movia contra o ex-marido lhe davam uma energia doentia e destrutiva.

Distinguir obsessão demoníaca de doença mental pode ser bastante difícil. Ainda mais desafiador é distinguir uma obsessão demoníaca de alguém que *também* tem uma doença mental.

Em minha experiência, há três chaves para discernir corretamente a obsessão da doença mental.

1. *Precedente*

Os pensamentos geralmente não têm causa antecedente adequada nem histórico anterior. Em geral, são novos e estão fora da linha de base do comportamento normal da vítima.

Um de meus casos envolveu um homem que era obcecado pela esposa do irmão. Pensamentos carnais sobre ter relações sexuais com a cunhada o atormentavam dia e noite. Anos antes, ele havia sido diagnosticado com transtorno esquizoafetivo, que se manifestava por meio de alucinações auditivas (vozes convincentes) e comportamento intenso e agressivo. Até recentemente, ele nunca havia fantasiado algo com ela (ou com qualquer outra pessoa). Aí reside um detalhe crucial. Se a obsessão for totalmente nova e houver um momento em que ela começou, isso pode muito bem ser um sinal de que a causa é uma obsessão demoníaca, e não uma doença mental. Embora o homem tivesse uma doença mental diagnosticada, os pensamentos obsessivos sobre a cunhada eram um desvio de seu comportamento normal e básico.

Algumas pessoas se opõem, dizendo: "Os sintomas da doença mental também precisam começar em um momento específico. Então, como isso distingue a doença mental da opressão demoníaca?". Essa objeção é válida e revela a dificuldade de isolar uma causa da outra. A distinção pode ser extremamente sutil e facilmente sujeita a erros. Para tornar as coisas ainda mais difíceis, os demônios podem – e muitas vezes farão isso – jogar com a suscetibilidade da pessoa à obsessão. No entanto, procura-se um ponto provisório em que seja confortável afirmar que o comportamento aberrante foi *além do* que pode ser considerado o nível normal de comportamento obsessivo do indivíduo (até mesmo patologicamente normal).

2. *Incidente estimulador*

Identificar a causa do comportamento aberrante é a chave número dois. Perguntamos: "Há alguma razão para que a obsessão tenha começado no momento específico em que começou?". No caso do homem com transtorno esquizoafetivo, descobri que seus pensamentos carnais começaram depois que ele visitou um médium. Essa ação é uma causa espiritual mais do que suficiente para sua aflição. Entretanto, mesmo essa identificação é insuficiente para estabelecer um diagnóstico preciso.

3. *Oração*

É necessário o emprego de uma terceira chave: o discernimento espiritual. *É preciso orar.*

A oração revelará um diagnóstico adequado ao produzir uma mudança no comportamento obsessivo com raízes espirituais. Quando a doença mental causa pensamentos obsessivos, esses pensamentos não são afetados pela oração de um exorcista, e o comportamento da vítima permanece inalterado. Isso faz todo o sentido. Se a raiz do problema for uma condição médica, por que as orações contra o demônio o afetariam? Entretanto, quando a raiz é algum tipo de atividade demoníaca, a oração sempre afetará o resultado. Os pensamentos obsessivos pelo menos diminuirão.

Infelizmente para esse homem, o diagnóstico de obsessão espiritual e o subsequente ministério de oração pelo qual ela foi quebrada aconteceram depois que danos irreparáveis já haviam ocorrido. Ele foi preso por ter violado uma medida protetiva que o irmão e a cunhada acionaram contra ele por causa de seu comportamento agressivo e obsessivo. Nenhum deles o queria mais em suas vidas.

Outro ponto importante e esclarecedor: se a oração fizer os pensamentos obsessivos aumentarem, embora seja contraintuitivo, *também é uma evidência de que a pessoa está sofrendo de obsessão espiritual.* O aumento da atividade obsessiva é uma tática demoníaca simples: fazer parecer que a oração piorou as coisas para que a vítima fique desanimada e desista de buscá-la. Mais uma vez, se a causa principal do comportamento compulsivo for a doença mental, não há motivo para que orações contra o demônio a intensifiquem. Mas se isso acontecer, é um sinal de que as orações do exorcista encontraram seu alvo – os demônios, que estão usando estratégias evasivas para se proteger.

Uma chave para discernir a obsessão da doença mental é a mudança – qualquer mudança – na intensidade do estado da vítima após ter recebido a oração. Uma mudança significa que as orações do exorcista atingiram algo demoníaco.

6. Possessão

Do latim *possessio* ("ser possuído"), a possessão é o nível mais alto de ataque demoníaco e é a mais poderosa das atividades extraordinárias do Diabo.

Uma pessoa possuída suporta tentação, vexação, infestação, opressão, obsessão, mas o demônio agora também controla o corpo e a consciência dela.

Na possessão, o demônio anima o corpo da vítima, e é assim que a possessão demoníaca se revela. As pessoas próximas à vítima testemunham uma personalidade estranha, de modo que fica claro que a pessoa que conhecem não tem mais controle sobre o próprio corpo.

O demônio usa o corpo da vítima para agir com comportamentos terríveis, como:

- Infligir lesões autoprovocadas graves por meio de cortes, queimaduras e espancamentos.
- Abusar física e verbalmente de outras pessoas.
- Marcação da casa da vítima com sinais e símbolos demoníacos.
- Comer coisas nojentas: fezes, insetos, carniça etc.
- Envolver-se em nudez pública e atos sexuais reais ou simulados.
- Divulgar os pecados da vítima a outras pessoas e revelar detalhes embaraçosos sobre sua vida.

- Incontinência.
- Usar discurso cáustico, combativo e escandaloso.

A manifestação do demônio na possessão não é contínua. Ela ocorre em intervalos. Em alguns momentos, ele anima o corpo; em outros, retira-se para dentro e deixa a vítima livre. No entanto, mesmo quando está "quieto", o demônio está sempre ciente do que está ocorrendo ao redor do hospedeiro. Ele é especialmente sensível à presença de qualquer coisa sagrada – oração, um crucifixo, uma imagem sagrada, água benta, o som dos sinos da igreja, missa – e se manifestará em um instante para se afastar do perigo. Mas ele pode se manifestar por qualquer motivo que desejar. Ele se deleita em infligir tortura, o que faz dia e noite.

Quando o demônio está quieto, a vítima pode interagir com o próprio corpo. As pessoas que conhecem a vítima podem dizer que é ela, mas ela apresenta os sintomas de alguém que está sendo atormentado: ansiedade, angústia, confusão e exaustão. Quando a possessão se repete, a vítima perde novamente a consciência e é puxada para um sono interno, totalmente inconsciente do que o demônio está fazendo com seu corpo. Nada do que é feito durante uma manifestação demoníaca pode ser moralmente atribuído à vítima.

Os exorcistas são frequentemente questionados se o comportamento demoníaco descrito no famoso filme de 1973, *O Exorcista*, é exato. Exceto por um fenômeno – a virada de cabeça de 360 graus do possuído –, tudo no filme retrata o que uma pessoa possuída pode fazer. A seguir, listamos alguns fenômenos típicos que um exorcista pode testemunhar.

Dentro da vítima:

- Contorções e movimentos corporais violentos e não naturais.
- Mudanças drásticas nas características faciais: as expressões são distorcidas e contorcidas.
- Fala com voz grave e gutural, nitidamente diferente da voz da vítima.
- Proferimentos quase constantes de insultos, maldições, ameaças etc.
- Atividade ocular anormal que dura continuamente por horas, por exemplo, olhos rolando para trás na cabeça, de modo que apenas o branco dos olhos fica visível, ou as pálpebras fechadas. No entanto, embora nenhuma luz atinja as pupilas dos olhos, o demônio vê perfeitamente tudo ao redor.
- Rigidez total do corpo.
- Socos, chutes e sinais de grande força durante horas sem exaustão, mesmo que homens grandes e musculosos controlem os membros da vítima. Isso esgotaria até mesmo a pessoa mais fisicamente apta. No entanto, o demônio pode fazer isso por horas sem sentir fadiga.
- Desprezo extremo e aversão a Deus, à Virgem Santíssima, aos santos ou a qualquer coisa religiosa.
- Surgimento de feridas no corpo da vítima, que desaparecem tão rapidamente quanto apareceram.
- Levitação.
- Fazer os sons e os movimentos de um animal e assumir sua aparência; por exemplo, a vítima pode se assemelhar repentinamente a um lobo ou a um porco.

- Demonstração de conhecimento de assuntos ocultos, especialmente com relação a algo dolorosamente embaraçoso para outra pessoa.
- Previsões precisas de eventos futuros, verificadas por sua ocorrência em um período posterior.
- Fluência em idiomas que a vítima nunca aprendeu.

Fora da vítima:

- O cômodo é tomado por odores desagradáveis.
- Mudanças repentinas e extremas de temperatura, seja quente ou fria.
- Móveis e outros objetos se movem sozinhos, quebram, são arremessados por forças invisíveis etc.
- Fenômenos de *poltergeist* em toda a casa.

Emma não estava possuída. Seu demônio não tinha conseguido progredir além da obsessão e da infestação. No entanto, tenho fortes suspeitas de que, se a raiva dela tivesse ficado mais intensa, o demônio teria feito alguma oferta convincente para ajudá-la a se vingar do marido. A aceitação dessa oferta daria ao demônio o direito de possuir Emma e completar sua dominação.

O ponto de virada de Emma foi o convite para perdoar o ex-marido. Ela ouviu a voz de Cristo nesse convite e pôde sentir Sua presença. Era uma presença com a qual ela estava familiarizada desde a infância, mas que não sentia desde o abandono do marido e sua renúncia à fé cristã.

O perdão é a virtude cristã por excelência porque Jesus Cristo *é* a própria misericórdia e o perdão de Deus. Em outras palavras, a misericórdia e o perdão de Deus são tão grandes que são uma pessoa, uma pessoa cujo nome é Jesus Cristo. Quando imitamos Cristo perdoando aqueles que nos ofenderam – mesmo os que tentaram nos destruir –, permitimos que Jesus se encarne em nós. Essa encarnação produz dentro do cristão um estado de possessão que é exatamente o *oposto* da possessão demoníaca.[5] Em vez de enredar e consumir, ela liberta, cura, revigora e dá poder. Para o cristão, não há arma mais poderosa contra o mal – nem maior dádiva – do que escolher perdoar os inimigos à imitação de Cristo. O mal é totalmente impotente contra ele.

ENTENDENDO A ATIVIDADE DEMONÍACA

Para entender tanto a inter-relação quanto a natureza hierárquica dos ataques demoníacos, os exorcistas há muito tempo usam a analogia de uma cidade fortificada sitiada por um exército invasor.

Na Idade Média, era comum fortificar uma cidade com um alto muro de pedra ao redor de seu perímetro. Exemplos clássicos de cidades assim são Ávila, na Espanha, e Corinaldo, na Itália. As muralhas impediam a entrada dos inimigos da cidade e davam aos cidadãos a vantagem da altura em seu contra-ataque, caso o inimigo fizesse um cerco. As muralhas eram a defesa mais importante da cidade.

Quando o Diabo tenta, isso equivale a um general de um exército invasor batendo nos portões da cidade, pedindo aos cidadãos que saiam para conversar. As vexações do Diabo são equivalentes à destruição, pelo exército, de alguns dos bens externos da cidade, como os poços, o suprimento de alimentos e as estruturas dentro das muralhas, lançando pedras sobre eles. Durante a opressão, o ataque do demônio é equivalente ao inimigo batendo nas muralhas e nos portões da cidade com canhões e aríetes. A obsessão ocorre quando os portões cedem e o exército invasor toma conta da cidade, quarteirão por quarteirão, trabalhando para obter o controle total. Finalmente, na possessão, a invasão é completa. O inimigo suspende as liberdades desfrutadas anteriormente pelos cidadãos e os domina com um governo opressivo.

✝

Os ataques demoníacos são planejados e deliberados. Embora a possessão demoníaca seja a mais sensacional das obras do Diabo, é também a mais rara. A tentação é a mais comum. A possessão, por si só, não pode condenar ninguém ao inferno. Entretanto, se uma pessoa morrer em estado de pecado grave, ela se tornará um dos condenados que nunca verão o céu. Nada pior é sequer imaginável.

3

O QUE É EXORCISMO?

O CASO DO BOMBEIRO POSSUÍDO

Em uma tarde de sábado, recebi uma ligação de um padre que morava a uma curta distância. Ele estava em pânico. Como a maioria dos padres, ele ouvia confissões, e naquele dia um penitente começou a rolar no chão, rosnando e repetindo várias vezes: "Não vou embora!".

"Estou enviando-o para você agora", disse-me o padre.

Normalmente, não concordo em atender um caso com tamanha rapidez. Digo aos padres que estão aprendendo a fazer exorcismo que não existe exorcismo de "emergência". "Você é o exorcista. Você escolhe a hora e o local para o exorcismo. Nunca deixe que o demônio lhe dite as regras."

Há razões para isso. Primeiro, uma pessoa sob o poder e o controle do Diabo pode não querer a libertação. Muitos que pedem um exorcismo fazem isso sob a direção do próprio Inimigo. Por quê? Para desperdiçar o tempo do exorcista e esgotar sua energia, de modo que ele se torne menos eficaz. Sem a cooperação e o desejo da vítima de se libertar, os esforços do exorcista são inúteis. Por mais estranho que possa parecer, as pessoas têm o direito de pertencer ao demônio se assim o desejarem. E muitos fazem isso! Deus nos dotou de livre-arbítrio e respeita nossas escolhas, independentemente de quão ruins sejam. Portanto, parte do discernimento de um exorcista é determinar se a vítima realmente deseja se livrar do demônio.

Os exorcistas têm agendas lotadas e, muitas vezes, também são párocos. É impressionante como o demônio encontra o pior momento para fazer um caso "explodir". Os exorcistas precisam aprender a rejeitar o fato de serem arbitrariamente afastados das agendas regulares. Se o demônio está lá agora, ele estará lá na próxima terça-feira às 14h00. Ensino meus aprendizes a marcar um encontro com o demônio em um horário conveniente para eles, e não para o demônio.

Além disso, é preciso levar em conta a agenda de outras pessoas. Um exorcista nunca trabalha sozinho. Ele precisa de uma equipe para ajudá-lo e protegê-lo. Os demônios são poderosos e manifestarão esse poder durante um exorcismo. Um exorcista precisa de homens fortes que possam conter a vítima. Ter alguém treinado em psicologia e outro formado em medicina, como um médico ou enfermeiro, é de grande valia. Ele também precisa de um assistente para registrar os eventos. Se a vítima for mulher, deve haver outras mulheres presentes. Por fim, ele precisa de intercessores, pessoas que orem para que a sessão seja bem-sucedida.

Nesse dia, minha equipe já estava comigo. Estávamos nos reunindo para analisar nossos casos. Por esse motivo, concordei em ver o homem imediatamente.

Pouco tempo depois, quatro pessoas chegaram aos escritórios da igreja: Jeremy, sua esposa e seus pais. Jeremy tinha vinte e poucos anos e era alto, com peito largo e muito em forma. Seus músculos eram grandes e salientes. Pensei: "Se ele ficar violento, não haverá como detê-lo".

Quando ele se apresentou, percebi que Jeremy era educado, de fala mansa e gentil – a personificação de um cavalheiro. Pelo seu comportamento, ninguém poderia imaginar que havia algo de errado com ele. Por outro lado, eu também não presumia que houvesse. Só o que eu sabia era que outro padre *acreditava* que Jeremy se manifestava de forma demoníaca. Um exorcista, no entanto, deve fazer sua própria avaliação.

O ritual de exorcismo da Igreja Católica é chamado de Rito de Exorcismo. O ritual exige certeza moral de que um indivíduo está possuído antes que um exorcista possa realizá-lo. A "certeza moral" é entendida como a conclusão a que qualquer pessoa inteligente e racional chegaria com base nas evidências coletadas. Ela não deve ser confundida com a certeza absoluta, o tipo de certeza oferecido pela matemática em que qualquer matemático chegará ao mesmo resultado objetivo e imutável. Esse tipo de certeza raramente está disponível em situações da vida real. Portanto, a Igreja procura *sinais* que evidenciem a presença de um demônio.

Os sinais clássicos de possessão são:

- A capacidade de falar e entender idiomas que você nunca estudou.
- Saber de eventos que seriam impossíveis de ser do conhecimento do indivíduo por meios naturais.
- Demonstrações de força sobre-humana (força além das habilidades humanas naturais).
- Uma "aversão veemente a Deus, ao Santíssimo nome de Jesus, à Santíssima Virgem Maria, aos santos, à Igreja, à Palavra de Deus, às coisas e ritos sagrados, especialmente os sacramentais, e às imagens sagradas".[1]

Devido à proximidade do meu amigo sacerdote e às evidências que ele forneceu por telefone, acreditei que uma intervenção naquele mesmo dia seria sensata. Assim, quando eles chegaram, conduzi Jeremy e sua família a uma sala onde poderíamos conversar. A história de

Jeremy, de sua esposa e de seus pais coincidia com a do padre. Os quatro haviam ido à paróquia onde Jeremy pretendia se confessar. Como católico, Jeremy sabia que, para receber a Eucaristia, precisava confessar seus pecados e receber o perdão do Senhor na forma da absolvição do sacerdote (cf. João 20:23). Embora não praticasse sua fé havia vinte anos, uma recente experiência de conversão o fez desejar se reconectar com Deus. No entanto, ao entrar no confessionário, ele caiu no chão.

Jeremy não se lembrava do que havia acontecido no confessionário. Ele se lembrava de ter caminhado em direção ao confessionário e depois de estar dentro do carro a caminho de me ver. Esse "salto" na memória é típico durante a possessão. Quando o demônio assume o controle do corpo da vítima, também assume sua consciência, de modo que a vítima não se lembra da possessão ou dos eventos ocorridos durante ela.

Dispensei a esposa e os pais de Jeremy para que apenas ele, minha equipe e eu permanecêssemos na sala. Eu queria dar a ele o máximo de liberdade para falar sem que a família tivesse conhecimento de detalhes que ele talvez não quisesse que soubessem. Ele descreveu uma experiência que teve quando tinha 8 anos de idade. Os amigos de seu irmão mais velho levaram um tabuleiro Ouija para casa e o convidaram para participar. Ele se lembra de que a prancheta se movia em resposta a várias perguntas que o grupo fazia.

Naquela noite, quando ele apagou as luzes e se deitou, lembra-se de ter visto uma figura escura no quarto. A figura era tão negra que, embora as luzes estivessem apagadas, tudo naquele quarto parecia estar em plena luz do dia. Além de ser intensamente negra, o único detalhe adicional de que ele se lembrava era que ela tinha corpo humano, mas cabeça de gato. A figura falou com Jeremy, prometendo torná-lo muito forte se ele lhe desse alguma coisa, e disse uma palavra estranha que Jeremy nunca tinha ouvido antes e da qual não se lembrava mais. Por razões que Jeremy não conseguia explicar, ele cometeu o terrível erro de aceitar a oferta. A figura saltou no ar e entrou em seu corpo pelo peito.

Desde aquele momento, Jeremy se lembra de sempre ter sido o garoto mais forte da escola. Ele conseguia levantar mais peso do que qualquer um. Até mesmo os professores ficavam impressionados com sua força. Ele desenvolveu uma habilidade atlética surpreendente e dominava todos os esportes. Mas, com isso, Jeremy também experimentou um aumento na agressividade e ficava facilmente irritado. Ele frequentemente entrava em brigas com garotos maiores e muito mais velhos. E nunca perdia.

Sua força e agressividade aumentaram durante o ensino médio, e ele ganhou a reputação de ser o garoto mais valentão da escola. Ninguém estava disposto a brigar com ele. Mas outra coisa que o assustava profundamente começou a acontecer: períodos de apagão em que ele perdia a consciência e a memória. Esses períodos vinham sem aviso. Jeremy de repente se via em um lugar completamente diferente, sem ter ideia de como teria chegado lá. Havia também um longo lapso de tempo, geralmente de uma a sete horas. Ele contou sobre determinada ocasião em que fazia compras em uma loja de ferragens. Sua próxima percepção consciente foi a de estar andando por uma calçada a quinze quilômetros de distância, sem saber como tinha ido parar lá, e com 258 dólares a mais no bolso. Ele não fazia a menor ideia de onde aquele dinheiro teria vindo.

Jeremy sempre quis ser bombeiro. Ele se matriculou na academia de bombeiros depois de concluir o ensino médio. Embora tivesse que se esforçar muito nos estudos, ele passou com folga nos componentes esportivos, quebrando os recordes da academia. Foi contratado imediatamente após a formatura.

Por volta dessa época, Jeremy começou a namorar Rachel. Rachel se sentiu atraída pelo porte físico dele, e Jeremy ficou feliz por ela estar disposta a suportar seu temperamento. Com o passar do tempo, o relacionamento se tornou sério e eles se casaram. Pouco tempo depois, Jeremy começou a ter terríveis acessos de raiva. De repente, sua personalidade mudava. Embora nunca tenha agredido a esposa, ele ameaçava fazer isso, e Rachel começou a ficar com medo.

Além disso, os períodos de apagão de Jeremy passaram a abranger vários dias. Em certa ocasião, ele "acordou" em uma cidade completamente diferente. Estava sem camisa e sem sapatos, com os nós dos dedos raspados e ensanguentados e o corpo coberto de hematomas, cortes e arranhões. Dois dias haviam se passado. Ele não tinha ideia de onde estivera ou o que fizera.

Os apagões sempre assustaram Jeremy, mas, desta vez, depois de ter perdido dois dias inteiros e encontrado sinais de trauma no corpo, ele ficara apavorado. Havia dentro dele algo que não controlava, e ele não sabia o que fazer a respeito. Toda vez que ele tinha os apagões e desaparecia, pelo menos uma vez a cada dois meses, Rachel ligava para o corpo de bombeiros e dizia que Jeremy estava doente. De alguma forma, ele conseguiu não ser demitido.

Por volta dessa época, os pais de Jeremy redescobriram a fé. O evento decisivo para isso foi um retiro na paróquia que os afetara profundamente. Embora os pais de Jeremy tivessem sido criados como católicos, tornaram-se apenas cristãos nominais que, exceto no Natal e na Páscoa, nunca iam à igreja. Depois de ter saído de casa para morar sozinho, Jeremy nunca mais pensou em Deus. Nem mesmo o Natal e a Páscoa tinham significado religioso para ele.

Depois do retiro, todos os que conheciam os pais de Jeremy puderam ver uma diferença drástica neles. Eles nunca tinham sido pessoas ruins, mas agora eram pessoas extraordinariamente boas. O amor fluía deles, e eles irradiavam paz e alegria.

Rachel percebeu a alegria dos sogros e começou a participar de um grupo de oração semanal realizado na casa deles. Com o tempo, ela começou a sentir em si mesma a transformação e a paz que via nos sogros. Por fim, Rachel abordou a questão de Deus com Jeremy. "Jeremy", disse ela, "não somos mais crianças. Já está na hora de começarmos a ir à igreja".

"Você está certa", concordou Jeremy. "Já está na hora." Essa conversa foi o impulso para o desejo de Jeremy de receber o sacramento da confissão naquela tarde de sábado.

Fiz um teste de diagnóstico em Jeremy. Enquanto os membros da minha equipe lhe faziam perguntas, fui até uma estante, peguei uma pilha de livros e os coloquei sobre a mesa na frente dele. Embora alguns livros tratassem de assuntos espirituais, a maioria era sobre assuntos aleatórios e não relacionados, como o guia de beisebol 2012 do Baltimore Orioles, manual para colocação de drywall, programação em C++. Continuei indo até a estante e pegando pilhas de livros sobre assuntos aleatórios. O objetivo era controlar os olhos de Jeremy. Eu sabia que ele examinaria os títulos de cada pilha, procurando uma pista sobre o motivo de eu estar fazendo isso.

Eu não queria que Jeremy percebesse eu fazendo o que pretendia fazer. Em uma das minhas idas à estante, mergulhei o dedo em um copo cheio de água que eu havia colocado em uma das prateleiras antes da chegada de Jeremy. Era água benta. Não havia como Jeremy perceber. Assim que molhei a ponta dos dedos na água, voltei até onde estava Jeremy, carregando uma pilha de livros no outro braço. Ainda atrás dele, espirrei a água benta em suas costas. Como a quantidade de água era minúscula, não havia como Jeremy sentir as gotículas em suas roupas.

Com uma velocidade surpreendente, ele se levantou da cadeira e arqueou inimaginavelmente o tronco para trás, de modo que, embora nossos corpos ainda estivessem voltados para a mesma direção, ele agora estava cara a cara comigo, com o rosto de cabeça para baixo. Ao mesmo tempo, ele sibilou violentamente e mostrou os dentes – que de repente pareciam ter cinco centímetros de comprimento – como um gato ameaçado. Suas pupilas estavam viradas para dentro da cabeça, de modo que apenas o branco dos olhos era visível.

Esse teste simples me indicou claramente a possessão demoníaca. Embora a quantidade de água que aspergi sobre Jeremy tenha sido extremamente mínima, ela causou agonia ao demônio e o revelou. Humanamente falando, não havia como Jeremy saber que tinha sido aspergido com água benta. Somente um demônio saberia. O alongamento ilusório dos dentes caninos de Jeremy foi apenas a cereja do bolo.[2]

"Demônio, quem é você?", perguntei.

"Vá se %&$#, padre!", respondeu ele. "Ele é meu. Ele se entregou a mim. Você nunca o terá!"

"Demônio, quero falar com Jeremy", insisti.

Ele respondeu com uma risada lenta e zombeteira.

"Em nome de Jesus, eu lhe ordeno que traga Jeremy à luz", declarei.

O nome de Jesus é terrível e assustador para os demônios, e eles não são livres para desconsiderar uma ordem ligada a ele. Não há outro nome no céu ou na terra como esse.

> Por isso Deus o elevou [Jesus] ao lugar de mais alta honra e lhe deu o nome que está acima de todos os nomes, para que, ao nome de Jesus, todo joelho se dobre, nos céus, na terra e debaixo da terra, e toda língua declare que Jesus Cristo é Senhor, para a glória de Deus, o Pai. (Filipenses 2:9-11)

A maioria das pessoas fica surpresa ao saber que até mesmo os demônios respeitam o nome de Deus. Nunca os vi falar mal do Nome. Já vi demônios afirmarem ser Deus. Já os vi demonstrarem desdém pelas coisas que Deus ama. Já os vi ridicularizarem e mentirem sobre Deus. Mas nunca os vi desrespeitarem Seu Nome. Esse é um reino onde, evidentemente, nem mesmo os demônios pisam.

Ao ordenar em nome de Jesus, estou obrigando o demônio a obedecer àquele que já o derrotou. Cristo é o vencedor da grande batalha cósmica do bem e do mal. Como tal, Ele *já* mantém os demônios sob controle, e eles só podem agir com a Sua permissão.

Embora eu tenha ordenado a ele em nome de Jesus, não houve nenhum sinal óbvio de que o demônio tivesse obedecido. Os demônios são irritantemente legalistas. Eles geralmente obedecem a uma ordem do exorcista sem indicar que o fizeram. Então, quando o exorcista repete a ordem e faz orações para forçá-lo a obedecer, o demônio não sofre nenhum dano porque *já* obedeceu. Mas, nesse processo, o exorcista gasta energia desnecessária. Tudo isso faz parte do plano do demônio: drenar o exorcista e fazê-lo acreditar que não tem autoridade e poder. Se ele cair nessa – se o exorcista colocar mais fé na capacidade do demônio do que na própria como sacerdote de Jesus Cristo –, todos os seus comandos subsequentes serão menos eficazes porque houve uma diminuição prejudicial em sua fé.

Um detalhe na história de Jeremy indicava que o domínio do demônio sobre ele estava diminuindo mesmo antes de ele vir falar comigo. Jeremy já havia decidido acertar sua vida com Deus. Ele havia decidido confessar seus pecados e retornar à fé cristã. Além disso, *ele estava cumprindo essas decisões.*

Alguém pode argumentar: "Eu estaria pronto para me livrar do demônio em cinco segundos". Não é tão simples assim. Um demônio oferece à sua vítima algo que lhe agrada em troca de hospitalidade. Os demônios nos estudam profundamente durante toda a nossa vida. Eles sabem o que nos motiva. Eles identificaram nossos pontos fortes, notaram nossas fraquezas e elaboraram estratégias para nos derrotar. O Diabo nos conhece melhor do que nós mesmos.

Quando o Diabo faz uma oferta – por algo pecaminoso, por alguma habilidade sobrenatural ou por algum outro "dom" demoníaco, como o sucesso na vida –, houve uma engenharia cuidadosa para torná-la tentadora ao máximo. Além disso, a natureza de um dom demoníaco torna a vítima dependente dele, como um viciado em uma droga. Muitas vezes é insuportável para a vítima devolvê-lo depois de tê-lo aceitado.

No caso de Jeremy, o Diabo lhe ofereceu uma força extraordinária. Jeremy adorou o presente. Ele adorava ser mais forte do que qualquer outra pessoa e vencer todos os concursos de condicionamento físico e resistência de que participava. No fundo, porém, ele sabia que era tudo falso. Sua força não vinha da autodisciplina, do treinamento e do trabalho árduo, mas de um pacto com um monstro que o mantinha em cativeiro. Jeremy tinha a liberdade de vencer todos os concursos de força, mas não tinha a liberdade de ser ele mesmo. Ele se sentia um mentiroso e um prisioneiro.

Tendo ordenado, em nome de Jesus, que o demônio trouxesse Jeremy à luz, eu sabia que ele não estava livre para ignorar a ordem. Ele se comportou como se estivesse desobedecendo, mas eu sabia que Jeremy me ouviria se eu falasse. "Jeremy, eu sei que você pode me ouvir", eu disse. "Você precisa dizer ao demônio: 'Eu renuncio a você. Eu escolho Jesus e a vida que Ele dá. Me deixe'."

O poder do demônio pareceu diminuir parcialmente, pois agora eu podia ver as pupilas de Jeremy novamente. Jeremy virou ligeiramente a cabeça para mim, parecendo confuso e desnorteado.

"Jeremy, você precisa renunciar ao demônio e reivindicar Jesus como seu Senhor", repeti. Enquanto eu dizia isso, os olhos de Jeremy se voltaram para cima novamente, e agora tudo o que eu conseguia ver era o branco de seus olhos. A "troca" durante um exorcismo é comum. O demônio se retira quando precisa de um alívio das orações. Além das minhas orações, ele teve que suportar as dos membros da minha equipe, que estavam recitando o Rosário, pedindo a intercessão da Mãe Santíssima.

"Mande esses idiotas calarem a boca!", bradou o demônio, referindo-se aos membros da minha equipe que rezavam o terço. A oração deles tinha exercido o efeito desejado. Estava esmagando o inimigo.[3]

"Jeremy, eu sei que você pode me ouvir", repeti. "Você pode parar com isso. Diga ao demônio para ir embora."

Os olhos de Jeremy deixaram de parecer os de um animal alerta e feroz – uma manifestação do demônio – e passaram a ser os de alguém que luta para combater a tremenda sonolência e a fadiga.

"Estou com tanto sono", ele conseguiu gaguejar.

"Jeremy, você precisa lutar contra isso. O inimigo não irá embora sem sua cooperação. Depende de você."

Jeremy caiu no chão. O demônio o tinha colocado para dormir, e conseguido evitar sua cooperação.

"Jeremy, acorde. Você precisa lutar contra isso", gritei enquanto o sacudia com firmeza.

"Estou tão cansado", respondeu ele, mal conseguindo pronunciar as palavras.

"Jeremy, repita depois de mim: 'Venha, Senhor Jesus'. Convide o Senhor para esta batalha. Diga: 'Venha, Senhor Jesus'."

"V-e-e-e-nha", gaguejou ele, com a voz arrastada.

"Jeremy, diga apenas 'Jesus'. Basta dizer o nome do Senhor."

Ele se recostou na cadeira e dormiu novamente. Quando o sacudi, o copo de água benta que estava na estante foi arremessado contra mim e se espatifou na parede, quebrando-se em pedaços. Tinha passado tão perto do meu rosto que senti o ar que deslocara ao passar. Sem dúvida, essa foi a resposta do demônio ao meu uso de água benta para diagnosticar sua presença. Ele estava demonstrando desdém pela ferramenta que usei para eliminá-lo.

“Em nome de Jesus, ordeno que o demônio pare de se manifestar. Eu o amarro em nome de Jesus. Você não tem autoridade aqui. Toda autoridade pertence a Cristo e aos batizados em Seu nome.”

“Vá se %&$#, padre! Seu &@%$$^$ ignorante!”, trovejou o demônio.

“Demônio, em nome de Jesus, fique em silêncio. Jeremy, diga ‘Jesus’!”

Em tom fraco, mas nítido, Jeremy conseguiu balbuciar a palavra “Jesus”. Houve uma diminuição imediata do controle do demônio sobre ele. Parte do torpor se desfez em seu rosto. Ele se endireitou na cadeira e agora conseguia se manter ereto.

“Continue dizendo ‘Jesus’”, pedi a ele.

“Jee. Jeeeees. Jesssus. JESUS!” Nessa última vez, Jeremy conseguiu dizer o nome do Senhor com toda a sua força, em um rugido condizente com um homem de seu físico e estatura. Foi penetrante.

“Jeremy, repita depois de mim. Em nome de Jesus.”

“Em nome de Jesus!”, repetiu ele.

“Eu renuncio a esse demônio e a tudo o que ele me deu: força, poder e habilidade além das minhas possibilidades. Devolvo tudo isso a ele.”

Ele repetiu: “Eu renuncio a esse demônio e a tudo o que ele me deu: força, poder e capacidade além das minhas possibilidades. Devolvo tudo isso a ele”.

“Eu escolho Jesus Cristo e a vida que Ele oferece, e escolho pertencer ao Seu reino.”

“Eu escolho Jesus Cristo e a vida que Ele oferece, e escolho pertencer ao Seu reino”, repetiu ele.

“Eu renuncio ao uso do tabuleiro Ouija e peço a Deus que me cure de qualquer conexão que eu ainda possa ter com ele.”

Jeremy repetiu.

Até mesmo o ar da sala estava diferente. O peso que havia ali até então tinha desaparecido. Jeremy estava alerta, em paz e sorrindo. O demônio tinha ido embora.

Convidei Jeremy a fazer a confissão que ele tinha tentado fazer no início do dia, mas não conseguiu. Pedi a todos que saíssem da sala, e Jeremy recebeu o Sacramento do qual estava afastado havia mais de duas décadas. Também lhe dei a Santíssima Eucaristia para curá-lo e fortalecê-lo ainda mais.

Lembrei a Jeremy que o demônio voltaria a entrar nele se ele não vivesse sua identidade cristã. Tendo reivindicado a vitória de Jesus, ele deve ter Jesus como o centro de sua vida. Ficou claro em seu comportamento que ele estava ansioso para fazer exatamente isso. Agendei uma consulta de acompanhamento com ele e o apresentei à sua família, que ainda estava orando na sala ao lado. Pela primeira vez em seu casamento, Rachel pôde experimentar a vida com o marido sem qualquer influência demoníaca.

OS SEIS PASSOS PARA A LIBERAÇÃO

A maioria das pessoas pensa que a tarefa de um exorcista é expulsar demônios. Isso é um terrível eufemismo.

O trabalho do exorcista geralmente envolve seis etapas:

1. Ele deve diagnosticar se os demônios estão presentes ou se o problema se deve a alguma outra causa (doença mental, doença física, imaginação hiperativa ou simplesmente fraude).
2. Se houver a presença de demônios, ele deve descobrir os direitos que eles adquiriram sobre a vítima.
3. Ele deve orientar a vítima a revogar esses direitos.

4. Ele deve levar a vítima à conversão. (As Escrituras advertem em Mateus 12:30 que ninguém pode ser neutro em relação ao reino. Ou se pertence a Cristo ou se está contra Ele.)
5. Usando a autoridade da Igreja, ele deve expulsar os demônios, que agora perderam o direito de possuir. Dependendo da intimidade do domínio demoníaco, esse processo pode precisar de vários exorcismos.
6. Ele deve oferecer assistência pastoral contínua à vítima para evitar o retorno do inimigo.

Etapa 1. Investigação e diagnóstico

O diagnóstico de possessão pode ser lento e entediante. Embora o diagnóstico tenha sido rápido para Jeremy, seu caso é uma exceção. *Raramente o exorcista tem certeza da possessão antes de iniciar as orações de exorcismo.* Na maioria das vezes, ele trabalha com a probabilidade e com a intuição. Há uma boa razão para que isso aconteça: o demônio não quer ser descoberto. Ele é evasivo, reservado e clandestino. Isso não se deve ao fato de o Diabo ser tímido ou humilde – Satanás não tem o menor traço de mansidão ou humildade. Ele é extremamente discreto porque, como um leão que ronda, consegue mais resultados se escondendo nas sombras do que se expondo.

Muitas pessoas entram em contato comigo alegando que estão possuídas e precisam de um exorcismo. Nunca encontrei um único caso *autodiagnosticado* genuíno em todos os anos desde que sou exorcista. Embora algumas alegações se devam à imaginação hiperativa de alguém, a maioria tem origem em doença mental.

A primeira dica de que alguém *não* está possuído é a certeza de que está. Considero essa certeza mais consistente com doença mental do que com ligação demoníaca. A doença mental pode controlar o pensamento de uma pessoa e deixá-la sem conexão com a realidade. Por exemplo, muitas pessoas com esquizofrenia têm alucinações, pensamentos desordenados e comportamento destrutivo. Muitos descrevem que ouvem "vozes" que vêm de "Deus" e, com muita frequência, sua mensagem é negativa, violenta e prejudicial. (Por exemplo, "Eu, Jesus, estou furioso com o homem que mora do outro lado da rua. Ele está trabalhando contra os Meus planos de salvar o mundo. Quero que você o convença a mudar de atitude. Se ele não o ouvir, mate-o".)

As regras da Igreja Católica que regem o exorcismo advertem o exorcista a usar "a máxima circunspecção e prudência" ao diagnosticar a necessidade de exorcismo.[4] Ele é aconselhado contra os dois extremos: credulidade e ceticismo excessivo.

Um exorcista começa prestando muita atenção aos sintomas identificados por um reclamante. A atividade demoníaca genuína se revela em padrões. Os sintomas são recorrentes e se repetem, geralmente há um momento específico em que eles começaram e, normalmente, há um evento que os desencadeou. Mas há outros aspectos a serem observados.

Os demônios revelam sua presença por meio da falta de liberdade em uma área em que alguém deveria ser livre. Por exemplo, se a pessoa de repente não consegue entrar em uma igreja ou ler um livro espiritual sem sentir náuseas, agitação ou exaustão – e, no entanto, consegue ir a qualquer outro lugar ou ler qualquer outra coisa sem problemas –, um exorcista prestaria muita atenção a esses sintomas.

As pessoas com espíritos malignos geralmente atribuem o mal que experimentam a si mesmas e falam em termos contraditórios: "Eu fiz X, mas não fui eu. Mas eu sei que fiz isso". O uso de linguagem contraditória é uma das principais diferenças entre uma aflição causada por atividade demoníaca e uma causada por doença mental. Alguém com doença mental normalmente descreve o "mal" que o aflige como algo externo a ele, dizendo, por exemplo:

- "Os demônios me seguem."
- "O Diabo tenta me tirar da estrada quando dirijo."
- "Posso ver os demônios embaixo daquela árvore ali. Eles estão rindo de mim."
- "Os demônios pairam logo acima da minha cabeça. Às vezes, consigo ver seus movimentos."

De modo geral, não há distância espacial entre a vítima e os demônios. Eles são internos à sua pessoa e estão tão intimamente ligados a ela que é difícil distinguir seu ser do deles. Embora ela experimente a "interferência" deles em suas escolhas, isso se mistura tão naturalmente com ela que, muitas vezes, ela acredita que é a causa, mesmo que normalmente *jamais fosse fazer* as escolhas que está fazendo. Em contraste com os doentes mentais, que muitas vezes insistem que precisam de um exorcismo, aqueles que de fato precisam de um exorcismo muitas vezes insistem que são doentes mentais.

Os sintomas de aflição demoníaca vão piorando. Quando não tenho certeza se alguém tem um demônio, espero pacientemente e observo o que vai acontecer ao longo do tempo. Um demônio não consegue se conter: ele aumentará e expandirá seu domínio sobre a vítima, que relatará sintomas aumentados ou adicionais. Entretanto, o demônio é sutil e fará de tudo para evitar ser detectado. Muitas vítimas de aflição demoníaca sofreram porque não conseguiram encontrar alguém que acreditasse nelas ou que conseguisse diagnosticar sua aflição.

O teste mais seguro da presença de um demônio é a reação da vítima ao próprio exorcista e às orações que ele faz. Um demônio considera a proximidade física e as orações do exorcista perturbadoras e dolorosas. O exorcista busca uma reação, procurando *os três sinais clássicos de possessão* mencionados anteriormente neste capítulo. Quando o exorcista encontra até mesmo um deles, tem a prova necessária para prosseguir com um exorcismo completo, pois nada na ordem natural pode produzi-lo.

Entretanto, os demônios não mostram gratuitamente esses três sinais simplesmente porque o exorcista os está procurando. Embora eu tenha visto os demônios produzirem esses sinais com frequência, só os vi fazendo isso *depois* de eu ter começado a orar contra o demônio. Em outras palavras, faço orações de libertação como uma forma de provocar a manifestação demoníaca, mesmo antes de ter certeza de que os demônios estão presentes.

Outra manifestação pode ser um quarto sinal: a aversão extrema de uma pessoa às coisas sagradas e à oração. Isso ocorre como em Marcos 5:6-7, que narra o demônio sendo torturado pela simples visão de Cristo. Embora *esse seja um sinal sobrenatural autêntico* e um dos sinais mais fáceis de serem testados por um exorcista, exige cautela.

Os falsos positivos são uma possibilidade ao testar a aversão ao sagrado. Quando veem o exorcista fazendo algo exorcístico – como borrifar água benta ou segurar um crucifixo com a mão estendida –, os doentes mentais, quem está imaginando coisas e os emocionalmente desequilibrados, e até mesmo quem está fingindo, podem reagir de maneira semelhante à aversão. A doença mental é imprevisível e pode produzir o que parece ser uma reação demoníaca. Pessoas com graves complexos e aquelas com imaginação ativa podem ter dificuldade em diferenciar o que sentem ou imaginam da realidade. A visão de um sacerdote rezando pode ser tão cativante em um nível afetivo ou sensorial que elas podem interpretar a experiência como sendo causada por demônios. E os fraudadores veem um gesto religioso da parte do padre como a deixa para começarem a encenar. Para não ser enganado por essas reações, o sacerdote deve testar furtivamente esse sinal.

Evitar falsos positivos é o motivo pelo qual apliquei água benta em Jeremy discretamente. Fisicamente, não havia como ele saber que eu havia feito aquilo. Portanto, sua reação foi um sinal claro de que ele tinha um demônio. Os exorcistas desenvolvem várias maneiras secretas de testar a aversão ao sagrado.[5]

Muitas manifestações podem se dar na vítima, embora não sejam sobrenaturais, e a partir delas o exorcista consegue diagnosticar a presença de demônios[6]. O exorcista anota cuidadosamente os sintomas que percebe. Aumento dos sintomas enquanto ele reza clandestinamente com mais intensidade indica maior probabilidade de a vítima estar possuída por um demônio.

Por que o demônio de Jeremy não conseguiu se esconder de forma mais eficaz? Por que uma pequena quantidade de água benta foi tão eficaz em expô-lo? O desejo de Jeremy de ser livre já havia feito seu demônio perder muito de seu domínio. Jeremy já havia decidido se reconciliar com Deus, e por isso estava aberto para a graça. Quando Jeremy chegou ao meu escritório, seu demônio já estava sofrendo.

Etapa 2. Determinar os direitos de posse

Quando um demônio se liga a alguém, é porque uma "porta" foi aberta e, uma vez que descobriu a presença de um demônio, o exorcista deve descobrir *por que* ele está presente.

Muitas pessoas pensam que o exorcismo consiste apenas em usar o Ritual de Exorcismo para dominar os demônios: que os demônios são atingidos na cabeça com as orações do ritual até que saiam. Não é bem assim.

O exorcista não deve entrar em uma disputa de força de vontade contra um demônio. Os demônios são incrivelmente fortes, extraordinariamente astutos e impiedosamente antagônicos. Mesmo que o exorcista seja bem-sucedido em colocar sua força contra a força de demônios fracos e de baixo nível, nem todos os demônios são desse tipo.

Os demônios mais poderosos são adversários formidáveis. Se a estratégia de um exorcista for colocar sua força contra o demônio, ele rapidamente ficará desgastado e exausto. Essa abordagem errônea geralmente é o cerne do desânimo de exorcistas novatos ou mal treinados. Sua energia se esgota tanto e os exorcismos demoram tanto que eles começam a acreditar que não deveriam estar nesse trabalho. Os demônios obtêm uma vitória de longo prazo se esses sacerdotes, acreditando que são inúteis, abandonarem completamente o ministério.

Um exorcista não deve se concentrar no demônio, *mas no motivo pelo qual o demônio está presente*. Em outras palavras, se um demônio habita alguém, ele recebeu esse direito. Os demônios vivem e respiram legalismo. Enquanto o demônio tiver o direito legal de possuir, não é obrigado a sair *porque está dentro de uma habitação que é dele*. Assim como alguém que tem a escritura de uma propriedade não pode ser expulso dela, um exorcista não pode expulsar um demônio de uma vítima que ele obteve o direito de possuir.

Descobrir os direitos demoníacos é um desafio e pode ser a parte mais difícil do trabalho de um exorcista. A própria vítima geralmente não sabe como recebeu os demônios. No caso de Jeremy, esse não era o caso. Ele sabia exatamente por que tinha um demônio: ele havia concordado com um pacto proposto pelo demônio. Mas muitas vezes não é tão fácil assim. Um exorcista investiga a experiência, a história pessoal e a psique da vítima para localizar as reivindicações legais que o demônio possa ter. O demônio fará tudo o que puder para permanecer oculto.

Se a vítima não tiver certeza do motivo pelo qual os demônios a estão assediando, normalmente mostro a ela essa lista de disfunções e pergunto se alguma se aplica. Se alguma se aplicar, dou início à próxima etapa.

PORTAS COMUNS QUE OS DEMÔNIOS USAM PARA ACESSAR SERES HUMANOS

- Envolver-se em atividades sexuais impuras: fornicação, adultério, pornografia, masturbação, contracepção, atos homossexuais, perversão etc.
- Prestar falso testemunho: mentir, enganar, quebrar promessas, juramentos, contratos, pactos e assim por diante.
- Irreligiosidade: recusar-se a praticar a religião como Deus deseja; eximir-se de observar os preceitos da religião e da moralidade; relegar-se a ser meramente "espiritual".
- Dureza de coração: recusa em perdoar os outros, recusa em perdoar a si mesmo, raiva prolongada, tristeza prolongada, pensamentos suicidas.
- Uso de linguagem blasfema.
- Desfrutar de entretenimento profano ou perverso.
- Praticar Wicca, feitiçaria, bruxaria, magia negra, magia branca, vodu, adivinhação etc.
- Lançar feitiços, enviar maldições etc.
- Uso de tabuleiros Ouija, horóscopos, cartas de tarô etc.
- Consultar "curandeiros", médiuns, cartomantes, videntes, praticar necromancia e coisas do gênero.
- Envolver-se em jogos de interpretação de papéis e videogames violentos ou sádicos.
- Os efeitos de traumas passados – por exemplo, medo excessivo, raiva, arrogância, vingança – que muitas vezes podem levar a vítima a fazer escolhas ruins.

Etapa 3. Levar a vítima a reivindicar o senhorio de Jesus Cristo

Todo exorcismo é feito em nome de Jesus. Jesus é o único mediador entre Deus e o homem (1 Timóteo 2:5), aquele que veio para destruir as obras do Diabo (1 João 3:8). Ele é o vencedor que reinará para sempre (Apocalipse 11:15). Sua autoridade é suprema.

Mas, para que um exorcismo seja eficaz, a vítima *deve aceitar* a vitória de Jesus Cristo e *se colocar* sob o senhorio de Cristo. Ela deve decidir mudar do reino das trevas para o reino da luz.

Os Atos dos Apóstolos nos contam sobre sete exorcistas judeus que, tendo testemunhado como Paulo realizou feitos extraordinários em nome de Jesus, tentaram exorcizar demônios fazendo o mesmo, mas sem serem discípulos de Cristo. Suas ações apenas os expuseram à fúria do demônio.

> Alguns judeus viajavam pelas cidades expulsando espíritos malignos. Tentavam usar o nome do Senhor Jesus, dizendo: "Ordeno que saia em nome de Jesus, a quem Paulo anuncia!". Os homens que faziam isso eram os sete filhos de Ceva, um dos principais sacerdotes. Certa ocasião, o espírito maligno respondeu: "Eu conheço Jesus e conheço Paulo, mas quem são vocês?". O homem possuído pelo espírito maligno saltou em cima deles e os atacou com tanta violência que fugiram da casa, despidos e feridos. A notícia do ocorrido se espalhou rapidamente por toda a cidade de Éfeso, tanto entre judeus como entre gregos, e sobre eles veio um temor reverente, e o nome do Senhor Jesus era engrandecido. (Atos 19:13-17)

Nem todo mundo que pede exorcismo acredita em Cristo. Muitos deles – talvez até a maioria – não acreditam. Portanto, proclamar o Evangelho à vítima é a primeira tarefa do exorcista. Faço isso assegurando à vítima que Cristo já triunfou sobre o mal, e que Sua vitória está imediatamente disponível. Precisamos apenas aceitar Cristo como Senhor e Salvador. Convido as vítimas a fazer isso repetindo as seguintes palavras ou outras semelhantes:

> Escolho Jesus Cristo como meu Senhor e Salvador pessoal.
> Escolho ser Seu discípulo e segui-Lo como meu Senhor.
> Eu reivindico a vida que Ele me oferece e entrego minha vida completamente a Ele.
> Peço que Sua graça e Seu poder me libertem de todo o mal.
> Amém.

Quando obtive essa resposta de Jeremy, o demônio dentro dele tentou deixá-lo inconsciente para que ele não pudesse ouvir minhas palavras nem responder a elas. O demônio sabia que Jeremy não queria mais ter nada a ver com ele, e essa foi sua última tentativa de manter a possessão. Felizmente, ele não conseguiu impedir Jeremy de aceitar Cristo.

Etapa 4. Conduza a vítima a rescindir os direitos cedidos ao demônio

O caso de Jeremy ilustra como é crucial anular os direitos de um demônio. É insuficiente a vítima simplesmente desejar que o demônio vá embora. Os direitos que um demônio tem são equivalentes a um contrato. Assim como um contrato assinado pelas partes é obrigatório até que seja anulado, os direitos demoníacos exigem a anulação antes que a vítima seja libertada. A melhor maneira de conseguir isso é por meio de *renúncias*, declarações que "cancelam" legalmente seu relacionamento com o demônio.

Jeremy teve de renunciar ao fato de ter aberto a porta para o mal ao usar o tabuleiro Ouija, ao acordo que fez com o demônio quando ele lhe propôs um pacto em seu quarto e à força sobre-humana que recebeu por meio desse pacto. Essas três portas abertas estavam mantendo Jeremy preso. A liberdade significava que todas as três precisavam ser fechadas.

Pedi a Jeremy que repetisse depois de mim:

> Em nome de Jesus, eu renuncio ao uso do tabuleiro Ouija. Não quero mais fazer parte dele. Renuncio a concordar com o pacto que o demônio me ofereceu. Não quero ter nada a ver com ele. Devolvo tudo o que recebi por meio dele – força e poder – e reivindico para mim tudo o que entreguei ao demônio. Amém.

Não é suficiente dissolver a conexão entre a vítima e o demônio. Jeremy teve de *substituir* o relacionamento rompido por um relacionamento com Jesus. Quando um demônio vai embora, deixa um vácuo espiritual. Assim como *a natureza abomina o vácuo*, o mesmo acontece com o mundo espiritual. Esse vácuo não pode permanecer, deve ser preenchido com o que deveria estar lá (cf. Mateus 12:43-45; Lucas 11:24-26). Após suas renúncias, conduzi Jeremy pelas seguintes declarações de "reivindicação":

> Eu o reivindico, Jesus Cristo, como meu Senhor e Salvador. Eu me entrego completamente a Vós e me submeto à Vossa vontade para mim. Aceito tudo o que o Senhor desejar. Peço que envie Vosso Espírito Santo para preencher o espaço que o demônio ocupava dentro de mim.

Etapa 5. Expulsar o demônio

Depois que os direitos do demônio forem cancelados, ele deve ser expulso. Essa etapa é vital, pois ele não tem obrigação de sair por conta própria. Novamente, os demônios *são legalistas* e, se o exorcista não os expulsar, os demônios podem permanecer como invasores.

O poder do demônio determinará o método para fazê-lo sair, e isso pode ser difícil. Eu uso toda e qualquer coisa que possa me ajudar. Há mais poder nos sacramentos do que em qualquer coisa que o exorcista possa fazer. Eles transmitem a própria vida de Deus. Convido a vítima a se reconciliar com Deus no Sacramento da Confissão. Em seguida, ofereço-lhe o Senhor no Santíssimo Sacramento. Por fim, administro a ela o Sacramento dos Enfermos. Cada um desses sacramentos oferece cura, o remédio exato de que a vítima necessita. As orações que eu proclamar a partir desse momento terão um efeito ainda maior.

Depois que as outras etapas listadas anteriormente forem concluídas, expulso o demônio usando estas palavras, ou semelhantes:

> Em nome de Jesus, eu amarro você, demônio, e todos os outros que possam estar ligados a Jeremy e o torno impotente para fazer qualquer coisa, exceto o que eu ordenar. Sob minha ordem, você deve deixar Jeremy e ir imediata e diretamente para Jesus Cristo, o Filho de Deus e Salvador do mundo, a Quem eu o acorrentei até que Ele mesmo o envie para outro lugar. Você deve partir total e completamente, sem deixar nenhum resíduo ou vestígio de você ou de suas obras. Você não deve contaminar ninguém ou qualquer outra coisa ao partir, nem retaliar de forma alguma. E não pode jamais retornar.
>
> Eu lhe ordeno que saia como eu mandei AGORA!

Minhas etapas para ordenar a saída de um demônio incluem:

1. Eu ordeno que todo e qualquer demônio ligado à vítima se afaste e seja incapaz de desobedecer.
2. Ele deve sair quando eu disser – nem antes de eu ordenar nem em um momento posterior de sua escolha.
3. Eu o direciono para onde – ou melhor, para quem – ele deve ir.
4. Ele não deve deixar nada de si mesmo para trás.
5. A possibilidade de retaliação é eliminada.

Acrescento essas advertências por causa do legalismo dos demônios. Em um dos meus primeiros exorcismos, ordenei que um demônio fosse embora, mas não acrescentei a palavra "agora" no fim da minha ordem. O demônio simplesmente não foi embora, e eu não conseguia entender o motivo. Depois de bater nele com orações, pedi que ele me dissesse por que ainda estava presente.

"Em nome de Jesus, diga-me quais direitos você ainda tem?", perguntei a ele.

"Nenhum", respondeu ele.

"O que mais preciso fazer para tirá-lo daí?"

"Nada", foi a resposta.

"Então, por que você não foi embora?"

Muito educadamente, ele respondeu: "Você não me disse *quando* eu tinha que sair".

"AGORA!", gritei.

Etapa 6. Fornecer assistência pastoral contínua

Uma coisa é expulsar os demônios. Outra coisa totalmente diferente é mantê-los afastados. Para proteger o esforço de realizar o primeiro, o exorcista deve investir no segundo.

Uma vítima pós-libertação precisa de orientação em seu discipulado com Cristo, centrado em quatro áreas: humana, espiritual, intelectual e pastoral.

1. *Formação humana*

A formação humana garante que a vítima libertada seja integrada e autodirigida em um nível humano. Seu objetivo é ajudá-la a desenvolver autoconsciência, autodisciplina, bem-estar emocional e autoimagem saudável. Também busca ajudá-la a promover relacionamentos saudáveis, construir maturidade afetiva e cumprir sua vocação.

Muitas vítimas têm relacionamentos humanos ruins. Seus "amigos" geralmente têm algo a ver com o fato de terem sido possuídos. Esses amigos precisam ser substituídos, ou a vítima libertada corre o risco de ser puxada de volta para um estilo de vida disfuncional e doentio. Mas não se pode simplesmente dizer à vítima que ela precisa fazer novos amigos. Sempre é mais fácil falar do que fazer e, sem ajudá-la, é cruel. A maioria das vítimas não sabe como fazer isso. Será muito bom "conectá-las" a um grupo sólido de amigos cristãos que pacientemente as incorporem em suas vidas e as incentivem a viver de maneira piedosa.

2. *Formação espiritual*

A formação espiritual ajuda a vítima liberada a aprofundar seu relacionamento com Cristo e Sua Igreja. Os sinais de um relacionamento saudável incluem:

- Dedicação à oração diária.
- Aderência e obediência aos ensinamentos da Igreja.
- Receber regularmente o Sacramento da Confissão e o Sacramento da Eucaristia.

O exorcista precisa ajudar a vítima libertada a desenvolver um plano espiritual de vida. É útil colocá-la em contato com um leigo espiritualmente maduro para servir como "amigo". Essa pessoa vai acompanhar a vítima em sua jornada rumo à plenitude, orientá-la nas etapas do crescimento espiritual e verificar regularmente como ela está. Ter uma pessoa assim garante que a vítima não se sinta sozinha. É útil ter alguém com quem ela possa contar.

3. *Formação intelectual*

A formação intelectual ajuda a vítima liberada a cultivar o aprendizado como uma busca contínua. Seu objetivo é capacitá-la com o conhecimento teórico e prático necessário para uma vida e uma tomada de decisão eficazes.

Um exorcista deve garantir que a vítima esteja envolvida na formação da fé de adultos, incluindo aqueles que cobrem as Escrituras, a catequese (ou seja, ensino e instrução) e o discipulado.

4. Formação pastoral

A formação pastoral integra a vítima liberada na vida e no ministério da Igreja. Ela visa promover seu crescimento incorporando-a à comunidade da igreja local.

Uma vítima liberada recebe cura quando participa de pelo menos um ministério da igreja. Essa participação pode ser tão simples quanto servir café em reuniões sociais e outros eventos da igreja. A participação em tais obras de caridade lhe dá um senso de pertencimento e propósito, permitindo que ela se sinta necessária e apreciada.

USANDO O RITO DE EXORCISMO

A essa altura, o leitor pode se perguntar: "Mas nenhuma dessas seis etapas envolve o Rito de Exorcismo... quando ele é realizado?" A resposta a essa pergunta é: *isso varia.*

A estrutura de seis partes que apresentei é a estratégia geral para a libertação. Para garantir a libertação da vítima dos demônios, o exorcista deve cumprir todas as seis partes.

Entretanto, a ordem é fluida. Das etapas mencionadas anteriormente, as etapas 2 a 4 estão listadas na ordem em que as realizo com mais frequência. Mas elas podem ser realizadas em uma ordem diferente, dependendo das circunstâncias do caso. Por exemplo, se alguém estiver sendo afligido por uma maldição, pode não ser óbvio como isso entrou em vigor nem por quê. A questão pode ser revelada somente na Etapa 5, quando se ordena aos demônios que vão embora (ou seja, os próprios demônios podem revelar que não podem fazer isso até que a maldição seja quebrada). Da mesma forma, se alguém foi abusado em um culto satânico, pode não ser capaz de reivindicar o Senhorio de Jesus, especialmente se foram usados símbolos e imagens de Jesus no abuso que ele sofreu. Nesse caso, talvez seja preciso voltar à etapa 3 depois de provar à vítima que mentiram para ela sobre Jesus.

O Rito de Exorcismo é uma ferramenta à disposição do exorcista, e ele pode empregá-la em qualquer lugar e com a frequência que quiser. Entretanto, a maioria dos exorcistas que conheço recorre ao uso do Rito somente quando as renúncias e outras orações não produzem o efeito desejado. Em outras palavras, eles o utilizam quando os demônios estão impedindo a cooperação da vítima (ou seja, suprimindo suas habilidades naturais para fazê-lo) ou porque os demônios estão impossibilitando o exorcista de se comunicar com a vítima.

O Rito em si não é usado com tanta frequência, como muitos supõem. No caso de Jeremy, não precisei usar. Teria sido desperdício de tempo e esforço. O demônio foi controlado bem o suficiente sem ter sido preciso recorrer ao Rito.

Um exorcista não é um pistoleiro. O Rito tem um lugar e um propósito bem definidos, e suas instruções são claras. É uma arma poderosa contra os demônios que a Igreja forneceu aos exorcistas. Opto por não usá-lo às vezes simplesmente porque julgo desnecessário. Entretanto, não tenho a presunção de possuir um método ou uma técnica melhor do que os da Igreja nessa questão. Nem outros exorcistas deveriam ter. Não hesito em usar o Rito quando considero vantajoso fazer isso.

Muitos acreditam que o exorcismo é um feitiço católico que, quando rezado, faz os demônios desaparecerem magicamente. Não é bem assim. O exorcismo é um processo, e o papel do exorcista é ajudar a vítima a mudar o reino ao qual ela pertence. A vítima deve passar do

Reino das Trevas para o Reino da Luz. Entretanto, sem a participação ativa e o consentimento da vítima, o exorcista não pode expulsar seus demônios, pois o lugar que eles habitam é deles por direito.

4

PORTAS: COMO OS DEMÔNIOS ENTRAM EM UMA PESSOA

O CASO DE LINDA E CHARLIE

Uma mulher chamada Linda ligou um dia para me pedir que abençoasse sua casa.

A bênção da casa é um ritual familiar para os católicos, no qual um padre pede a Deus que expulse qualquer mal ligado à casa e invoca a graça e a proteção de Deus sobre ela. Não é necessário que haja "um motivo" para que a casa seja abençoada.

No entanto, sempre pergunto por que a pessoa está pedindo a bênção. Essa é a minha maneira de iniciar uma conversa sobre o ponto em que as pessoas estão com Deus.

A resposta de Linda à minha pergunta foi: "Porque coisas estranhas estão acontecendo aqui dentro".

"Que tipo de coisas?", perguntei. Ela relatou o seguinte:

Autorrealocação de objetos. Linda, seu marido, Charlie, e seus três filhos pequenos moravam na casa. Os cinco observaram o mesmo fenômeno estranho. Quando deixavam um objeto em qualquer lugar – como um molho de chaves no balcão da cozinha ou um jornal na mesa de centro da sala – e se viravam, para pegar um copo no armário, por exemplo, o objeto se deslocava para outro local, geralmente do outro lado da sala. Ninguém tinha tocado nele, mas ele tinha sido realocado. Embora assustador e perturbador, esse fenômeno era bastante inofensivo: nada tinha sido danificado, apenas movido.

Mas, com o passar do tempo, as ocorrências se tornaram mais maliciosas. Por exemplo, certo dia, o controle remoto da TV desapareceu. Todos os cinco membros da família saíram pela casa à procura dele, cada um culpando o outro pelo desaparecimento. Depois de terem procurado, sem sucesso, por cerca de trinta minutos, desistiram e foram lá fora se sentar no quintal. Quando voltaram, o controle remoto estava à vista de todos na mesa de centro.

Manipulação das luzes. Quando alguém acendia a luz de um cômodo, a luz de outro se apagava. Ou, se a luz de um cômodo fosse apagada, a de outro se acendia.

Movimentação autônoma de móveis. A família morava em uma pequena casa de dois quartos. Os três meninos dormiam no mesmo quarto. Charlie colocava os filhos para dormir à noite em um beliche que eles compartilhavam: os dois meninos mais novos, de sete e cinco anos, dormiam na cama de cima, e o menino de nove anos dormia na de baixo. Charlie sempre brincava com os filhos na hora de dormir, sacudindo e puxando a cama de metal e ameaçando jogá-la do outro lado do quarto. Os meninos adoravam isso.

Certa noite, muito depois de as crianças terem adormecido, Linda e Charlie ouviram o beliche das crianças se torcer e sacudir, seguido pelos gritos do filho mais velho. Eles correram para o quarto das crianças e, ao acenderem as luzes, viram o beliche em um turbilhão de torções e tremores autônomos.

O filho mais velho procurou freneticamente, agora que as luzes estavam acesas, quem estava sacudindo a cama. Ele ficou perplexo quando não viu ninguém.

Igualmente bizarro foi o fato de que, durante todo o tumulto, os dois meninos mais novos na parte superior do beliche não acordaram.

Sons noturnos estranhos. Desde que era bebê, o menino mais velho tinha o hábito de sacudir a perna direita enquanto dormia. Certa noite, quando Linda estava lendo na cama, ouviu o filho movimentando a perna no quarto ao lado. Mas a fricção era mais rápida e mais agitada do que o normal.

Curiosa, Linda se levantou e foi dar uma olhada no quarto dos meninos, e os encontrou dormindo profundamente. O mais velho estava completamente imóvel. Depois de voltar para a cama, o mesmo movimento agitado começou novamente. Ela verificou o quarto mais uma vez, mas encontrou as crianças completamente imóveis. Depois de voltar para a cama pela segunda vez, o movimento recomeçou. Ela voltou para verificar o quarto das crianças e, como das outras vezes, não encontrou ninguém se mexendo. No entanto, um rosnado veio do canto escuro do quarto.

Uma figura sombria. Algumas semanas após o início das primeiras manifestações, os membros da família começaram a ver uma espécie de figura sombria translúcida – mais ou menos do tamanho de uma criança – andando pela casa. Ela aparecia perifericamente, apenas no limite da visão, e quando alguém tentava olhar diretamente para ela, desaparecia rapidamente.

No entanto, com o passar do tempo, a figura foi perdendo cada vez mais a "timidez" e deixou de desaparecer quando era olhada diretamente. Ela andava por toda a casa, mas gostava especialmente do quarto das crianças, entrando e saindo como se pertencesse àquele lugar.

A presença da figura aterrorizava a família, e as crianças tinham medo de entrar em seu quarto. Os três agora dormiam com os pais.

Passos sem corpo. Certa tarde, enquanto Charlie caminhava em direção à porta da frente para sair para o trabalho, ele ouviu os passos de uma criança caminhando em direção à porta dos fundos, seguidos pela abertura e o fechamento da porta. Não havia mais ninguém em casa. Pensando que se tratava de um intruso, Charlie correu em direção à porta dos fundos. Havia uma cerca alta de madeira no quintal: quem quer que estivesse ali não teria como sair. Charlie abriu a porta e encontrou o quintal vazio.

Fiz a Linda as perguntas que um exorcista poderia fazer. "Há quanto tempo esses fenômenos vêm ocorrendo?" Cerca de cinco meses, foi a resposta. "Há quanto tempo você mora na casa?" Cerca de três anos, disse ela. "Os fenômenos ocorrem em algum outro lugar, no trabalho, na escola das crianças ou na casa de seus parentes?" Não, foi a resposta dela.

As respostas de Linda estabeleceram fatos importantes:

- Eles não herdaram um espírito de assédio (ou seja, dos proprietários anteriores da casa).
- A família era o alvo explícito do espírito.

- Os fenômenos demoníacos estavam contidos na casa, embora não houvesse garantia de que, a qualquer momento, não se estenderiam a outros setores da vida deles.

Linda perguntou com impaciência: "Quando você pode tirar essa coisa da nossa casa?".

Sua impaciência era compreensível, mas precisava ser corrigida: "Linda, você não está entendendo. Essa coisa não está em sua casa. Você está na casa *dela*". Ela começou a chorar.

Eu precisava de mais informações. "Linda, o mal não assedia uma família do nada. Ele precisa de permissão. Uma porta foi aberta para ele, permitindo que ele entrasse em suas vidas. Precisamos descobrir que porta é essa."

Ela me surpreendeu com sua resposta. "Acho que sei qual é a porta."

Os exorcistas passam grande parte do tempo procurando "portas". Eles sondam e questionam, tentando descobrir como o mal conseguiu entrar. O processo pode ser demorado porque as pessoas geralmente não relacionam seu comportamento pecaminoso com o mal que as assedia. Ou, se o fazem, geralmente ficam em silêncio – e são até mesmo desonestas – sobre a conexão, para evitar o constrangimento de ter que revelar seus pecados.

Linda novamente me surpreendeu com sua honestidade. "Há mais ou menos seis meses, tive um caso", admitiu ela. O adultério viola um dos Dez Mandamentos e é o que os católicos chamam de **pecado mortal**: um pecado tão grave que nos exclui da graça de Deus. Esse pecado mortal é mais do que qualificado como uma "porta".

Com lágrimas e soluços, Linda expressou arrependimento e tristeza por sua escolha. Ela disse que Charlie sabia do caso e a tinha perdoado. "Mais ou menos na mesma época", continuou ela, "Charlie começou a usar drogas pesadas novamente". Um segundo pecado mortal. Além de violar a lei civil, o uso de drogas é uma forma de matar a si mesmo. As drogas violam o corpo que, por meio de nosso batismo, torna-se o templo do Espírito Santo (1 Coríntios 6:19).

Eu disse a Linda que queria que toda a família estivesse presente quando eu fosse exorcizar a casa deles, para que as crianças pudessem testemunhar a Igreja livrando o espírito que as aterrorizava. Também queria conversar com Linda e Charlie para explicar com mais detalhes por que tudo isso tinha acontecido. Essa conversa foi crucial, porque uma coisa é expulsar o mal, mas outra completamente diferente é ele permanecer expulso. Linda e Charlie abriram uma porta, dando a um demônio o direito legal de assediar a família deles. Ela tinha de ser fechada. Somente Linda e Charlie poderiam fazer isso. Embora um exorcista possa ordenar a um demônio que se afaste, esse demônio só obedecerá se o seu direito de acesso tiver sido revogado por aqueles que lhe concederam isso. E se a porta for reaberta mais tarde, ele voltará, e com uma vingança. Linda e Charlie precisavam entender isso.

Entrei na capela da casa paroquial para orar antes da Eucaristia. Pedi a Nosso Senhor que me desse uma visão do demônio que afetava essa família. "Imitação" foi o que ouvi no coração, repetidamente. Imitar é simular ou copiar, o que descreve perfeitamente a atividade do demônio.

- Um membro da família coloca um objeto *aqui*. O demônio o move para *lá*.
- Alguém acende uma luz, e o demônio apaga uma luz (e vice-versa).
- Papai sacode o beliche. O demônio sacode o beliche.
- As crianças entram e saem de seu quarto. O demônio faz o mesmo.

- O menino mais velho balança a perna à noite. O demônio o imita.
- Papai sai pela porta da frente. O demônio sai pela porta dos fundos.

Tudo isso espelhava a essência dos pecados de Linda e Charlie. Linda deixou a felicidade de seu casamento e escolheu uma "imitação de casamento" por meio de um caso. Charlie deixou a alegria de sua família e escolheu uma "imitação de felicidade" oferecida pelas drogas.

Todos nós já ouvimos o ditado que diz que a arte imita a vida. O mesmo se aplica ao mal: *o apego demoníaco imita a vida pecaminosa de uma pessoa*. O assédio que afligia Linda e Charlie refletia o comportamento pelo qual eles permitiram que ele entrasse em suas vidas.

Quando fui à casa da família, Linda me apresentou a Charlie e às crianças. Como a maior parte da conversa seria sobre as falhas morais dos pais, sugeri que as crianças fossem para outro cômodo. Descrevi para os adultos como os pecados deles eram a causa da ligação demoníaca. Embora Linda tenha aceitado minha explicação, Charlie estava insatisfeito.

"Linda e eu tivemos uma vida ruim", disse ele. "Sim, cometemos erros no ano passado. Mas, mesmo com os erros dela e os meus, vivemos melhor do que nunca."

Eu compreendi a perplexidade de Charlie. Em nosso telefonema, Linda contou que, desde a adolescência até os primeiros anos em que estavam juntos, ela e Charlie viviam sem Deus. Não é que eles quisessem ser maus. Eles simplesmente agiam, moral e eticamente, conforme haviam sido criados.

No entanto, quando as crianças nasceram, ambos passaram por um processo de amadurecimento e conversão. Eles tomaram uma decisão consciente de serem bons pais e bons cristãos. Em sua defesa, viveram de forma dramaticamente diferente de como viviam no passado.

Expliquei que boas intenções não são suficientes para manter a vida livre de demônios, o que foi contestado por Charlie: "Mas nenhum demônio se agarrou a nós antes, quando cometemos esses pecados. Por que agora, quando somos melhores pessoas do que nunca?".

"Charlie, não tenho resposta para essa pergunta", admiti. "O que sei é que Deus permitiu isso e, se Ele permitiu, então faz parte do plano Dele para sua salvação eterna. Se for preciso que um demônio se mude para sua casa para que você aceite esse plano, que assim seja. Sua resposta ao que Deus quer é importante – não apenas para se livrar do demônio, mas para viver uma vida que o transformará naquilo que Ele quer que você seja. Você pode ter se tornado uma pessoa melhor do que era. Mas Ele quer que você se torne ainda melhor."

Barulhos altos vinham da sala de jantar, onde as crianças estavam brincando. Charlie se levantou para acalmá-las. Pouco depois de seu retorno, o barulho recomeçou, só que mais alto. Mais uma vez, ele saiu para restabelecer a ordem. Ao retornar, um enorme baque veio da sala de jantar, tão alto e assustador que parecia que uma geladeira havia tombado. Isso fez com que a casa inteira tremesse. Charlie pulou da cadeira e correu em direção à sala de jantar. Quando ele voltou, um minuto depois, seu olhar incrédulo revelou que ele não havia encontrado a causa do som.

Quando Charlie se sentou em sua cadeira, seu rosto revelou exasperação pela impotência diante do mal que o atormentava na própria casa. Inclinando-se para trás na cadeira, ele repetiu sua reclamação anterior de que o assédio demoníaco que estavam sofrendo era extremamente injusto. Naquele momento, o telefone celular saiu sozinho do bolso dele e, voando pelo ar como se uma mão invisível o tivesse lançado, aterrissou a dois metros à sua frente. Charlie soltou um longo suspiro, prestes a explodir.

"Charlie", interrompi, "concentre-se em mim. O demônio sabe que seu tempo é curto. Sua única esperança é distraí-lo do que estou lhe dizendo. As portas que você e Linda abriram devem ser fechadas. Sei que você se arrepende de tê-las aberto, mas apenas isso não é suficiente. Seus pecados devem ser confessados sacramentalmente e renunciados para que o demônio perca seus direitos".[1]

Depois de ouvir a confissão de cada um em particular – em que cada um fez uma reconciliação sincera com o Senhor –, absolvi cada um de seus pecados.[2] Em seguida, eu os conduzi por meio de renúncias formais de suas ações pelas quais o demônio adquiriu direitos sobre eles. Ambas são necessárias, apesar de alguns católicos acreditarem erroneamente que a confissão e a renúncia sejam a mesma coisa. Não são. A primeira restaura nosso relacionamento com Deus e Sua Igreja. A segunda rompe a conexão "legal" que os demônios têm conosco.

Não existe uma fórmula definida para essa renúncia. No entanto, independentemente de qual seja a formulação escolhida, sempre recomendo que seja feita em nome de Jesus, o nome que as Escrituras afirmam estar "acima de todos os nomes" e que fará com que "todo joelho se dobre, nos céus, na terra e debaixo da terra, e toda língua declare que Jesus Cristo é Senhor" (Filipenses 2:10-11). O nome de Jesus é o poder de Deus.

O pecado de Linda foi adultério. "Linda, repita comigo. Em nome de Jesus, eu renuncio, me arrependo, repreendo e rejeito meu ato adúltero. Não quero fazer parte dele. Eu escolho seguir a Deus e Seus mandamentos e voltar a ser fiel a meu marido, Charlie, entregando-me inteira e exclusivamente a ele. Amém."

O pecado de Charlie foi ter se entregado às drogas. "Charlie, repita comigo. Em nome de Jesus, eu renuncio, me arrependo, repreendo e rejeito o uso de drogas. Não quero mais fazer parte disso. Escolho colocar minha família em primeiro lugar e aceitá-la como um presente de Deus. Amém."

Linda e Charlie haviam "fechado a porta" e cancelado os direitos do demônio. Tudo o que restava era expulsá-lo.

> Em nome de Jesus, eu assumo a autoridade sobre você, espírito ou espíritos assediadores presentes nesta casa. Eu o amarro em Seu Santo Nome e, sob minha ordem, você deixará esta casa e esta família e nunca mais voltará. Você deve ir imediata e diretamente aos pés de Jesus e permanecer lá até que Ele o mande para outro lugar. Você deve sair total e completamente. Você não deve retaliar nem contaminar ninguém ou qualquer outra coisa ao partir. Eu ordeno que você vá embora... agora!

Preparei água benta e dei varetas de aspersão para as duas crianças mais novas, instruindo-as a espirrarem água benta em cada cômodo. Elas adoraram o encargo. Decidiram começar pelo quarto delas, e foram direto para lá. Entreguei um incensário para o filho mais velho, no qual havia colocado incenso em carvão aceso. Sua tarefa era balançar o incensário e deixar a casa o mais esfumaçada possível. Eu queria que as crianças tivessem a satisfação de fazer parte da purificação e que sentissem a casa exalando aromas como o interior de uma igreja.

O ritual durou pouco menos de dez minutos e, depois disso, fui embora. Nunca mais houve qualquer manifestação na casa da família.

O DIREITO DE ASSEDIAR, OPRIMIR, POSSUIR

O caso de Linda e Charlie ilustra um fato vital em relação aos demônios: eles precisam de permissão – "uma porta" – para entrar na vida de alguém.

As portas permitem a entrada de coisas. E impedem a entrada de coisas. As pessoas não são acometidas por demônios enquanto fazem sanduíches de pasta de amendoim. Também não os adquirem andando de ônibus, usando banheiros públicos ou morando ao lado de alguém possuído. Os demônios acometem as pessoas quando elas abrem a porta para eles.

As boas intenções de Linda e Charlie e a vida cristã muito melhorada não foram suficientes para manter o demônio afastado. Na verdade, a decisão deles de restaurar a vida pecaminosa que levavam pode ter sido o motivo pelo qual o Diabo estava tão interessado neles.

Quando alguém leva uma vida moralmente desordenada, passando de pecado em pecado, sem levar em conta Deus e Seus mandamentos, o Diabo geralmente não dá muita importância. Por que ele faria isso? Essa pessoa já pertence ao seu reino. Entretanto, se essa pessoa tentar sair de seu reino, o Diabo ficará muito interessado.

Os demônios são legalistas. Eles procuram maneiras de se vincular a alguém, obtendo o equivalente a um direito legal de demonizar, assediar e oprimir. Os demônios têm um apetite voraz para obter esses privilégios e farão de tudo para preservá-los.

Aderir a um hospedeiro é o primeiro passo de um demônio. Um demônio não pode prosperar e se desenvolver apenas por se ligar a um hospedeiro, precisa infestar parasitariamente as feridas dele. Portanto, vai manipular e explorar essas feridas, aproveitando-se de mágoas, do que estiver disfuncional, do que não for saudável em seu hospedeiro.

Assim como um organismo biológico precisa de um hábitat para se desenvolver, um demônio precisa de um hábitat no reino espiritual. E as feridas proporcionam aos demônios as condições para se desenvolverem.

As feridas têm duas fontes: trauma e pecado. O pecado é uma ferida autoinfligida. Trauma é uma ferida infligida a alguém pelo pecado de outra pessoa. Todas as feridas apelam para o demônio. A boa notícia é que o pecado pode ser evitado. Ainda assim, vamos começar examinando as feridas traumáticas.

TRAUMA

Para os demônios, o trauma é uma maneira fácil de se agarrar a uma pessoa e ficar se alimentando das feridas. Por trauma, quero dizer o que a psicologia chama de trauma crônico e trauma agudo: *uma experiência tão intensa e prejudicial que o bem-estar da vítima é impedido de se realizar de forma duradoura.*

Os dois exemplos a seguir ilustram como os demônios se desenvolvem e ganham poder sobre a vítima por meio de uma ferida traumática.

Tim

Tim era um homem de cinquenta anos que sofria terríveis crises de ansiedade. Ele tinha um medo debilitante da morte, tinha medo de fazer amigos e era ansioso demais para ter um emprego. Ele sobrevivia com o dinheiro que recebia da assistência social e morava com a mãe idosa, que ainda cuidava dele.

As fobias de Tim começaram quando ele tinha nove anos. Ele estava brincando com o amigo Joey na rua quando Joey foi atrás da bola e um carro o atingiu, mutilando-o terrivelmente e o matando. Tim testemunhou o acidente. Naquele instante, o mundo se tornou um lugar diferente para ele. Não era mais seguro.

Como o trauma altera a visão da realidade, vemos as coisas de maneira falsa e distorcida. No caso de Tim, ele acreditou em algumas mentiras cruciais:

- "A culpa pela morte do Joey é minha."
- "Sou um péssimo amigo".
- "A morte é horrível. Nada pode impedi-la."

Tim não se lembrava se tinha uma crença firme em Deus quando o acidente ocorreu. No entanto, sua compreensão "religiosa" da realidade – suas crenças mais fundamentais sobre o que mantém a realidade unida – foi afetada pelo trauma.

Conheci Tim em um hospital depois que a mãe dele se machucou em uma queda. Ela estava em um quarto adjacente ao de uma pessoa que eu visitava. Entrei, cumprimentei-a e me ofereci para orar com ela, e ela aceitou.

Quando entrei no quarto, senti o odor pungente de vômito. Tim estava tão traumatizado por estar em um hospital que havia vomitado na lata de lixo. Depois de orar com a mãe dele, eu me ofereci para orar com ele. Ele não respondeu, mas a mãe gritou: "Sim, ele precisa! Ele tem medo de tudo!".

Coloquei a mão sobre a cabeça de Tim e, entre outras coisas, pedi ao Senhor que o libertasse do espírito de medo. Por um instante, vi os olhos de Tim se arregalarem com uma expressão de fúria. Atribuí esse fato ao constrangimento, já que a mãe tinha decidido por ele. Em seguida, ele começou um prolongado acesso de tosse. Quando terminei de orar, deixei meu cartão, garanti que continuaria a orar por eles e fui embora.

Uma semana depois, Tim e a mãe visitaram meu escritório. Tim relatou que sua vida estava "completamente diferente" depois que eu tinha orado com ele no hospital. Ele não tinha mais os medos paralisantes que o acometiam desde o acidente de Joey. Tim estava tão livre que sugeriu à mãe que eles fossem de carro me ver, algo até então impensável. A terrível fobia que Tim tinha de carros, que o fazia vomitar continuamente toda vez que precisa entrar em um, havia desaparecido.

O trauma de ter visto o amigo morrer de maneira tão horrível tinha deixado em Tim uma ferida profunda, e um demônio conseguiu controlá-lo ao manipulá-la. Após sua libertação, Tim passou a ter uma liberdade que nunca havia conhecido antes. Embora ainda lhe faltassem algumas habilidades comuns, como as sociais, uma consequência de ter vivido recluso a maior parte da vida, ele era agora funcional em um nível inimaginável antes de sua libertação. Ele até tinha conseguido um emprego de meio período em uma mercearia.

Linda

Linda havia sido infiel no casamento com Charlie, o que se tornou uma das causas do assédio demoníaco de sua família. Essa escolha de cometer adultério foi condicionada por uma ferida traumática. Os efeitos do adultério prejudicaram a infância de Linda. A infidelidade crônica destruiu o casamento de seus pais quando ela tinha nove anos. Ela e os cinco irmãos foram separados e criados na casa de parentes distantes, pois nem a mãe nem o pai tinham condições financeiras para isso. O pai já estava pagando pensão alimentícia para outras duas mulheres e a mãe tinha outros dois filhos de homens diferentes. Esses relacionamentos extraconjugais ocorreram enquanto os pais dela eram casados.

Linda acreditava que a traição fazia parte do comportamento do cônjuge. A distorção a levou à infidelidade e permitiu que um demônio se ligasse a ela e à sua família.

Há evidências de que Tim tinha um demônio: ele mostrava uma falta crônica de liberdade em áreas onde as pessoas normalmente são livres; o demônio se manifestou quando fiz uma oração de libertação; Tim experimentou uma liberdade dramática após a oração. Embora Tim não estivesse possuído, um demônio encontrou uma maneira de usar seu trauma para se ligar a ele. Como? O demônio provavelmente exacerbou sua dor para fazer Tim acreditar que a vida não tinha esperança e que a felicidade era inatingível porque ele era responsável pela morte de Joey. Embora o acidente tenha sido infeliz e trágico, o demônio propôs uma distorção da verdade. Mas no momento em que Tim aceitou essa distorção, o demônio criou um vínculo com ele. Embora não fosse forte o suficiente para dar ao demônio o direito de possessão, isso lhe deu uma autoridade poderosa sobre Tim. Infelizmente para Tim, todos em sua vida acreditavam que seus problemas eram puramente psicológicos, ocasionados pelo acidente de Joey. Ninguém imaginava que eles poderiam ter causa espiritual. Ter sido libertado pela oração bem antes poderia ter poupado a Tim anos de sofrimento desnecessário.

Não há evidências de que um demônio tenha se conectado a Linda durante a infância, como aconteceu com Tim. No entanto, assim que Linda agiu de acordo com sua crença distorcida – de que o vínculo conjugal não é permanente –, o demônio não perdeu tempo para estabelecer seu vínculo.

Os exemplos de Tim e Linda mostram a importância da formação espiritual adequada para os jovens. Pessoas adequadamente formadas dificilmente acreditam na mentira de um demônio. Também vemos como o aconselhamento e a terapia psicológica podem ser úteis para alguém que está sofrendo os efeitos de um trauma. Isso poderia ter trazido cura e correção para as visões distorcidas de Tim e Linda e evitado que elas se tornassem arraigadas. As feridas não curadas são o alvo da manipulação demoníaca.

PECADO

Outro tipo de ferida que cria condições para que a ação dos demônios progrida é o pecado. O pecado tem três espécies: pecado pessoal, pecado geracional e pecado transferido.

1. *Pecado pessoal*

Toda alma é uma criação direta de Deus. Entretanto, no momento em que é criada, torna-se jurisdição do Diabo. Essa é a trágica herança deixada pelo Pecado Original de Adão e Eva. A desobediência deles a Deus foi tão destrutiva que condenou a imortalidade da raça humana. Por meio do Pecado Original, o Diabo ganhou jurisdição, bem como a promessa de eternidade com ele no próximo. O Pecado Original garantiu uma maldição sem fim.

A humanidade precisava de um Salvador para libertá-la do pecado. Antes da ressurreição de Cristo, todos os seres humanos – tanto justos quanto injustos – estavam condenados ao inferno. Sendo humano, Jesus estava sujeito à mesma penalidade. É por isso que, conforme o Credo dos Apóstolos, Ele "desceu ao inferno". No entanto, como Ele pagou integralmente a penalidade pelo pecado, a morte "não pôde mantê-lo sob seu domínio" (Atos 2:24), e Ele esvaziou o inferno de todas as almas justas que haviam morrido desde o início do mundo, um ato conhecido pelos teólogos cristãos como a descida do Senhor à Mansão dos Mortos.

Cristo instituiu o Sacramento do Batismo para remover o Pecado Original e nos manter longe do inferno. Mas ele faz ainda mais. O batismo confere uma nova identidade. Ele transfere nossa propriedade legal de Satanás para Deus, o Pai, que nos torna Seus filhos e filhas. Ele nos dá Jesus Cristo como nosso Salvador, que nos livra do domínio de

Satanás e nos dá uma herança eterna. Ela nos dá o Espírito Santo, que habita em nós e nos dá Sua própria vida.

Entretanto, quando alguém comete um único pecado mortal, os efeitos do batismo deixam de ser efetivos.[3] Todos os pecados são ofensas contra Deus, mas as Escrituras os distinguem entre pecado mortal e não mortal (1 João 5:16-17). Um pecado mortal é uma ação tão má que destrói nosso relacionamento com Deus. O *Catecismo da Igreja Católica* define o pecado mortal como: "uma grave violação da lei de Deus; afasta o homem de Deus, que é seu fim último e sua bem-aventurança, ao preferir um bem inferior a Ele".[4]

Para ser considerado pecado mortal, há três condições:

Ação má ou grave. Quando um pecado envolve algo sério, pode ser um pecado mortal. Pegar um clipe de papel da biblioteca não constitui algo grave. Furtar a identidade de alguém para esvaziar uma conta bancária, sim. Ao mesmo tempo, as violações e as perdas são relativas. Roubar cinco dólares de um milionário não envolve um assunto grave, pois o dano que ele sofre é trivial. Roubar cinco dólares de um indigente, sim, pois sua perda é significativa.

Conhecimento suficiente do mal envolvido. O pecado mortal envolve a consciência, por parte do pecador, de que seu ato é pecaminoso. Por exemplo, puxar o gatilho de uma arma que você acredita estar descarregada não é uma ação feita com pleno conhecimento, mesmo que alguém seja atingido.

Consentimento deliberado. Se um pecador escolheu livremente a ação, ela pode ser um pecado mortal. Ter relações sexuais consentidas com alguém com quem não se é casado é gravemente pecaminoso.

Os pecados mortais não são "acidentais". Eles requerem premeditação: o agente sabe que está cometendo um mal grave, aceitou esse fato e era livre para não cometê-lo.

Hoje em dia, muitos – até mesmo os católicos – minimizam a pecaminosidade, glorificam a liberdade pessoal e presumem a misericórdia e o perdão "automáticos" de Deus, mesmo quando não têm a intenção de conter o comportamento pecaminoso.

No entanto, eu estaria errado se não repetisse o que a Igreja Católica proclamou desde o início: se uma pessoa morrer em pecado mortal, perde a salvação e incorre na penalidade do inferno eterno. A Palavra de Deus promete que a morte vem como um ladrão na noite (1 Tessalonicenses 5:2). Se ela encontrar alguém despreparado, o destino recebido será o mesmo que foi dado ao Diabo e seus asseclas: tormento e angústia eternos (2 Tess. 1:7-9).

O pecado mortal dá ao Diabo o "direito legal" de possuir uma alma e todos os direitos menores além disso: a capacidade de perseguir, assediar, sobrecarregar, oprimir e atormentar. E esse direito é removido somente por meio de confissão e arrependimento.

Então, se o Diabo obtém o direito de possuir quando alguém comete até mesmo um único pecado mortal, por que ele não o faz sempre, já que os pecados mortais são frequentemente cometidos sem resultar em possessão demoníaca? Os direitos do demônio estão sempre sujeitos à ratificação de Deus. Felizmente para nós, Deus mantém o Diabo em uma coleira e não permite que ele aja de acordo com seus direitos sem Sua permissão divina.

O pecado mortal é a causa mais significativa de possessão e assédio demoníaco. Quando alguém vem (ou é levado) a um exorcista para seu ministério, é esse tipo de ferida – um pecado mortal pessoal – que ele procura primeiro. Um afastamento de Deus é um afastamento em direção ao demônio.

A tragédia, porém, é que nem sempre um pecado precisa ser mortal para levar à possessão. Conheço uma criança de oito anos que foi possuída depois de ter participado de uma sessão de tabuleiro Ouija organizada por seus irmãos mais velhos e os amigos deles. O menino não tinha ideia do perigo espiritual e não tinha noção de que isso violava a lei divina. No entanto, nenhum de seus irmãos ou amigos ficou possuído – somente o menino de oito anos. A natureza da atividade oculta na qual ele estava envolvido era tudo o que era necessário para que um demônio se ligasse a ele.

2. *Pecado geracional*

Cada pessoa é responsável pelos próprios pecados.

> Aquele que pecar é que morrerá. O filho não será castigado pelos pecados do pai, e o pai não será castigado pelos pecados do filho. Os justos serão recompensados por sua justiça, e os perversos serão castigados por sua perversidade. (Ezequiel 18:20)

No entanto, a linhagem familiar de um pecador herda os efeitos de seu pecado.

> Eu, o Senhor, seu Deus, sou um Deus zeloso. Trago as consequências do pecado dos pais sobre os filhos até a terceira e quarta geração dos que me rejeitam. (Êxodo 20:5; ecoado em Êxodo 34:7)

Os exorcistas se referem a esse tipo de herança como *maldição hereditária*. Consiste na continuação dos efeitos adversos de um pecado sobre os descendentes. O exemplo mais conhecido é o Pecado Original. Embora Adão o tenha cometido, cada um de seus descendentes o herda (Gênesis 3:14-19).[5] Os exorcistas encontram famílias com padrões geracionais de disfunção. Por exemplo, lembro-me de uma família em que o avô era alcoólatra, seu filho era alcoólatra e seu neto era alcoólatra. Então, em seu aniversário de quatorze anos, seu bisneto recebeu sua primeira cerveja e, antes que passasse uma hora, ele consumiu mais cinco. O garoto nunca havia bebido antes. Mas ele apresentava o comportamento de um alcoólatra.

Um biólogo pode afirmar que o comportamento é induzido geneticamente porque o menino tem uma predisposição genética para o alcoolismo. Um psicólogo ou conselheiro de vícios pode argumentar que a causa é social e ambiental, um subproduto da exposição do menino ao comportamento alcoólico.

Embora a genética e a dinâmica social possam produzir comportamentos repetitivos, as Escrituras sugerem que algumas repetições disfuncionais têm causas espirituais.

Um homem ligou para meu escritório pedindo ajuda contra um padrão recorrente de suicídio em sua família. Seu pai havia tirado a própria vida. Dois de seus irmãos haviam tirado a própria vida. Seu cunhado, que nunca havia tido pensamentos suicidas, tentou o suicídio três vezes em um período de quatro anos após ter se casado com a irmã mais velha do homem. Outro homem que se casou recentemente com sua irmã mais nova teve pensamentos suicidas intensos desde o dia do casamento.

No entanto, um detalhe indicou uma causa demoníaca: todas as tentativas de suicídio *ocorreram em uma quinta-feira*. Esse padrão não pode ser ignorado. Cinco pessoas tinham pelo menos tentado o suicídio – três delas com sucesso – sempre (e somente) em uma quinta-feira.

Quando o homem ligou, eu estava fora do estado, mas prometi recebê-lo e orar com ele quando voltasse. Quando retornei, outra de suas irmãs havia tirado a própria vida... na quinta-feira anterior.

Ajudar as vítimas a superar o pecado geracional é uma tarefa regular do ministério de um exorcista.

3. *Pecados transferidos: maldições, feitiços, encantamentos, bênçãos demoníacas e pragas*

Por pecado transferido, quero dizer qualquer mal espiritualmente desejado por outra pessoa. Geralmente é chamado de maldição, feitiço, encantamento, bênção demoníaca ou praga. As maldições são enviadas, seja por pronunciamento ou usando um objeto físico sobre o qual foi realizado um ritual (por exemplo, um boneco de vodu).

As maldições são reais e podem servir tanto a propósitos divinos quanto malignos. Enquanto uma bênção é um desejo pelo bem-estar de outra pessoa, uma maldição é seu oposto: um desejo explícito de que alguém receba infortúnio, tenha danos ou prejuízos.

As Escrituras estão repletas de exemplos de maldições. Deus ameaça com maldições como retribuição pela maldade e infidelidade (Gênesis 12:3, Deuteronômio 28:15, Provérbios 3:33 etc.). Quando uma figueira não produziu frutos, Jesus a destruiu por meio de uma maldição (Marcos 11:12-25). São Paulo invocou uma maldição sobre o feiticeiro judeu Elimas, atingindo-o com cegueira (Atos 13:4-12). No capítulo 9, explico *por que* as maldições são eficazes.

Benedict era um estudante de pós-graduação que conheci anos atrás, quando trabalhava como capelão em uma universidade. Ele passou por um período em que achava impossível se envolver nos estudos. Em uma leitura, quando chegava ao final da página, já não se lembrava de nada. As aulas não faziam sentido e ele não conseguia encontrar motivação para concluir as tarefas. Desprovido de energia, Benedict dormia mais de doze horas por dia. Se não fosse um colega de quarto lhe trazer comida, ele nem comeria, pois achava exaustivo sair do quarto. O único compromisso que Benedict assumia – por mais cansado que se sentisse – era assistir à missa diária, um hábito que mantinha desde a infância. Ao retornar, no entanto, ele se sentia tão exausto que dormia durante horas.

Foi somente depois de um ano nesse estado debilitante, cuja causa nenhum médico conseguiu diagnosticar, que Benedict contou à mãe o que estava acontecendo, pois não podia mais continuar os estudos. Sem dizer nada ao filho, a mãe de Benedict combinou com uma amiga que passaria uma noite de intercessão por ele. Durante a noite da vigília, cada uma das mulheres teve uma imagem vívida de uma multidão de cobras deslizando por baixo da camisa de Benedict.

Quando Benedict acordou na manhã seguinte, as coisas estavam dramaticamente diferentes. Para começar, tudo estava fisicamente mais brilhante. Ele descreveu a sensação como se os óculos escuros que ele não sabia que estava usando tivessem sido removidos de repente. Ele se viu com sua antiga energia e zelo. As palestras a que assistia faziam todo o sentido e, quando lia, ele retinha tudo. Ele tinha voltado a funcionar normalmente.

Depois de três dias, no entanto, a escuridão se abateu sobre ele de novo; Benedict não conseguia ler, as palestras eram incompreensíveis e ele estava cansado. Ele me informou sobre a nova reviravolta dos acontecimentos. Coloquei a mão sobre a cabeça dele, fiz uma oração simples de exorcismo, pedindo a Deus que removesse o que quer que o estivesse afligindo.[6] Quando terminei de orar, a escuridão não estava mais presente e, no fim do dia, ele confirmou que os outros sintomas malévolos também haviam desaparecido.

Duas semanas depois, os sintomas voltaram. Benedict era um católico devoto e sua moralidade era inquestionável. Eu tinha certeza de que ele não era doente mental ou dado a excessos e que não estava fazendo nada para atrair o mal para si. Quando perguntei por que ele achava que essas coisas estavam acontecendo, ele me contou uma história incomum.

Benedict era da Europa Oriental, o mais novo de seis filhos. Quando ele tinha sete ou oito anos, uma senhora idosa chamada Borya – uma parente distante que morava perto de sua família – chegou à casa deles aos gritos. Algum infortúnio havia lhe acontecido e ela o atribuiu à família de Benedict. Ao pegar uma sacola, Borya tirou uma galinha viva e, enquanto cortava sua cabeça, declarou que Benedict e seus irmãos fracassariam em tudo o que fizessem. A família a expulsou dali, e nunca mais pensou em suas palavras. Menos de dois anos depois, soldados rebeldes a mataram e esquartejaram de forma horrível. Com o passar dos anos, os irmãos de Benedict foram saindo do país, um a um, para frequentar a universidade. Cada um deles desistiu de seu programa acadêmico e nunca se formou. Mais tarde, cada um deles passou por problemas, como dificuldades envolvendo infertilidade, infidelidade conjugal, um divórcio repentino e inesperado. Também passaram por perdas frequentes de emprego e dificuldades financeiras.

Benedict foi, de longe, o que se saiu pior. Na faculdade, ele não passou por nenhuma das dificuldades que os irmãos tiveram durante o bacharelado. No entanto, assim que começou a cursar a pós-graduação, as dificuldades começaram com força total, e ele sofreu mais do que os irmãos. "Ela lançou uma maldição sobre nós, padre", declarou Benedict. "Tenho certeza disso."

Comecei outro exorcismo simples em Benedict, ainda sem ter certeza de que haveria uma maldição por trás de sua aflição. Enquanto orava por ele, observei algo que não tinha visto até então: o rosto de Benedict parecia o de uma mulher idosa com raiva, amargo e cheio de ressentimento. Ele estava perfeitamente imóvel e não contorcia o rosto. Era como se o rosto de outra pessoa estivesse sobreposto ao dele.

Entendi isso como um sinal de que havia de fato uma maldição e comecei a me reunir com Benedict para fazer orações que a quebrassem. Benedict também iniciou uma rigorosa prática de oração para o mesmo fim. As orações ajudaram, porém apenas controlaram os sintomas da maldição. Embora a "escuridão" e as aflições acadêmicas nunca mais tenham voltado, novos sintomas surgiram.

Nos três anos seguintes, os esforços contra a maldição pareciam um processo frustrante de dar dois passos à frente e um para trás. Benedict sofria de perda de apetite, instabilidade emocional, ressentimento espontâneo e injustificado contra as pessoas mais próximas e "má sorte". Esse último sintoma era especialmente estranho. Como Benedict era um estudante estrangeiro, ele precisava estar regularmente em contato com o governo para resolver os trâmites da sua condição de imigrante. Todos os documentos do governo emitidos para ele sempre continham vários erros (nome, endereço, status de imigração, país de origem, registros médicos etc.). Não importava quantas vezes ele os corrigisse, os próximos documentos emitidos viriam com novos erros. Em duas ocasiões, os erros em seu processo foram tão graves que seu visto foi cancelado e ele recebeu uma notificação para deixar o país. As reversões de última hora só ocorreram depois de ele conseguir provar que tinha sido o órgão governamental que cometera os erros.

Foram necessárias muitas orações, por mais de três anos – tanto da minha parte quanto da dele – para que Benedict se libertasse dos efeitos mais incapacitantes da maldição. Nunca houve um momento dramático em que a maldição se desfez completamente, apenas uma lenta redução dos piores efeitos. De vez em quando, um novo sintoma se manifestava, dando início a novas rodadas de oração. Seu caso continua sendo a maldição mais debilitante que já encontrei e ilustra como as maldições podem ser perniciosas.[7]

Portas são maravilhosas: permitem que as coisas entrem; mantêm as coisas fora. Os demônios precisam de uma porta, uma entrada pela qual recebem o direito legal de demonizar, assediar e oprimir. Eles não se prendem às pessoas de forma arbitrária. Precisam de permissão para entrar ou ser enviados para dentro.

Apegar-se a um hospedeiro é apenas o primeiro passo de um demônio. Seu segundo passo é acessar as feridas do hospedeiro, explorando e manipulando ferimentos, mágoas, doenças ou disfunções da vítima.

Os casos relatados mostram como as feridas são necessárias para os demônios e como pode ser forte o domínio deles sobre as vítimas depois que as prendem. Se as pessoas soubessem o sofrimento e a angústia que um demônio pode causar, ninguém jamais abriria a porta para ele.

5

UMA SESSÃO DE EXORCISMO

O CASO DA ALUNA DA OITAVA SÉRIE QUE DESAPARECEU

"Saia de perto de mim, seu padre imundo!", gritou Lena quando fui me sentar na cadeira ao lado dela.

Lena tinha treze anos. As acusações de impropriedade que seu demônio gritava para mim são o motivo pelo qual os exorcistas têm testemunhas presentes quando trabalham com menores. Além de cumprir suas tarefas designadas, os membros da minha equipe também servem como testemunhas. Também tenho pelo menos duas mulheres presentes na equipe, para garantir a credibilidade caso seja feita alguma acusação de má conduta contra mim.

Eu exijo a presença de pelo menos dois membros da família quando for exorcizar um menor, e um dos membros deve ser mulher.

O fato de um exorcista ter uma equipe de testemunhas e uma política que exige a presença de membros da família falaria muito alto em um caso legal em relação à sua credibilidade e profissionalismo. Os demônios são astutos, e um exorcista precisa se proteger das falsas acusações que eles ficariam felizes em engendrar contra ele. Os demônios podem convencer a vítima de que o sacerdote fez algo inadequado plantando falsas memórias ou criando imagens mentais falsas.

"Saia de perto de mim, seu pervertido!", gritou Lena novamente.

A jornada que levou Lena ao meu escritório começou com uma discussão que a menina tinha tido com a mãe, Rita, por causa da foto da turma da oitava série. Lena era filha única, e sua mãe tinha a tradição de pendurar as fotos da turma no corredor de casa. Depois de colocar uma moldura elegante na foto, ela indicava a posição de Lena com decorações amorosas de *scrapbook*, embora intencionalmente berrantes e chamativas. Rita fazia isso todos os anos desde que a filha era criança.

Mas desta vez, quando a última foto da turma de Lena chegou pelo correio, Rita ficou furiosa porque a filha não estava na foto. Além de estragar sua tradição de ter as fotos da turma no corredor, ela havia comprado um vestido novo para Lena, especialmente para a ocasião.

Quando confrontada, Lena insistiu em dizer que estava presente na sessão de fotos. No entanto, quando olhou para a imagem, ficou tão surpresa quanto a mãe ao perceber que não estava lá. Lena se lembrou da posição em que estava no momento da foto, mas havia um espaço vazio no local. Rita acusou a filha de ter faltado à escola e exigiu que ela contasse onde estava. Lena explodiu de indignação em resposta à acusação da mãe.

Lena nunca se sentiu próxima da mãe. Ela achava a mãe autoritária, mandona e egocêntrica. Ela só se preocupava com coisas como dinheiro e segurança e em manter as coisas sob controle. Quando Lena tinha dez anos, seu pai, Dave, deixou sua mãe. Dois anos depois, Rita se casou com Mike, que Lena detestava, pois o achava muito parecido com sua mãe.

Lena sentia muita falta do pai e venerava as lembranças que tinha dele. Ele era divertido, espontâneo e a acordava com alegria todas as manhãs. Ele levava Lena para fazerem longas caminhadas, escrevia poesias para ela, cantava para ela enquanto tocava violão e ficava acordado até tarde conversando com ela. O dia em que ele foi embora foi o pior dia da vida de Lena. Ele deixou um bilhete dizendo que estava indo atrás de uma carreira de cantor na Costa Oeste e que voltaria para buscá-la. Lena acreditava que a partida dele havia sido causada pela contrariedade da mãe e, portanto, era culpa dela.

Rita amava a filha, mas achava impossível agradá-la. Quando Dave as abandonou, ela teve sentimentos contraditórios. Rita nunca o amou. Por um lado, ela se sentia livre para encontrar outra pessoa. Por outro, Dave sempre tinha sido a babá de Lena em tempo integral.

Rita e Dave tiveram um breve namoro durante o segundo ano da faculdade. Quando Rita engravidou, eles foram morar juntos, mas nunca se casaram. Rita abandonou os estudos depois que Lena nasceu. Dave permaneceu na faculdade por mais um semestre e então desistiu também. Ele nunca teve um emprego, e nunca nem se deu ao trabalho de procurar. Durante todos os anos em que estiveram juntos, Rita foi a responsável pelo sustento da casa. Dave era a personificação da preguiça aos olhos dela: ficava o dia todo tocando violão e escrevendo músicas que nunca gerariam renda. Sempre sonhador, ele fantasiava com uma carreira musical que nunca aconteceria.

Além de cuidar de Lena, a única iniciativa de Dave era cultivar maconha no porão, que ele fumava durante o dia no sótão. Depois que ele foi embora, Rita só teve notícias dele uma vez, quando enviou um e-mail pedindo um empréstimo de 500 dólares para comprar um apartamento. Ele também pediu a ela que dissesse a Lena que a amava, embora nunca tenha ligado para a filha para dizer isso.

Depois que Dave foi embora, Lena viveu como uma casca da criança feliz que havia sido um dia. Durante um ano, ela teve dificuldades para comer e para dormir e chorava com frequência. Nunca mais ligou para os amigos, não falava nada na aula e evitava a mãe, fechando-se no quarto sempre que ela estava em casa.

Lena começou a ler. Ela iniciou com romances que tinha ganhado de presente de aniversário. Em seguida, pegou livros emprestados na biblioteca e os lia imediatamente ao chegar em casa depois da escola, parando apenas quando era chamada para o jantar. Depois do jantar, ela voltava a ler. Rita estava preocupada com a quantidade de tempo que Lena passava sozinha, mas estava feliz que a filha finalmente tivesse energia para fazer algo além de lamentar a ausência do pai. Além disso, ela também gostava de ler e via no amor de Lena pela leitura algo de seus próprios genes.

Lena começou a usar o dinheiro que ganhava de aniversário e de Natal para comprar livros. Ela adorava uma série de romances de fantasia que narrava as aventuras de um grupo de jovens amigos que se depararam com chapéus mágicos em um brechó. Os chapéus permitiam que eles saíssem da realidade e criassem uma nova, como o Holodeck em *Jornada nas Estrelas*. O autor da série tinha uma imaginação vívida e um dom poderoso para contar histórias. Em um dos livros da série, o grupo descobria um tesouro enterrado e o usava para comprar aviões, enormes casas de jogos, um zoológico etc. Em outro, eles voltaram no tempo para estar presentes na assinatura da Declaração de Independência, acrescentando secretamente seus nomes aos dos outros signatários, que ficaram imortalizados na história.

A capacidade dos personagens de criar qualquer realidade que desejassem encantou Lena. Era exatamente isso o que ela queria – escapar de sua vida atual e criar uma nova. Ela leu toda a série, releu-a uma segunda vez e depois uma terceira.

Lena fantasiava poder voltar no tempo, quando seu pai ainda morava em casa. Ela se imaginou fazendo um plano à prova de mãe, para que ele pudesse levá-la para morar com ele sem nada para impedir isso. Ela lhe daria um endereço de e-mail particular para que ele pudesse entrar em contato com ela, fora do conhecimento e do controle da mãe.

Lena criava meticulosamente sonhos fantásticos. Em um deles, imaginava o pai organizando uma enorme festa de aniversário de onze anos para ela, com músicos cantando canções com o tema Lena e poetas recitando versos com o tema Lena. A festa era realizada em uma marina oceânica que o pai agora tinha, com um viveiro de golfinhos que ele tinha batizado em homenagem a ela.

Em outra situação fantasiosa, ela acompanhou o pai com uma equipe de cientistas ao Canadá para salvar da extinção uma espécie rara de águia. Seu trabalho era coletar os ovos dos últimos ninhos conhecidos na natureza para reproduzi-los em cativeiro. Enquanto viajavam para um ninho remoto, encontraram um homem de uma tribo nativa preso depois de ter escorregado em uma ravina. Ele os conduziu a uma série de cavernas repletas de estalactites e estalagmites, até então desconhecidas, como agradecimento por ter sido resgatado. As cavernas tinham belas piscinas de águas azuis, verdes e vermelhas, cada uma delas repleta de espécies únicas de peixes.

Na realidade alternativa de Lena, seu pai havia se tornado um cantor mundialmente famoso, mas ele só cantava músicas sobre ela. Como resultado, ela era mundialmente famosa e recebia grandes caixas de correspondência de fãs toda semana. Alguns fãs elogiavam sua beleza, outros expressavam o quanto desejavam ser ela, e outros ainda enviavam presentes e pediam conselhos sobre tudo, desde questões sobre a escola e dever de casa até relacionamentos e como se tornar famosos. Mundialmente conhecidos, Lena e seu pai precisavam se proteger dos paparazzi. Eles se tornaram mestres do disfarce e contrataram uma equipe de atores profissionais e agentes de segurança disfarçados que facilitaram sua entrada no próximo show que o pai faria.

Lena se perdeu na criação de fantasias e sentiu que vivia cada uma delas, experimentando até mesmo cheiros e sons. No início, escrevia os detalhes, para que nada fosse esquecido. Mas logo descobriu que poderia reviver um determinado episódio sempre que quisesse e modificá-lo com novas informações e experiências.

Antes, Lena lia para fugir da realidade, mas agora tinha parado completamente de ler. Ela obtinha essa fuga com as histórias que criava em sua mente.

Rita ainda estava zangada com a ausência de Lena na foto da escola. Ela ligou para a escola e exigiu saber por que não havia sido notificada da ausência da filha no dia da foto. Os registros da escola mostraram que Lena esteve presente o dia todo. Rita então perguntou à professora de Lena. Ela se lembrava de ter visto Lena no auditório durante a sessão de fotos e até se lembrava do vestido que ela usava.

Lena tinha uma consulta no dentista, então Rita foi buscá-la na escola. Foi um trajeto cheio de tensão, pois cada uma delas ainda estava sofrendo com o confronto sobre a foto da escola. Quando chegaram ao consultório, Lena sentou-se em uma das cadeiras vazias da sala de espera enquanto a mãe informava a chegada da filha à recepcionista. Enquanto estava no balcão, Rita olhou para o monitor de segurança da recepção, que mostrava as imagens ao vivo da sala de espera. Ela se viu em pé na frente do balcão, mas Lena não estava em lugar algum na filmagem. Todas as cadeiras estavam vazias. Acreditando que Lena havia fugido, Rita se virou, pronta para se dirigir à porta, quando – para a sua surpresa – viu a filha sentada na mesma cadeira de antes. Lena parecia relaxada, com os olhos fechados e um leve sorriso no rosto. Intrigada, Rita se virou para olhar novamente para o monitor de segurança, mas a assistente odontológica, que acabara de entrar na sala de espera, chamou Lena para a consulta. Lena se levantou da cadeira e entrou na sala de exames. Rita a seguiu.

No caminho para casa, elas pararam para comprar comida para o jantar. Quando chegaram em casa, Lena quis tomar banho antes de comer. Rita colocou a comida no forno para mantê-la aquecida, serviu-se de uma taça de vinho e sentou-se na sala de estar ao lado de Mike. Então, ela ouviu um grito agudo.

"Onde diabos está?", gritou Lena do andar de cima. "O que você fez com ela?"

"Do que você está falando?", gritou Rita com um sobressalto.

"Minha toalha de banho. Ela não está aqui, droga!", gritou Lena.

"Eu a coloquei para lavar hoje de manhã. E não use esse tom comigo", retrucou Rita, enquanto subia as escadas para confrontar a filha.

"Você não tem o direito de tocar em nada que é meu!", respondeu Lena com um rugido. "Meu pai me deu essa toalha", acrescentou ela. "Nunca mais toque nela!"

Naquele momento, Mike interferiu. "Lena, pare de agir como uma criança birrenta e seja gentil com sua mãe pelo menos uma vez", advertiu ele.

"Suma daqui, idiota", respondeu Lena. Ela fechou os olhos e se encostou na parede do banheiro. A mãe estava prestes a levantar a voz quando a raiva sumiu do rosto de Lena, substituída por um olhar de total relaxamento. Um leve sorriso começou a se formar em seu rosto. Então, Rita ouviu Lena dizer bem baixinho: "Oi, papai".

"Lena", chamou Rita, "Lena, olhe para mim". O rosto de Lena permaneceu paralisado. Rita achou assustadora a súbita mudança de comportamento dela e se virou para Mike com um olhar perplexo. Mas Mike estava olhando para o espelho sobre a pia do banheiro.

"Michael", chamou Rita.

Sem tirar os olhos do espelho, Mike apontou para ele. Rita olhou para onde ele indicava. Os três estavam no banheiro. O espelho, entretanto, mostrava apenas os reflexos de Mike e de Rita. Não havia nenhum reflexo de Lena.

Incomodada, Rita chamou Lena, que não respondeu. Ela colocou a mão no ombro de Lena para sacudi-la. Sem a menor mudança na expressão, Lena empurrou a mãe. Rita saiu voando do banheiro e bateu em uma escrivaninha que ficava no corredor. Mike deu um passo na direção de Lena, e ela lhe deu um soco tão forte que ele caiu no chão, sem forças. Passaram-se alguns minutos até que ele conseguisse se levantar. Lena permaneceu no mesmo lugar ali no banheiro, paralisada e sorrindo.

Mike ficou atônito. A força do soco de Lena tinha sido além do que uma garota de treze anos era capaz. Muito além. Aquele tinha sido o golpe mais forte que ele já levara, e ele havia crescido com quatro irmãos. Ele se levantou e tentou erguer Rita, que choramingava, segurando o lado esquerdo do quadril, no ponto em que tinha batido no canto da mesa.

Rita não conseguia ficar de pé. Seu quadril estava fraturado e ela não conseguiria andar por semanas. Com o soco, Mike teve uma hérnia no abdome e precisou de cirurgia. Por sua vez, Lena agiu como se nada tivesse acontecido e, quando questionada sobre o ocorrido, afirmou que não se lembrava da violência, apenas da discussão sobre a toalha.

Rita sabia que havia algo errado com Lena. Ela temia que Lena pudesse reagir de forma violenta novamente. Ela agora tinha medo da filha.

Duas semanas depois, Rita ainda se recuperava da cirurgia no quadril. Ela estava sentada na sala de estar quando ouviu Lena chegar da escola.

"Querida", Rita chamou. "Querida, você pode me trazer um copo de água? Preciso tomar os analgésicos." Um momento depois, Lena chegou com um copo de água. "Obrigada, querida", agradeceu Rita. "Como foi seu dia?", perguntou.

"Tudo bem", Lena respondeu e já foi se afastando.

"Podemos conversar um pouco, Lena?", perguntou a mãe.

"Hum. Tenho um monte de coisas para fazer."

"Lena, por favor, sente-se", pediu Rita. "Só quero lhe fazer algumas perguntas". Lena permaneceu de pé. "No dia do meu acidente, você disse que sua toalha de banho tinha sido um presente do seu pai."

"Sim."

"Mas isso é impossível", respondeu Rita. "Seu pai mora do outro lado do país."

"Ele vem me ver", respondeu Lena. "Ele me pega e me leva a lugares, todos os dias."

Lena ficou perplexa com o olhar confuso da mãe.

"O que quer dizer com isso?"

"Ele vem me ver."

"Ele vem aqui?"

"Sim. E me leva para onde ele mora."

Rita estava perdida. Ela tinha receio de dizer qualquer coisa que pudesse irritar Lena. Misteriosa, tudo o que Rita conseguiu pensar em dizer foi: "E como é vê-lo?".

"Oh, é maravilhoso", respondeu Lena. "Ele me leva a lugares diferentes, e conheci muitas pessoas novas. Adoro viver com ele."

Viver com ele... meu bebê perdeu a cabeça, Rita pensou, aflita. Por mais que tentasse evitar, uma lágrima escorreu por seu rosto. Tentando não parecer chateada com o que era uma felicidade evidente para Lena, Rita disse: "Sinto falta de vê-lo", quase engasgando com as palavras e torcendo para que a lágrima pudesse passar por tristeza pelos três anos de ausência de Dave.

"Você sente?", perguntou Lena, espantada.

"Sim, sinto", respondeu Rita. "Como ele está?", acrescentou ela.

Sentada na poltrona em frente à mãe, Lena respondeu: "Ele está maravilhosamente bem. Está compondo as melhores músicas de todos os tempos. Ele está cantando com a banda dele...".

Rita queria chorar. Sua menininha tinha problemas mentais, e essa constatação lhe causou uma angústia terrível, fazendo com que as lágrimas descessem pelo seu rosto. Ao ouvir os relatos da filha sobre as visitas inexistentes do pai, Rita se voltou silenciosamente para Deus na oração mais sincera que já havia feito. *Senhor, ajude minha menininha. Por favor, ajude-a. Por favor, cure-a...*

"Pare com isso!", gritou Lena.

"Não consigo parar de chorar, querida", argumentou Rita.

"Não é o seu choro", gritou Lena.

"O que é, então?"

"É o que você estava fazendo."

"E o que eu estava fazendo?", perguntou Rita. Lena ficou em silêncio. Depois que a pausa ficou estranha, e ainda sem saber o que tinha deixado Lena descontente, Rita disse: "Sinto muito, Lena. Só estou chateada. Por favor, continue".

Lena começou a relatar uma experiência absurda com os mais elaborados detalhes. Enquanto fazia isso, Rita planejava encaminhar Lena a um especialista em saúde mental, pensando: *Talvez, se buscarmos ajuda a tempo, Lena possa voltar ao normal.* Ela começou a orar novamente em silêncio. *Por favor, Deus, ela já passou por tanta coisa. Por favor, não deixe que isso aconteça. Por favor, cure-a...*

"PARE COM ISSO!", gritou Lena.

"Parar com o quê?"

"Você estava orando."

Rita ficou atônita. Ela se perguntava por que a oração incomodava Lena. Mas, mais do que isso, ela se perguntava como Lena sabia que ela estava orando – algo que Rita fazia ocasionalmente, mas nunca abertamente. "Sinto muito, querida", respondeu Rita. "Continue a sua história."

Rita ouviu atentamente o relato de Lena sobre suas experiências imaginárias, tentando parecer mais atenta, para disfarçar o que estava sinceramente pensando. Ela tentou demonstrar interesse nas histórias de Lena e prazer em ouvir os detalhes. De vez em quando, Rita até fazia uma ou outra pergunta, para mostrar que estava prestando muita atenção. Quando Rita estava confiante de que havia demonstrado sua atenção, sem mudar a linguagem corporal, começou a recitar silenciosamente uma Ave Maria. *Ave Maria, cheia de graça...*

"VÁ SE %&$#! EU DISSE PARA VOCÊ NÃO FAZER ISSO", Lena gritou, e em seguida pegou um vaso e o jogou contra a lareira, quebrando-o em pedaços. Em seguida, ela saiu correndo pela porta da frente.

Rita ficou chocada e se perguntou como Lena tinha identificado três vezes o momento exato em que ela estava orando. Era como se a filha pudesse ler sua mente. *Doenças mentais não causam isso,* pensou ela.

Rita ligou para o pároco, que posteriormente a colocou em contato comigo. Como muitos dos sintomas de Lena pareciam ser consistentes com doença mental – períodos de dissociação da realidade, alucinações vívidas que não têm realidade extramental, explosões repentinas de raiva violenta –, tudo isso começando após o período de depressão que se seguiu à partida do pai, pedi à mãe que levasse Lena a um psicólogo para uma avaliação mental. Evidentemente, Lena foi diagnosticada com psicose, uma condição em que a pessoa não consegue diferenciar o real do imaginário.

O psicólogo fez um relatório completo que avaliou cientificamente os sintomas de Lena. Entretanto, havia alguns que ele não conseguia explicar. O primeiro foi a força de Lena quando atacou a mãe e o padrasto. Lena empurrou a mãe de pé – ela não estava correndo –, e o impulso projetou a mãe para fora da sala. Lena pesava 39 quilos, enquanto Rita pesava quase o dobro, 73 quilos. Da mesma forma, o soco que Mike recebeu, que o deixou com uma úlcera no estômago, foi desferido sem nenhum impulso, mas levou um homem saudável e em forma de 90 quilos para o pronto-socorro.

O outro sintoma inexplicável era a capacidade de Lena de saber quando a mãe estava orando mentalmente. Embora às vezes seja possível adivinhar com precisão o que alguém está pensando, não havia nenhuma maneira natural de Lena saber três vezes o momento exato em que a mãe fazia uma oração silenciosa. Também não havia razão para que sua reação fosse de fúria instantânea. Portanto, embora Lena tenha sido diagnosticada com uma doença mental, era necessário que passasse pela avaliação de um exorcista.

Rita e Mike trouxeram Lena para me ver em uma tarde de sábado. Lena foi cooperativa e respondeu sem rodeios a todas as perguntas que fiz. A essa altura, ela já estava fazendo terapia com um psicólogo havia dois meses e aceitou que tinha uma doença mental. Ele a convenceu de que não era razoável acreditar que suas experiências eram reais, e que todas aquelas divagações eram sinais comuns de psicose. Ele fez isso dividindo as alucinações de Lena em partes.

Ele observou que suas "experiências" eram sempre precedidas por uma explosão de raiva e ressentimento provocada pela ausência do pai e geralmente direcionada à causa da partida dele – a mãe. Lena relatou uma segunda sensação que se seguia à raiva: um leve prazer, que aumentava continuamente até se tornar tão intenso e eufórico que ela se sentia impotente para resistir. Quando consentia com isso – um ato que ela descreveu como "deixar que ele assumisse o controle" –, Lena de repente se via vivendo uma experiência falsa com o pai, mas que parecia tão real que ela a tomava como verdadeira. Com o tempo, ela descobriu que não precisava mais da raiva como trampolim para entrar nesse estado delirante, pois podia causá-lo diretamente apenas por vontade própria.

Lena ter ido a um psicólogo ajudou porque, quando veio até mim, ela já sabia que suas experiências eram alucinações. O psicólogo provou a ela que essas três ocorrências – a perda de paciência, a sensação de euforia e seu consentimento com essa sensação – eram manifestações de um estado mental anormal. Ele observou, por exemplo, que não havia intervalo de tempo entre o "consentimento" e o início de uma nova experiência com o pai. Em um momento, ela estava em casa e, no seguinte, do outro lado do país, sem ter havido viagem alguma entre os episódios.

Embora as experiências fossem tão vívidas que Lena as tomasse como reais, o psicólogo a fez perceber que ela nunca deixou fisicamente o local onde estava antes do início da alucinação. Em outras palavras, seu pai não a visitava nem a levava para onde ele morava. Lena acabou aceitando essa constatação e reconheceu que havia algo de errado com sua crença de que ele fazia isso. O que significava que Lena ainda era racional – e não delirante –, embora fosse propensa a alucinações psicóticas ocasionais.

O que eu precisava descobrir era se havia algo demoníaco afligindo-a. Como já mencionei, a oração é a maneira mais segura de descobrir isso. Expliquei a Lena que queria ter certeza de que suas alucinações se deviam apenas à psicose, e não a algo demoníaco. Para isso, perguntei se eu poderia orar com ela, pedindo a Deus que removesse de sua vida tudo o que não fosse dEle, especialmente se estivesse presente nessas experiências. Ela concordou. Pedi a ela permissão para colocar a mão sobre sua cabeça enquanto orava. Ela novamente concordou. Só consegui ficar de pé...

"Saia de perto de mim, seu pervertido!", gritou Lena ao se levantar da cadeira. "Fique longe de mim, seu %&*$#!""

Lena tinha um demônio. O simples fato de antecipar minha aproximação foi suficiente para causar sua manifestação.

"Eu vou sair daqui, %&*$# ", rosnou Lena enquanto se dirigia até a porta.

"Em nome de Jesus", eu disse, "ordeno a você, demônio, que pare de importunar Lena e se afaste dela. Lena, volte a se sentar na cadeira!".

O olhar no rosto de Lena mudou repentinamente de um olhar de desprezo e repulsa para a aparência neutra da garota de treze anos com quem eu estava falando momentos antes. Ela se virou e começou a caminhar de volta para a cadeira, mas seus pés não se moviam mais. Era como se eles tivessem ficado colados ao chão, mesmo com o restante do corpo se movendo para a frente. Surpreendentemente, embora a parte inferior dos pés de Lena ainda estivesse apoiada no chão, seu corpo estava inclinado para a frente em um ângulo de 45 graus, com a cabeça a apenas um metro do chão. Ela virou a cabeça para cima para olhar para mim e gritou: "O que está acontecendo comigo?".

"Demônio", gritei, "em nome de Jesus, eu lhe ordeno que desamarre os pés dela". Lena caiu no chão. Seu rosto se contorceu novamente e seus olhos se reviraram para dentro da cabeça, de modo que apenas a parte branca ficava visível.

"A porca é minha", zombou o demônio. "Ela se entregou a mim."

"Seu batismo a tornou filha de Deus, o Pai", respondi. "Em nome de Jesus Cristo, Salvador do Mundo e Filho desse mesmo Pai, ordeno a você e a todos os seus semelhantes que se afastem dela!"

"Vá se catar, padre", disse o demônio. "Eu sou o pai dela. Ela me pediu para ser seu pai."

"Somente porque você a enganou", respondi. "E por fazer isso, Deus aumentará sua punição."

"Vá se %&$#*, padre. A porca é minha. Ela terá muitos pais no inferno. Todos os que ela quiser."

Enfiei a mão na bolsa e tirei uma relíquia de São José, o pai adotivo de Jesus. Ela contém um fragmento de uma peça de sua roupa –

seu manto –, venerado desde os tempos antigos na Basílica de Santa Anastácia, em Roma. Coloquei-o contra a parte de trás da cabeça de Lena. O demônio uivou: "Tirem-no de cima de mim! Tirem-no de cima de mim!".

CURA PARA TODOS OS TIPOS DE FERIDAS

Lena precisou de oito sessões de exorcismo antes de se livrar do demônio, que confessou na terceira sessão que entrou nela logo após a partida do pai, quando ela abandonou toda a esperança de ser feliz. Qualquer pessoa ficaria deprimida ao perder o pai. Ainda assim, o estado *prolongado* de depressão de Lena foi induzido pelo demônio, e tudo fazia parte de um plano para tornar a euforia enganosa de suas experiências alucinatórias muito mais convincente.

A libertação de Lena exigiu um processo de cura em quatro partes. A primeira foi aceitar que seu pai a havia abandonado, o que foi difícil e traumático. Mas quando ela reconheceu que suas experiências eram alucinações, a fria realidade da decisão de seu pai tornou-se óbvia. Embora isso tenha lhe causado uma enorme angústia, ela aceitou o fato como realidade.

A segunda parte era perdoar a mãe pelas falhas – reais e imaginárias – que Lena acreditava que ela tinha. Ela precisava aceitar que a percepção que tinha da mãe era imprecisa e que sua raiva era injustificada.

A terceira parte era se perdoar por ter um pai que a abandonara. Embora, objetivamente falando, ela não tenha cometido erro algum, a psique humana é peculiar. Muitas vezes, ela se considera responsável por infortúnios e decepções que surgem pelo caminho, mesmo que não seja de forma alguma responsável por eles. Lena precisou se libertar dos sintomas decorrentes de ter um pai que a abandonara friamente, inclusive:

- pensar que o abandono e a subsequente falta de comunicação eram, de alguma forma, "culpa dela";
- acreditar que, se ela fosse uma pessoa melhor, ele nunca teria ido embora;
- acreditar que ela não tinha valor.

Por fim, Lena teve que reivindicar sua identidade como filha de Deus e renunciar a ter aceitado o demônio que se apresentava enganosamente como seu pai. A doença mental de Lena tornou isso um desafio. Quando a realidade se tornava difícil, as imaginações psicóticas a faziam gravitar naturalmente para a dissociação. No entanto, o fato de o demônio ter entrado em Lena provou que ela tinha liberdade psicológica e moral suficiente para escolher uma mentira. Quando tinha alucinações, ela sabia, pelo menos parcialmente, que estava saindo da realidade. Por exemplo, a personalidade "empreendedora" do pai em suas alucinações era diferente de como ele sempre se comportou. O fato de ela ter optado por essa mentira – um pai que mudou radicalmente sem motivo – foi a porta pela qual um demônio teve acesso a ela. Lena possivelmente terá que lutar com alucinações psicóticas a vida toda e combater a tentação de sair da realidade quando a vida ficar difícil.

Lena continua sendo, para mim, um dos casos mais marcantes de alguém que foi possuído por causa de uma ferida traumática. O caso dela é um exemplo de como o ministério de exorcismo da Igreja e as ciências psicológicas podem trabalhar juntos para resolver o sofrimento de uma pessoa infeliz.

A GAROTA QUE NÃO ESTÁ NO ESPELHO

Então, por que a imagem de Lena não apareceu na foto da turma, no monitor do consultório do dentista e no espelho do banheiro? Em outras palavras, o que fez Lena "desaparecer"?

Os demônios podem manipular o mundo físico. Embora um demônio não possa remover uma pessoa da realidade física, ele pode manipular a luz. A visão é possível porque a luz serve como um meio da realidade física. Quando vemos uma árvore, por exemplo, o que é visível é a luz refletida na árvore. No caso de Lena, o demônio manipulou a luz que ela refletia, impedindo que sua imagem aparecesse na foto da turma, no monitor de vídeo do dentista e no espelho do banheiro.

A segunda questão ainda não resolvida é por que o demônio produziu esse fenômeno específico – a falta de reflexo dela –, já que foi exatamente isso que levou à sua expulsão. A observação de Mike de que Lena não se refletia no espelho levou à violência que, por fim, terminou com o exorcismo.

Essa pergunta é mais complexa de responder. Os exorcistas geralmente acham difícil entender por que um demônio agiu *dessa* maneira e não de outra, ou qual seria o propósito *desse* fenômeno. Foi somente depois de alguns anos que me senti confiante para explicar o desaparecimento de sua imagem. Minha explicação requer a compreensão do que o demônio estava tentando fazer com Lena.

A atividade demoníaca flui da sordidez do coração de um demônio. O demônio de Lena queria destruí-la. Ele procurou primeiro fazê-la acreditar, por meio do abandono do pai e do que ela percebia como uma mãe autoritária e um padrasto frio e distante, que ela estava condenada para sempre à miséria. A prova é a depressão debilitante que ela teve depois que o pai foi embora: estava sem esperança e vazia. Então, o demônio ofereceu a Lena uma saída: facilitou um mundo de fantasia no qual ela poderia produzir a própria realidade. Embora o mundo de fantasia a tenha tirado da depressão, ela se tornou dependente de experiências totalmente ilusórias.

Esses dois movimentos foram projetados para fazer com que Lena mudasse sua crença sobre a realidade. Se o demônio pudesse alterar a percepção que ela tinha da realidade, ele poderia controlá-la – e foi o que fez. A expressão máxima desse controle foi fazer com que a própria imagem de Lena desaparecesse. A imagem dela não aparecendo era o demônio *orgulhosamente* se gabando: "Lena não está mais aqui. Eu a tenho em outro lugar".

Por que o demônio arriscaria o sucesso de seu plano fazendo com que a imagem dela não aparecesse, já que era isso que indicava sua presença? Esse é um exemplo da natureza destruída de um demônio. Assim como uma pessoa que está em uma fúria ofuscante ou gravemente intoxicada fica intelectualmente cega, os demônios também são frequentemente cegados pelos próprios vícios e fúria. O demônio de Lena estava executando um plano eficaz, mas ele era orgulhoso, arrogante e presunçoso demais para mantê-lo com discrição. Ele não conseguia resistir a proclamar suas maquinações, como se já estivesse levantando a mão para a vitória final. São Tomás de Aquino, um dos maiores teólogos que já existiu, descreveu um dos principais efeitos do pecado da seguinte forma: a concupiscência obscurece o intelecto.[1] Simplificando, o pecado torna você estúpido. O demônio impetuoso de Lena prova o argumento de Aquino.

A fanfarronice do demônio impediu o sucesso do que eu acredito ser a terceira parte do plano demoníaco. Se o demônio tivesse permanecido em Lena, ele a teria arrastado ainda mais para o mundo da ilusão. Então, depois que ela estivesse totalmente dependente dele – emocional e mentalmente –, ele desmoronaria a fantasia e exporia tudo o que Lena valorizava como um produto sem valor de faz de conta.

Esse colapso seria inclusive mais esmagador do que a partida do pai, produzindo uma desesperança abjeta. O objetivo do demônio seria então convencer Lena a tirar a própria vida.

Após a expulsão do demônio, a imagem de Lena apareceu normalmente nos espelhos e nas telas, exatamente como antes de ser possuída.

O trabalho do exorcista é descobrir os direitos que o demônio adquiriu e que lhe permitem se apegar à vítima. Depois de conhecer os direitos demoníacos, o exorcista pode ajudar a vítima a anulá-los. Essa anulação de direitos foi o que libertou Lena do monstro que a estava afligindo. É também o que liberta todos os que estão sofrendo o mesmo.

A libertação de Lena foi muito auxiliada pelo trabalho de um psicólogo habilidoso, cujo treinamento científico identificou feridas prejudiciais na psique dela. A terapia que ele ofereceu para essas feridas – fornecida em conjunto com o ministério de exorcismo que ela estava recebendo de mim – facilitou sua libertação.

Embora seja comum hoje em dia ouvir falar da suposta incompatibilidade entre ciência e fé, em minha experiência, as verdades da fé e da ciência estão em harmonia. O mesmo Deus concedeu a cada um de nós os dois dons, portanto, um não contradiz o outro, assim como Deus não pode estar em contradição consigo mesmo.

No exorcismo, ciência e fé trabalham em consonância para trazer a libertação. Embora a fé, por sua natureza, esteja acima da razão, qualquer dissociação percebida entre elas presta um desserviço à vítima e corre o risco de deixá-la desprovida de uma cura duradoura.

6

BACKUP CELESTIAL

O CASO DA PESSOA QUE FUGIU

"Ele não, seu padre do %&$#@*&!", rugiu o demônio. "Eu odeio você, %&$#n."

O demônio reagia a uma imagem de Alessandro Serenelli que eu estava tentando posicionar sobre as omoplatas de sua vítima de possessão. Quando fui colocar o mesmo cartão de oração nas mangas da camisa, o demônio se debateu com tanta violência que os homens que ajudavam a segurá-lo mal conseguiam contê-lo. Foram necessários dois homens fortes segurando cada braço para restringir seus movimentos.

Quando o primeiro cartão estava posicionado na manga, o demônio se virou para olhar e falou com ele como se fosse uma pessoa.

"Eu odeio você, %&$#n!", berrou. "Saia de cima de mim!"

Alessandro Serenelli é o infame assassino de uma menina de onze anos que ele feriu mortalmente em uma tentativa frustrada de estupro em um pequeno vilarejo italiano em 5 de julho de 1902. Ela morreu de peritonite no dia seguinte, depois que as bactérias de seu trato intestinal entraram em sua corrente sanguínea e a comeram viva. Enquanto agonizava, ela proferiu algumas das palavras mais heroicas já ditas: "Eu perdoo Alessandro Serenelli e quero que ele esteja comigo no Céu para sempre".

Serenelli, de vinte anos, não sentiu remorso e declarou em seu julgamento que tinha ferido a garota enquanto se defendia do ataque sexual *dela*. Ele foi condenado a trinta anos de prisão.

Após seis anos de prisão, Maria apareceu em sua cela, entregando-lhe quatorze lírios brancos, um para cada vez que ele a esfaqueou. Seu perdão gratuito encheu Serenelli de contrição. Independentemente de a aparição de Maria ter ocorrido em um sonho ou em uma visão, uma coisa é certa: o evento tocou Serenelli tão profundamente que, em um instante, ele deixou de ser um assassino violento e sem remorso e um aspirante a estuprador para se tornar um cristão gentil e humilde.

Depois de cumprir 27 anos da sentença de trinta anos, ele foi libertado, recebendo três anos de indulgência por bom comportamento, motivado pela aparição de Maria. No entanto, sua libertação deu início a um período talvez ainda mais difícil de sua vida.

Embora alguns contratassem Serenelli para trabalhos sazonais estranhos, a remuneração era baixa e o trabalho era sempre temporário. Mesmo quando contratado, o dinheiro nunca era suficiente para ele conseguir uma moradia, e quase nenhum empregador estava disposto a abrigá-lo, temendo pela própria segurança e a da família. Um fazendeiro, apesar de saber do passado de Serenelli, estava disposto a enxergar além dele e o aceitou como trabalhador rural. Como Serenelli havia sido fazendeiro antes do assassinato, ele gostou muito do trabalho. Pouco tempo depois, no entanto, até mesmo essa oportunidade terminou abruptamente: a esposa do homem se aproximou dele no campo, deitou-se no chão, puxou o vestido e ordenou que Serenelli a possuísse. Com o passar dos anos, outras mulheres, sabendo de seu passado e desejando um encontro com um "bad boy", fizeram a ele a mesma oferta escandalosa. Serenelli considerava essas propostas uma deixa para sair da cidade.

A inquietação, a pobreza e os problemas do ex-presidiário continuaram por anos. Sua necessidade acabou levando-o até a porta de um mosteiro dos padres passionistas, onde ofereceu seus serviços como trabalhador em troca de alojamento e alimentação. Os padres o aceitaram, designando-lhe um quarto e encarregando-o da horta.

Em pouco tempo, outro empregado informou que uma grande quantia de dinheiro – quatro mil liras – havia sido roubada de seu quarto.[1] A polícia foi chamada e Serenelli foi levado para a cadeia, onde o delegado o exortou repetidamente a confessar o crime e devolver o dinheiro.

"Mas não tenho nada a confessar", declarou Serenelli.

Depois de quinze dias, descobriu-se que o jardineiro havia fingido o roubo para se livrar de Serenelli, cuja ética de trabalho o fazia temer perder o cargo. Quando Serenelli foi libertado, no entanto, os passionistas se recusaram a recebê-lo de volta no mosteiro depois do que havia acontecido.

Por fim, Serenelli foi aceito pelos franciscanos capuchinhos, uma ordem religiosa conhecida por adotar a pobreza e a austeridade. Ele passou os primeiros anos como jardineiro, mas, em 1945, por já estar em idade avançada, tornou-se o porteiro do convento, atendendo aos muitos visitantes.

Serenelli comentou que rezava com frequência para sua vítima, que ele considerava sua protetora. Ele vivia com a certeza do perdão de Maria e da esperança que isso lhe proporcionava. Ele nunca duvidou de que ela estava orando por ele e desejava sua companhia no Céu. Mas o pensamento de seu crime nunca o abandonou.

Certa vez, quando um dos padres capuchinhos lamentava que nunca chovia, Serenelli exclamou: "Se ao menos chovesse tanto que lavasse até mesmo as manchas de sangue da minha vida. Ainda tenho que expiar, mas se a água do rio Tronto, que passa aqui perto, tivesse o poder de lavar as mãos dos criminosos, eu me submergiria na correnteza dia e noite".[2]

Todos que o conheciam concordavam que o perdão de Maria tinha sido o momento crucial na vida de Serenelli. Quem sabe a extensão da escuridão que teria sido sua vida sem esse perdão? Até o dia em que deixou a Terra, Serenelli repetiu várias vezes: "O perdão de Maria me salvou".

Por mais significativo que tenha sido o perdão de Maria, outra coisa foi igualmente importante: Serenelli teve que aceitar esse perdão. Depois de tomar consciência de todo o peso da gravidade de seu crime, ele teve que escolher se libertar da culpa. Tal ato exige humildade e coragem. Teria sido tentador e muito mais fácil – como Judas, que traiu Jesus, demonstrou – afastar-se da oferta de perdão e aceitar a falsa noção de que "o que fiz é grande e feio demais para ser perdoado". Serenelli enfrentou a longa e heroica batalha contra esses pensamentos e encarou o mundo de frente com a identidade de ser o assassino de uma menina que ele matou brutalmente em uma tentativa de estupro, uma menina que a Igreja Católica canonizou como santa em 24 de junho de 1950, a mais jovem de sua história.

Serenelli viveu o restante de seus dias com humildade e em oração. Ele embarcou no caminho da perfeição cristã, e sua santidade tornou-se evidente para todos que o conheceram. Um padre que conviveu com ele comentou certa vez: "Se eu quisesse descrever Alessandro espiritualmente em duas palavras, diria que ele é um 'santo penitente'".[3]

Foi usando o cartão de oração de Serenelli no exorcismo que fiquei sabendo da extensão de sua "santidade". Eu mesmo produzi os cartões de oração em 2015, depois que o Papa Francisco proclamou um Ano Jubilar da Misericórdia extraordinário, um ano de foco na virtude da misericórdia e do perdão. Para preparar os Estados Unidos para a ocasião, o Vaticano me pediu que levasse as principais relíquias de Santa Maria Goretti, a Pequena Santa da Grande Misericórdia, em uma peregrinação pelo país, e mais de 250 mil pessoas vieram visitar seus restos mortais.

Para marcar a ocasião e proporcionar aos peregrinos uma lembrança da peregrinação, produzi um cartão de oração de Santa Maria, que foi entregue a cada peregrino. Toquei cada uma de suas relíquias para transformá-las no que os católicos chamam de relíquias de terceira classe (consulte Atos 19:11-12). No entanto, também dei a cada peregrino um cartão de oração de Alessandro Serenelli, na esperança de iniciar uma devoção que pudesse levar à sua eventual canonização. Toquei cada um dos cartões de Serenelli em uma carta que ele escreveu à mão.

Imprimir cartões de alguém que ainda não foi beatificado ou canonizado é uma prática informal, mas comum na Igreja Católica. Os cartões mostram uma imagem da pessoa, uma oração pedindo a Deus que conceda sua glorificação e uma petição para que algum pedido seja concedido por meio da intercessão do indivíduo. Esses cartões são um meio de promover a devoção popular à causa.

As imagens sagradas nos conectam com o céu. Elas tocam o coração, facilitam a intimidade e ajudam a edificar a fé. Entre em uma igreja católica e verá que ela é adornada com essas imagens nas paredes e janelas – em praticamente todos os espaços sagrados. A veneração de imagens sagradas é para a religião o que a preservação de fotografias de parentes falecidos é para qualquer família. Depois que os membros da família morrem, as fotografias geralmente são nossa conexão mais próxima com eles. Nos seres humanos, o coração é incessantemente alimentado pelos olhos.

É por isso que, se um exorcismo não puder ser realizado em uma igreja ou capela, no mínimo o Ritual de Exorcismo exige que as imagens de Cristo crucificado e da Santíssima Virgem Maria sejam exibidas com destaque. A maioria dos exorcistas tem várias imagens de santos à mão, mesmo que sejam apenas cartões de oração, que ele segura enquanto interage com o demônio, observando para qual santo o demônio vai demonstrar desprezo especial.

Ocasionalmente, seguro uma imagem sagrada contra o demônio, mas minha preferência é colocá-las dentro da camisa da vítima, sobre a cervical, onde o pescoço encontra os ombros, e dentro de cada manga. Por que esses locais? Quando um demônio se manifesta, ele geralmente o faz de trás para a frente: como se tivesse "pisado" na pessoa por trás. Assim, descobri que os demônios são especialmente sensíveis a objetos sagrados aplicados na coluna vertebral e na parte de trás do pescoço. Como os demônios comunicam sua rebelião por meio dos braços (balançando-os, aplicando golpes etc.), esses são locais eficazes para colocar objetos sagrados.

Já usei vários cartões de oração durante exorcismos, mas a reação do demônio quando usei os cartões de Serenelli no caso que acabei de relatar foi a mais visceral que já vi. Mais tarde na sessão, o demônio revelou que seu nome era "Homicídio". Tudo se encaixou perfeitamente. O antigo assassino provou ser uma arma formidável contra seu antigo patrono demoníaco, que não escondeu sua repulsa de Serenelli. Quando Serenelli se tornou infundido com a luz de Cristo após sua conversão, sua presença se tornou torturante para o antigo chefe.

Em todos os exorcismos desde aquela ocasião, coloquei um cartão de Serenelli na parte de trás da camisa da vítima e dentro de cada manga. Eles se tornaram minha arma preferida. Os demônios nunca deixam de expressar seu ódio por ele, enquanto trovejam ordens para que eu os remova. Em um caso recente, o demônio foi embora assim que rocei o pescoço da vítima com o primeiro cartão. Ele nunca mais voltou.

Serenelli é um apoio celestial eficaz contra os demônios justamente porque eles o reconhecem como alguém que "escapou".

AS FERRAMENTAS DO EXORCISTA

Um exorcismo é um processo de ações para expulsar demônios. Embora talvez não saibam disso, os cristãos fazem muitas coisas que são exorcistas. A recitação piedosa do Pai-Nosso, com seu pedido "livrai-nos do mal", é um exemplo. Outro exemplo é a aplicação de água benta, seja na própria pessoa (por exemplo, fazendo uma cruz com ela) ou em propriedades ou bens (por exemplo, em casa ou no carro). Qualquer ato de fé (uma oração, uma ação piedosa, um ato de caridade feito por amor a Deus e ao próximo etc.) é exorcista, pois aproxima a pessoa de Deus – nosso Bem supremo – e a afasta de Satanás e de seu reino. Todos esses atos de fé são cáusticos para os demônios.

Quando alguém está possuído, os demônios o impedem de fazer qualquer coisa exorcista, como rezar ou usar água benta, e essa pessoa precisa da intervenção da Igreja para se libertar. Essa intervenção é chamada de exorcismo solene ou maior. Um exorcismo para qualquer coisa que não seja possessão é chamado de exorcismo menor ou simples ou oração de libertação.

A Igreja prescreve várias ferramentas para ajudar o exorcista a realizar um exorcismo maior.

O Ritual de Exorcismo

O Ritual de Exorcismo consiste em orações e rituais nos quais a Igreja usa sua autoridade única, dada por Cristo, para atacar demônios possessivos.

Não existia ritual oficial nos primeiros quinze séculos da Igreja Católica. Cada diocese tinha os próprios métodos de combate ao mal. No entanto, durante o pontificado do Papa Paulo V (1605-1621), foi publicado um ritual padrão que refletia as "melhores práticas" de todos os tempos. O *Ritus Exorcizandi Obsessos a Daemonio* (*Rito de Exorcismo dos Possuídos*) foi publicado como parte do *Rituale Romanum* (*Ritual Romano*) em 1614 e um Rito abreviado foi publicado em 2004. Esse último foi traduzido posteriormente em vários idiomas, e assim os exorcistas que não sabem latim podem fazer um exorcismo.[4]

Conforme a primeira regra que rege o uso do Rito, somente um sacerdote pode usá-lo.[5] Há uma boa razão para isso. O exorcismo é perigoso, e quem não é iniciado pode rapidamente se ver em apuros.

A tarefa do exorcista é colocar-se na "brecha" entre o demônio e sua vítima. Se o exorcista não estiver preparado para esse confronto, ele mesmo pode se tornar uma vítima. Se a fé dele for fraca, ele pode ficar sobrecarregado quando descobrir o poder do demônio. Se for inexperiente em táticas demoníacas, pode acabar se tornando um brinquedo nos jogos mentais do Diabo e se sentir esgotado e exausto em pouco tempo. Se for moralmente impuro – se tiver algum pecado na alma –, perderá toda a proteção que a graça lhe proporciona e estará aberto para ser possuído. Embora nos primeiros séculos a Igreja tenha confiado o ministério do exorcismo a leigos, por razões de segurança, nomeou exorcistas somente entre seus sacerdotes. Em virtude de sua ordenação sacramental e apostólica, um sacerdote "tem autoridade para agir no poder e no lugar da pessoa do próprio Cristo".[6] Em forma, autoridade e tradição sagrada, o sacerdote apostólico é a Segunda Pessoa da Trindade. Quando o demônio olha para um sacerdote – qualquer sacerdote –, ele vê Jesus.

Entretanto, a Igreja não permite que todo sacerdote faça exorcismo. Um exorcista deve receber delegação de seu bispo, que só o faz quando convencido da "piedade, conhecimento, prudência e integridade de vida" do sacerdote.[7] Sem a permissão do bispo, seria perigoso e tolo para um sacerdote tentar um exorcismo, pois ele estaria trabalhando fora da autoridade exclusiva que Cristo concedeu à Igreja para destruir as portas do inferno (Mateus 16:18). Além de seus comandos não terem poder, o sacerdote não teria a proteção necessária contra os ataques dos demônios.

Isso não significa que os sacerdotes que não são exorcistas não possam expulsar demônios. Qualquer pessoa batizada pode realizar uma simples libertação em alguém ou algo sob sua autoridade, se o fizer com fé; por exemplo, os pais podem ordenar aos demônios que parem de assediar seus filhos; os cônjuges podem ordenar o mesmo um ao outro; um proprietário pode ordenar aos demônios que desocupem seu negócio etc. No entanto, em casos de possessão, o domínio demoníaco sobre a vítima é tão forte que a Igreja sabiamente reservou esse ministério a sacerdotes especialmente treinados, a quem ela dá poderes para exorcizar.

Certa vez, outro exorcista me contou sobre seu primeiro encontro com a possessão. Ele ainda não havia sido nomeado exorcista por seu bispo, e sua diocese não tinha um exorcista na época. Um homem ligou, alegando que a esposa estava possuída por um demônio. Ela falava com vozes estranhas e ficava violenta quando faziam qualquer oração perto dela. O padre foi até a casa e, ao entrar, uma voz masculina gritou de dentro da mulher: "Que %&$#@ você acha que vai fazer, padre? Seu bispo nem o nomeou ainda". A mulher não era católica e não conhecia o catolicismo, mas recitou a lei da Igreja que exigia que ele obtivesse delegação para fazer o exorcismo. Mesmo que ela tivesse tomado conhecimento desse fato, não poderia saber que o bispo não o havia autorizado a fazer o exorcismo. Mas o demônio dentro dela sabia. Enquanto o padre não tivesse autoridade, o demônio sabia que estava seguro. Seguro o suficiente para se gabar e desafiar abertamente o padre.

Antes de iniciar um exorcismo, o exorcista se prepara por meio de oração e jejum. Ele se purifica por meio do Sacramento da Confissão e recebe a Sagrada Eucaristia durante a celebração da missa.

O rito começa com a Ladainha dos Santos, uma oração que invoca a intercessão de toda a Igreja celestial. O exorcista presta atenção especial à angústia ou ao incômodo do demônio quando um santo específico é mencionado. O exorcista invocará a intercessão desse santo durante todo o rito, pois o demônio já revelou que o santo o fere.

Depois da Ladainha dos Santos, a recitação de diversas orações, do Salmo 53 e de várias passagens do Evangelho recordam o amor de Deus e Sua incomparável força e soberania. Só então são feitas as orações deprecatórias e imprecatórias do exorcismo.

Orações deprecatórias

Embora as partes do rito em que o sacerdote comanda diretamente o demônio sejam as mais conhecidas – tornadas famosas por filmes como *O Exorcista* –, as orações deprecatórias são, na verdade, as mais importantes. A palavra "deprecatória" vem do latim *deprecatio* ("uma oração de invocação"). Essas são orações de súplica nas quais o sacerdote implora a Deus pela libertação da vítima, pela eficácia de seus comandos e pelo sucesso na expulsão do demônio. Deus é o verdadeiro exorcista, e não o sacerdote. O sacerdote apela à Sua misericórdia porque, se o exorcista for eficaz, será porque Deus assim o considerou. É por isso que as orações deprecatórias sempre precedem qualquer comando direto contra o demônio no rito.

A seguir, um exemplo de uma oração deprecatória. (O símbolo ✠ indica onde o exorcista faz o sinal da cruz).

Deus, Criador e defensor da raça humana, que fizeste o homem à tua própria imagem, olha com piedade para este teu servo, (nome), agora nas labutas do espírito impuro, agora apanhado pelas temíveis ameaças do antigo inimigo do homem, inimigo jurado de nossa raça, que confunde e estupidifica a mente humana, lança-a no terror, domina-a com medo e pânico. Repeli, Senhor, o poder do demônio, rompei seus laços e armadilhas, ponde em fuga o profano tentador. Pelo sinal ✠ (na testa) de seu nome, permita que seu servo seja protegido na mente e no corpo. (As três cruzes que se seguem são traçadas no peito da pessoa possuída.) Vigie os recessos mais íntimos de seu ✠ coração; domine suas ✠ emoções; fortaleça sua ✠ vontade. Que desapareçam de sua alma as tentações do poderoso adversário. Conceda-nos, Senhor, ao invocarmos seu santo nome, que o espírito maligno, que até agora nos aterrorizou, possa recuar em terror e derrota, de modo que este seu servo possa sincera e firmemente prestar-lhe o serviço que lhe é devido; por Cristo, nosso Senhor. Todos: Amém.[8]

Orações imprecatórias

A palavra "imprecatório" vem da palavra latina *imprecatio* ("invocação de maldições"). Em vez de petições feitas a Deus, são ordens feitas diretamente ao demônio, como as seguintes:

Eu o conjuro, antiga serpente, pelo juiz dos vivos e dos mortos, por seu Criador, pelo Criador de todo o universo, por Aquele que tem o poder de enviá-lo ao inferno, que se afaste imediatamente, com medo, juntamente com seus servos selvagens, deste servo de Deus, (nome), que busca refúgio no rebanho da Igreja. Eu o exorto novamente,✠ (na testa) não por minha fraqueza, mas pelo poder do Espírito Santo, a se afastar deste servo de Deus, (nome), que o Deus Todo-Poderoso criou à Sua imagem. Rendei-vos, pois, não à minha própria pessoa, mas ao ministro de Cristo. Pois é o poder de Cristo que o constrange, que o humilhou por meio de sua cruz. Trema diante daquele braço poderoso que rompeu as paredes escuras da prisão e levou as almas para a luz. Que o tremor que aflige esta estrutura humana,✠ (no peito) o medo que aflige esta imagem ✠ (na fronte) de Deus, desça sobre vós. Não resista nem demore a se afastar desse homem, pois foi do agrado de Cristo habitar no homem. Não pense em desprezar minha ordem porque você sabe que sou um grande pecador. É o próprio Deus ✠ quem lhe ordena; o majestoso Cristo ✠ quem lhe ordena. Deus, o Pai ✠ , lhe ordena; Deus, o Filho ✠ , lhe ordena; Deus, o Espírito Santo ✠ , lhe ordena. O mistério da cruz o comanda ✠. A fé dos santos apóstolos Pedro e Paulo e de todos os santos lhe ordena ✠ . O sangue dos mártires lhe ordena ✠ . A continência dos confessores lhe ordena ✠ . As orações devotas de todos os homens e mulheres santos lhe ordenam ✠ . Os mistérios salvadores de nossa fé cristã lhe ordenam ✠ .

Então, parta, transgressor. Vai-te, sedutor, cheio de mentiras e astúcia, inimigo da virtude, perseguidor dos inocentes. Dá lugar, criatura abominável, dá lugar, monstro, dá lugar a Cristo, em quem não encontraste nenhuma de tuas obras. Pois Ele já o

> despojou de seus poderes e assolou seu reino, prendeu-o como prisioneiro e saqueou suas armas. Ele o lançou nas trevas exteriores, onde a ruína eterna espera por você e por seus cúmplices. Com que propósito você resiste insolentemente? Com que propósito você se recusa descaradamente? Pois você é culpado perante o Deus Todo-Poderoso, cujas leis transgrediu. É culpado diante de Seu Filho, nosso Senhor Jesus Cristo, a quem presumiu tentar e a quem ousou pregar na cruz. Você é culpado perante toda a raça humana, a quem ofereceu, por meio de suas tentações, o cálice envenenado da morte.[9]

A linguagem e o estilo das orações imprecatórias são dramaticamente diferentes das orações deprecatórias. As orações imprecatórias dirigem-se ao demônio com autoridade, e a verdade de seus erros é lançada sobre ele em uma pilha de abusos. Ele é lembrado de seus pecados não porque os tenha esquecido, mas porque a verdade é, por si só, exorcista.

O exorcismo é o ato de substituir o espírito demoníaco que habita a vítima pelo espírito de Cristo. Não se trata de "magia" católica. O exorcismo sempre enfraquece o demônio, embora sua expulsão possa exigir várias sessões. Também pode haver vários demônios habitando a vítima, e que precisam ser exorcizados individualmente. Nesse caso, o exorcista reza o rito novamente, seja no mesmo dia ou em outro momento. Embora alguns casos de possessões sejam, felizmente, encerrados em uma ou poucas sessões, infelizmente outros podem durar muitos anos. Em minha experiência pessoal, bem como na da maioria dos meus colegas, o caso médio de possessão dura cerca de nove a quinze meses, com um exorcismo sendo realizado pelo menos uma vez por semana.

Local para fazer os exorcismos

A Igreja Católica insiste que – sempre que possível – o exorcismo seja feito em uma igreja ou capela. Há uma boa razão para isso. Assim como na antiga aliança, Yahweh residia no Templo de Jerusalém, na nova aliança, Cristo está realmente presente no Tabernáculo de todas as igrejas e capelas católicas onde a Sagrada Eucaristia é reservada.

A Eucaristia é uma grande força para o exorcista. Quando um demônio habita uma pessoa, ele se submete às condições do mundo físico. A proximidade física da Eucaristia é o próprio oponente silencioso do demônio, que ele ataca e enfraquece antes mesmo de o exorcista fazer qualquer coisa. O demônio tentará evitar isso impedindo que a vítima entre no lugar, causando-lhe grande dor se ela tentar fazer isso. É bem comum a vítima ter que ser carregada para o exorcismo.

Se a vítima estiver incapacitada demais para se locomover, o exorcista vai precisar conduzir o ritual na própria casa da vítima. Independentemente de onde ocorra, para o bem da dignidade da vítima, a Igreja exige que o local escolhido seja discreto e privado, sem a presença de espectadores e qualquer possibilidade de escuta.

A imposição das mãos e a exalação: toque e respiração

O rito exige a imposição das mãos: um gesto relatado inúmeras vezes no Novo Testamento que simboliza tanto o toque de Cristo (Marcos 10:14-17; Lucas 4:40) quanto a transmissão do Espírito Santo (Atos 6:14-17). Simbolicamente, torna real e visível o papel do sacerdote como condutor da graça de Deus. Não me lembro de ter colocado as mãos sobre uma vítima durante um exorcismo em que um demônio não tenha recuado enquanto gritava com raiva: "Saia de cima de mim!" ou "Não me toque, %&$#@!".

O rito também exige que a ação mais incomum do exorcista seja a exsuflação: soprar no rosto do demônio. O gesto lembra o ato da Criação quando, após formar o homem do pó, Deus soprou nele Seu espírito vivificante (Gênesis 2:7). Também lembra o fato de Cristo ter soprado o Espírito Santo sobre Seus apóstolos após Sua ressurreição (João 20:22). Poderíamos descrever a exsuflação como a Igreja transmitindo o Espírito Santo sobre a vítima para remodelá-la depois que um espírito maligno a maculou.

Lembro-me da reação – cujo nível me surpreendeu – quando realizei a exsuflação em um demônio pela primeira vez. O demônio tinha ameaçado matar a vítima se eu não parasse com o exorcismo, e ele tinha sido tão violento e combativo que os homens que estavam segurando a vítima estavam exaustos. Quando soprei no rosto do demônio, ele parou todos os seus movimentos e ficou imóvel por vários momentos. É uma das armas mais eficazes que já vi para atordoar um demônio.

O manto sacerdotal: um traje para o exorcismo

O traje do exorcista é simples. Sobre as roupas normais, ele usa uma alva (uma túnica branca, que simboliza a pureza conferida pelo batismo) ou, se estiver usando uma batina, usa uma sobrepeliz por cima (basicamente, uma alva curta). Independentemente das vestimentas que ele escolher, as rubricas para o exorcismo exigem que ele use uma estola roxa. O roxo é a cor eclesiástica associada à cura. É por isso, por exemplo, que um padre usa uma estola roxa quando ouve confissões.

A estola talvez seja uma peça de vestuário de aparência estranha. É uma tira de material com cerca de dez centímetros de largura e, normalmente, de 1,5 a dois metros de comprimento. O sacerdote a coloca em volta do pescoço, com as extremidades penduradas sobre cada ombro e as pontas descendo ao longo do corpo, como se estivesse usando uma letra U de cabeça para baixo. A estola simboliza a autoridade do sacerdócio e do próprio sacerdote. Quando um sacerdote age com essa autoridade – celebrando a missa, um batismo, um casamento, perdoando pecados, abençoando um objeto etc. –, ele usa uma estola. O formato estranho da estola se deve ao que ela simboliza: o jugo usado por animais de carga. O condutor comanda seu animal e exerce autoridade sobre ele. No entanto, o animal tem a autoridade do condutor para ir aonde lhe for ordenado. Essa é uma analogia perfeita para o sacerdócio. Um sacerdote não tem poder próprio, ele o recebe de Deus, e permanece sob Sua autoridade. O sacerdote, entretanto, tem autoridade para fazer o que Deus ordena. Quando um sacerdote age *como sacerdote*, ele tem a autoridade de Cristo. Os demônios são os primeiros a atestar isso.

Há vários anos, eu estava indo ver minha mãe e ficaria por uma semana. Uma amiga dela ficou sabendo da minha visita. Ela era uma excelente costureira, e decidiu fazer uma estola para me presentear. Comprou tecido roxo e, depois de um trabalho de duas horas, a estola estava pronta.

Nessa visita, um padre local pediu minha ajuda para diagnosticar um caso que ele considerava demoníaco. Fui de carro até o escritório dele, levando comigo a estola que acabara de receber. Entrevistamos o homem em questão. Depois disso, perguntei se poderia colocar a mão em seu ombro e orar com ele. Enquanto fazia isso, peguei a borda da estola com a mão livre e a encostei levemente no ombro dele, onde o tocava com a outra mão. O toque foi tão sutil que duvido que o homem tenha sentido, mas ele se levantou da cadeira, gritando: “O que você fez? Meu ombro está queimando!”.

Vinte e quatro horas antes, aquele tecido roxo estava na prateleira de uma loja. Se o homem tivesse sido tocado por ele naquele momento, não teria sentido nada. No entanto, tendo sido costurado em uma estola e usado por alguém investido da autoridade de Cristo, era um canal do poder de Cristo.[10]

O crucifixo

O crucifixo – uma cruz com a imagem de Cristo crucificado nela – é um símbolo de Sua vitória. Para o cristão, o crucifixo é um lembrete da profundidade do amor de Deus. Para os demônios, é um lembrete de que seu futuro consistirá em derrota eterna. A forma como Cristo alcançou Sua vitória foi algo que nem mesmo os demônios poderiam ter imaginado com toda a sua incrível inteligência. Jesus, o Filho de Deus feito homem, submeteu-se voluntariamente à tortura e ao assassinato, não por fraqueza, mas pela força invencível que vem do amor. Paulo chama Cristo crucificado de "o poder de Deus e a sabedoria de Deus" (1 Coríntios 1:24).

O Ritual de Exorcismo pede que o sacerdote abençoe a vítima com um crucifixo. Os demônios o consideram abominável, e seu toque os aflige. Durante uma das sessões de exorcismo de Lena, segurei um crucifixo em seu ombro por um longo período. Não fiz nenhuma oração – apenas o mantive encostado em seu ombro. Em determinado momento, o demônio parou de se debater, virou-se para mim e perguntou: "Por que você está me torturando?".

Água benta e sal abençoado

O uso de água benta é uma prática católica bem conhecida. Existem até fontes de água benta nas entradas das igrejas. Um padre borrifa um objeto com água benta depois de abençoá-lo. Os católicos armazenam água benta para abençoar a casa e os membros da família. Mas o sal abençoado não é tão conhecido hoje em dia, apesar de seu uso ser tão antigo – e seu efeito tão formidável – quanto o da água benta.

Por produzir explicitamente uma arma para combater o mal, o rito de preparação da água benta no *Ritual Romano* de 1952 é algo com que todo exorcista está familiarizado. Exige que o sal abençoado seja adicionado à água benta. Antes de cada elemento ser abençoado, o sacerdote invoca uma oração de exorcismo para remover qualquer autoridade demoníaca ligada a ele. Há um bom motivo para isso. Satanás tornou-se o príncipe deste mundo e de tudo o que nele existe quando Adão caiu. Como a água e o sal comuns devem ser usados como armas contra o mal, qualquer poder que Satanás tenha sobre eles é removido por meio de oração e bênção para que possam causar o máximo de dano.

O ritual é tão temível quanto impressionante. O exorcismo do sal começa da seguinte forma:[11]

> Eu expulso o demônio de você, sal, Criatura de Deus, pelo Deus ✠ vivo, pelo Deus ✠ verdadeiro, pelo Deus ✠ santo, pelo Deus que ordenou que você fosse derramado na água por Eliseu o profeta, para que seus poderes vivificantes possam ser restaurados. Que você seja um sal purificado, um meio de saúde para aqueles que creem, um remédio para o corpo e a alma para todos os que fazem uso de você. Que todas as fantasias malignas do demônio, sua malícia e astúcia, sejam afastadas do lugar onde você for aspergido. E que todo espírito imundo seja repelido por aquele que virá para julgar os vivos e os mortos e o mundo pelo fogo.

A bênção que se segue transforma o sal em uma arma contra o mal.

> Deus eterno e todo-poderoso, imploramos humildemente à Sua misericórdia e bondade para que abençoe ✠ e santifique ✠ esta criatura, o sal, que puseste a serviço dos homens, para que proporcione saúde da alma e do corpo a todos os que o utilizarem, e que tudo o que ele tocar ou aspergir seja liberta-

do da impureza e de qualquer influência do espírito maligno. Por Cristo, nosso Senhor.

O sacerdote então exorciza a água:

Criatura de Deus, água, eu expulso o demônio de você em nome de Deus ✠ Pai Todo-Poderoso, em nome de Jesus ✠ Cristo, Seu Filho e nosso Senhor, e no poder do Espírito ✠ Santo, para que se torne uma água purificada, capaz de afastar todo o poder do inimigo, e também erradicar e banir o próprio inimigo, juntamente com seus anjos caídos. Pedimos isso pelo poder de nosso Senhor Jesus Cristo, que virá para julgar os vivos e os mortos, e este mundo pelo fogo.

A bênção vem em seguida:

Ó Deus, que operaste pela água os maiores mistérios da salvação dos homens, ouça nossa oração e derrame Sua bênção ✠ sobre esse elemento que está sendo preparado com vários ritos de purificação. Que essa Sua criatura, quando usada em Seus mistérios e dotada de Sua graça, sirva para expulsar demônios e banir doenças. Que tudo o que essa água aspergir nos lares e nas reuniões dos fiéis seja libertado de tudo o que é impuro e nocivo; que nenhum sopro de contágio paire ali, nenhuma mancha de corrupção; que todas as artimanhas do inimigo à espreita sejam anuladas. Pela aspersão dessa água, que tudo o que se opõe à segurança e à paz dos ocupantes desses lares seja banido, de modo que, ao invocarem Seu santo nome, eles possam conhecer o bem-estar que desejam e ser protegidos de todo perigo.

A água benta é usada em todo o exorcismo, no início do rito e em qualquer momento que o exorcista considerar necessário. É fundamental quando um demônio é obstinado ou combativo ou esteja impedindo a vítima de se comunicar com o exorcista.

O sal abençoado é usado da mesma maneira. No início de um exorcismo, tento colocar um pouco de sal na língua da vítima. Os demônios acham isso opressivo e tentam cuspi-lo. Quem já teve muito sal na língua sabe que é impossível removê-lo simplesmente cuspindo. A ação do sal é uma fonte constante de dor para os demônios durante todo o exorcismo.

Óleo de exorcismo (ou seja, óleo de catecúmenos)

Desde seus primórdios, a Igreja ungiu aqueles que se preparavam para se tornar cristãos (catecúmenos) com o óleo do exorcismo, hoje comumente conhecido como óleo dos catecúmenos.[12] Para a maioria dos sacerdotes, esse óleo serve apenas para o rito batismal; poucos sabem que pode ser usado a qualquer momento por suas qualidades exorcísticas. É maravilhosamente eficaz. Durante um exorcismo, unjo as mãos, a testa, as têmporas, a nuca e a coluna vertebral da vítima. Para os demônios, essas áreas são especialmente sensíveis, e o óleo as fere. Reaplico uma camada generosa de óleo durante o exorcismo.

Um colega padre me contou uma história fascinante sobre o batismo de um bebê. Havia rumores de que o homem que a família tinha escolhido para ser o padrinho estava envolvido em atividades criminosas e que tinha mentido sobre ser praticante da fé cristã. Mal sabia ele o quanto sua mentira o deixaria constrangido.

Durante a cerimônia de batismo, quando o sacerdote aplicou o óleo no peito do bebê, o homem pulou cerca de sete metros no ar para trás e aterrissou no altar de joelhos, emitindo um uivo estrondoso como o de um lobo. Além da eficácia do poder do óleo, vale a pena observar o vínculo ou "circuito" que existe quando as pessoas se relacionam umas com as outras. A unção que o *bebê* recebeu foi sentida pelo *padrinho* que estava ao lado. Quando o homem concordou em ser padrinho, consentiu em se relacionar espiritualmente com o bebê. Quando o bebê foi ungido, essa conexão fez com que o efeito exorcista do óleo fluísse de volta para ele, afligindo os demônios que estavam dentro dele.

A comunhão dos santos e suas relíquias

Se até mesmo a imagem de um santo é prejudicial a um demônio, mais intensamente nocivas são suas relíquias. O corpo mortal um dia será reunido à alma na ressurreição final (Filipenses 3:20-21) e, portanto, permanece como parte dele.

As relíquias sagradas são a prova da veracidade de uma das grandes promessas de Cristo: Seus seguidores farão obras ainda maiores do que Ele fez (João 14:12). Ninguém pode duvidar de que, ao longo da história da Igreja, muitos milagres ocorreram por meio da intercessão dos santos. A história está repleta de testemunhos desse tipo. Mesmo muito tempo depois da morte deles, a simples presença de suas relíquias ocasionou inúmeros milagres. Por mais de duas décadas, ministrei com relíquias em um ministério de evangelização conhecido como Treasures of the Church (Tesouros da Igreja). Nesse período, vi várias doenças e condições médicas – como câncer, sequelas de derrame, osteoporose, necrose, até mesmo paralisia permanente etc. – desaparecerem completamente quando a pessoa afetada venerou uma relíquia com fé. Esses milagres foram instantâneos, completos e permanentes.

Recebi milhares de cartas de pessoas relatando como sua fé foi aprofundada ao orar na presença de relíquias sagradas. No entanto, a mesma santidade das relíquias que produz cura e aumento da fé também produz um efeito exorcista.

O grande São João Crisóstomo († 407 d.C.) descreve as relíquias como algo que subverte e dissolve "as armadilhas... e todos os artifícios do Diabo".[13] Santo Hilário de Poitiers († por volta de 368 d.C.) observa como os demônios "uivam" quando há relíquias em sua presença.[14] São Jerônimo († 420 d.C.) declara que até mesmo a poeira dos corpos dos santos atormenta os demônios e os faz queimarem com "chamas invisíveis".[15]

Um relato antigo muito notável vem de Santo Ambrósio, o bispo de Milão († 397 d.C.). Ambrósio havia construído uma enorme basílica, mas não tinha relíquias para colocar sob o altar – uma prática observada desde os tempos apostólicos. Em um sonho, foi-lhe mostrado o local dos túmulos dos dois primeiros mártires da cidade – São Gervásio e São Protásio –, que haviam sido assassinados cerca de dois séculos antes. Ambrósio se propôs a descobrir onde estariam os corpos deles. Conhecendo apenas a localização geral dos túmulos, ele não tinha certeza dos locais exatos de sepultamento dos mártires. Entretanto, Ambrósio tomou providências para isso. Junto com a equipe de escavação, trouxe um endemoninhado possesso, cuja presença ele tinha certeza de que forneceria um sinal milagroso para revelar a localização das relíquias. Quando o homem possuído se aproximou de uma sepultura, foi agarrado e jogado no chão, indicando que era ali que estavam os santos, fato que a escavação confirmou. Os dois mártires foram levados para dentro da basílica, e vários demônios foram afugentados na presença deles. Ambrósio nos deixou um relato detalhado dos tormentos infligidos pelas relíquias.

> Ouvimos hoje [os demônios] dizerem que ninguém pode ser salvo se não crer no Pai, no Filho e no Espírito Santo; que está

morto e enterrado aquele que nega o Espírito Santo e não crê no poder onipotente da Trindade. Vós viestes para nos destruir.[16]

Especialmente digna de nota é a alegação de que os demônios falavam com as relíquias *como se estivessem falando com os próprios santos*. Nos exorcismos que fiz, sempre observei esse fenômeno. Quando aplico uma relíquia ao demônio, ele frequentemente se volta para ela e diz: "Eu te odeio, %&$#@!". Às vezes, mesmo antes de eu tirar uma relíquia do estojo, o demônio grita: "Eu odeio ele! Deixe ele aí!". Nunca vi um demônio considerar uma relíquia mera "matéria", mas o próprio santo. Inúmeras vezes eu os ouvi testemunhar que as relíquias sagradas são armas formidáveis que lhes causam ferimentos.

Sinos

Quem não tem prazer em ouvir o toque melodioso de um sino de igreja? Ainda assim, pode ser surpreendente para alguns ver sinos na lista de armas de um exorcista. Há muito tempo, a Igreja se deu conta do poder dos sinos: eles põem em fuga os poderes do ar.

Os exorcistas (e os membros de suas equipes) geralmente usam sinos durante os exorcismos. O soar de um sino não apenas fere os demônios como subverte seu poder e, por um tempo, torna-os incapazes de se defender. Esse resultado não deveria ser surpreendente. Quando a Igreja abençoa um sino, está pedindo a Deus que conceda ao seu toque a produção do mesmo efeito: "Digne-se, nós lhe imploramos [Deus Todo-Poderoso], a derramar o orvalho de sua bênção ✠ sobre este sino… e que ele afaste toda perturbação do espírito maligno.".[17]

Mesmo que não tenha sido abençoado de acordo com o ritual formal da Igreja, se tiver sido usado para fins sagrados – como na missa durante a Consagração da Eucaristia –, o toque de um sino é prejudicial aos demônios. O motivo é irônico. O toque de um sino louva a Deus, e foi exatamente para esse propósito que os demônios (como anjos) foram criados, mas se recusaram a cumpri-lo. Todo louvor torna Deus presente, pois as Escrituras nos dizem que Deus se deleita em manifestar-se quando é louvado (Salmos 22, 42 e 43). Como os sinos cumprem a tarefa que os demônios abandonaram, eles os suplantaram em dignidade e, como sua atividade torna Deus presente, é prejudicial aos demônios.

Se a Igreja leva a sério os sinos pequenos e portáteis, a ponto de haver um exorcismo e uma bênção para eles, tem em altíssima conta o sino principal, pendurado em um campanário, cujo toque percorre grandes distâncias. Por exemplo, a Igreja abençoa o metal do sino quando ainda está fundido. Depois de fundido, um bispo submete o sino a uma longa série de bênçãos e exorcismos para que seu toque produza um efeito sobrenatural. Depois que um coro canta sete salmos, o bispo mistura sal com água enquanto recita orações de exorcismo.

Essas orações são semelhantes às usadas no rito de bênção da água, descrito anteriormente, mas incluem um pedido para que Deus transforme o sino em uma arma. Depois de lavar o sino por dentro e por fora com água benta, o bispo faz uma oração:

> Senhor, concedei, nós Vos pedimos, que este vaso, preparado para a Vossa Santa Igreja, seja santificado ✠ pelo Espírito Santo, de modo que, por meio de seu toque, os fiéis possam ser convidados a receber uma recompensa. E quando sua melodia cair nos ouvidos do povo, que todos se fortifiquem na fé; que todas as armadilhas do inimigo, o estrondo das tempestades de granizo, os furacões, a violência dos temporais sejam afastados para longe; que o trovão mortal seja enfraquecido, que os ventos se tornem salubres e sejam mantidos sob controle; que a mão direita de Tua força vença os poderes do ar, de

> modo que, ao ouvir este sino, eles tremam e fujam diante do estandarte da santa cruz de Teu Filho, nela representado, a Quem todos os joelhos se dobram, dos que estão no Céu, na Terra e debaixo da Terra, e todas as línguas confessam que nosso Senhor Jesus Cristo, engolindo a morte na cruz, reina "na glória de Deus Pai" (Filipenses 2:10), com o mesmo Pai e o Espírito Santo, para todo o sempre. Amém.[18]

O bispo então unge o sino com o óleo dos enfermos e com o óleo do crisma e lhe dá o nome de um santo que ele invoca como seu patrono. E então reza:

> Derrame sobre este sino uma bênção celestial ✠ , para que, ao seu som, os dardos inflamados do inimigo, os relâmpagos, as tempestades de granizo e os estragos dos temporais sejam afastados para longe, e... que aqueles que se reunirem ao seu chamado estejam livres de todas as tentações do inimigo, e sempre sigam os ensinamentos da fé católica... Derrame sobre este sino o orvalho de Teu Santo Espírito, para que, ao seu som, o inimigo do bem possa sempre fugir, o povo cristão possa ser convidado à fé, o exército hostil possa ser atingido pelo terror.[19]

Durante séculos, os sinos das igrejas se comunicaram com a comunidade em geral. O toque do sino convoca os fiéis para a adoração, proclama com alegria que dois cônjuges estão unidos em matrimônio, anuncia com tristeza a morte de alguém e informa lealmente a hora do dia. No entanto, a cada toque, o sino também lança um exorcismo no ar. Em alguns casos, o toque do sino serve até mesmo como contraponto à oração litúrgica da Igreja. Por exemplo, quando um sino anuncia a morte de alguém, seu toque afasta os espíritos malignos da alma agora separada. Mais tarde, no enterro, a Igreja completa sua intercessão orando: "Apressem-se em encontrá-lo, Anjos do Senhor! Recebam sua alma e apresentem-na a Deus, o Altíssimo. Que Cristo, que o chamou, o leve para junto de si; que os anjos o conduzam ao seio de Abraão".[20] Enquanto a "voz" do sino afasta os anjos maus, a voz da Igreja liga a alma aos santos anjos que a conduzem ao paraíso.

O fato de a consagração de um sino de campanário incluir o pedido para que seu toque dissipe as tempestades e atenue seus efeitos reflete a crença da Igreja – herdada do judaísmo – de que a ação diabólica pode se manifestar em condições climáticas severas. Muitas vezes, inscrições ferozes eram escritas nos sinos, declarando seu poder sobre elas. Por exemplo, o sino principal da Catedral de Erfurt, na Alemanha, declara: *Fulgus arcens et demones malignos* (Eu afasto os raios e os demônios malignos). Um sino em uma igreja no nordeste da França afirma: *Ego sum qui dissipo tonitrua* (Sou eu quem dissipa os trovões).

E em Basel, na Suíça, outro simplesmente diz: *Ad fugandos demones* (Para afugentar demônios).[21]

O calendário litúrgico

O calendário litúrgico consiste nas várias estações litúrgicas, dias santos e festas que marcam o ano. Se a adoração pode ser chamada de respiração da Igreja, o calendário litúrgico é o ritmo da respiração.

A data escolhida para um exorcismo não é insignificante. Acho que os exorcismos são mais eficazes quando realizados em dias litúrgicos importantes, como aqueles que honram os mistérios de Cristo (Dia de Natal, Encarnação, Sexta-feira Santa, Domingo de Páscoa, Ascensão etc.) e aqueles que reverenciam Deus (Pentecostes, Domingo da Trindade etc.). As festas dos santos também são significativas, pois os santos não são partes desinteressadas em nossa luta contra o mal;

eles prestam assistência por meio de sua intercessão. Normalmente, uma festa celebra a entrada do santo no Céu, o que é doloroso para o Diabo por causa de sua ironia. Satanás cedeu seu lugar no Céu para destruir os seres humanos, mas agora um ser humano ocupa o mesmo lugar que ele cedeu. Além de homenagear um santo, todo dia de festividade religiosa declara Satanás um perdedor.

Satanás despreza todos os santos, mas um deles especialmente: Maria, a Mãe de Deus. Maria foi a única totalmente obediente à vontade de Deus, e sua obediência deu início à cadeia de eventos que permitiu ao Salvador conquistar a salvação do mundo. Sem Maria, não haveria a Encarnação. Sem a Encarnação, não haveria reconciliação com Deus. Sem a reconciliação com Deus, não haveria salvação. Sem a salvação, o Céu seria fechado e os seres humanos permaneceriam para sempre em poder do demônio.

Há vários anos, ajudei outro exorcista durante um exorcismo que ocorreu em 16 de julho, dia em que os católicos veneram a Santíssima Virgem Maria sob o título de Nossa Senhora do Monte Carmelo. O Monte Carmelo é o local onde o profeta Elias desafiou os 450 profetas de Baal. Eu havia ajudado com esse caso de possessão durante anos e foi um dos mais difíceis que já encontrei. Embora a vítima recebesse exorcismos semanais, sua situação se arrastou por anos. Ela tinha três demônios. Eram espíritos mudos, os mais teimosos e poderosos que eu já tinha encontrado. Eles nunca pronunciavam uma única palavra (cf. Mateus 9:32; Marcos 9:17; Lucas 11:14) e mantinham os olhos sempre fechados. Não era possível ver nada no rosto deles além de presunção e desafio zombeteiro.

Depois de anos de exorcismo, conseguimos expulsar apenas um dos demônios da vítima – e o mais fraco deles, ainda por cima. Anos depois, parecia que não tínhamos feito nenhum progresso para conseguir expulsar os outros dois. No entanto, nesse dia, o demônio que se manifestou foi Baal, contra o qual já havíamos lutado inúmeras vezes, mas permanecia naquela pobre mulher.[22]

Durante a sessão, o relato do triunfo de Elias sobre os profetas de Baal, registrado em 1 Reis 18, foi lido em voz alta por um dos membros da equipe. Nesses versículos, cada lado invocou o próprio deus para executar o sacrifício de um novilho colocado sobre lenha seca. Esse deus deveria produzir fogo na lenha. Os profetas de Baal foram os primeiros, invocando-o sem sucesso por horas – fogo algum apareceu. Foi então a vez de Elias, que ordenou que seu sacrifício fosse regado com água e somente depois orou. Ao seu pedido, caiu fogo do céu, tão intenso que consumiu o touro, a madeira embaixo dele, as pedras, a terra e até mesmo a água que enchia a vala ao redor. As testemunhas proclamaram: "O Senhor é Deus! Sim, o Senhor é Deus!" (1 Reis 18:39); depois, pegando todos os 450 profetas de Baal, eles os levaram a Elias, que os matou.

O exorcista provocou Baal, perguntando-lhe qual tinha sido a sensação de ser humilhado por Elias no Monte Carmelo e perdido todos os seus profetas. O demônio soltou um palavrão feio. O padre e eu nos entreolhamos atônitos. Ele falou! Nunca havia feito isso antes.

Continuamos a orar, pedindo a Elias que combatesse esse antigo inimigo mais uma vez. Baal, normalmente calmo e frio, foi ficando cada vez mais agitado e vocal a cada invocação de Elias. Sua dor aumentou até ele ser dominado e uivar em agonia. Elias fez o ferimento, enquanto nós, exorcistas, não estávamos fazendo nada. "Parem com isso! Parem! Deixem-me em paz!", gritava ele, agitando os braços de forma descontrolada. Normalmente, esse demônio não faria o menor movimento físico, apenas mostrava um completo e incômodo ar de desafio. A personificação da presunção e da autossatisfação, seu estoicismo e autocontrole foram algumas das particularidades mais sinistras que já vi em um demônio.

Todos os demônios são desafiadores. Mas isso em Baal era exacerbado. Quando lhe ordenávamos que respondesse a uma pergunta, ele a ignorava. Somente depois de um longo apelo ao Senhor, aos anjos ou aos santos, ele obedecia. Entretanto, apenas com sinais corporais – por meio de gestos com as mãos –, nunca verbalmente. Sabíamos que ele falava. Todos os demônios falam. Mas nada que fizéssemos o forçava a falar.

O fato de Baal ter demonstrado sofrimento físico foi algo que nunca havíamos testemunhado. De repente, ele começou a gritar "Nãooooo!" repetidamente. Pouco tempo depois, soltou um estrondoso grito de agonia que encheu a capela. Em seguida, se foi.

Na Festividade de Nossa Senhora do Monte Carmelo, o herói do Monte Carmelo, Elias, o Profeta, surgiu para exorcizar sua antiga nêmesis.

Há muitas outras ferramentas que os exorcistas podem usar, como a oração do Rosário, o canto de músicas sacras e incenso, mas nenhum elemento isolado é vital para o sucesso de um exorcismo, inclusive o Ritual de Exorcismo, que surpreende algumas pessoas. Lembre-se de que não existia Rito de Exorcismo oficial nos primeiros quinze séculos da Igreja. Os exorcistas simplesmente oravam com fé e usavam tudo o que tinham disponível: as orações da comunidade, as palavras das Escrituras, a intercessão dos santos etc.

Na maioria dos exorcismos que conduzi, não usei o Rito, optei por orar improvisadamente, complementando as orações com o uso de relíquias, sacramentais e imagens sagradas. Simplificando, eu derramo minha fé em Deus em favor da vítima. Há muitas maneiras pelas quais o demônio me vence: seu intelecto é muito superior ao meu, sua compreensão da natureza humana – e de mim em particular – supera em muito o conhecimento que tenho dele, minha força física não é páreo para a dele e ele é dotado de paciência e resistência em níveis que jamais poderei igualar. No entanto, há uma área em que eu – e, presumivelmente, todo exorcista – o supero completamente. Eu tenho mais fé do que ele. No campo da fé divina, ainda não ouvi um demônio se gabar de sua superioridade.

Sem dúvida, o Rito de Exorcismo é um martelo que fere os demônios com eficácia. Como uma oração oficial da Noiva de Cristo, a Igreja, ele expressa poderosamente sua fé divina. No entanto, se o próprio exorcista não tiver fé, a ferramenta será ineficaz. Longe de ser mágico, o Rito de Exorcismo canaliza e une a fé tanto da Igreja quanto do exorcista para bater contra o demônio até que ele fuja. Sem essa fé, o demônio permanece perfeitamente seguro dentro da vítima que ele ocupa.

7

O MUNDO OCULTO

O CASO DO TABULEIRO OUIJA QUE NÃO INTERROMPIA A COMUNICAÇÃO

A prancheta do tabuleiro Ouija[1] soletrou "sinal" com um movimento contínuo e incessante. "O que isso quer dizer?", perguntou Matthew.

Gowan fez uma careta. "Isso significa que você é burro o suficiente para acreditar que está se comunicando com um espírito."

"Juro que essa coisa está se movendo sozinha", interveio Walt. "Nenhum de nós o está movendo!"

"Eu já li sobre pessoas que foram prejudicadas por tabuleiros Ouija", disse Anton. "Sei que é besteira acreditar neles, mas depois de ver esse movimento, admito que estou intrigado."

"Se ele diz que pode mostrar um sinal, vamos ver se ele mostra", comentou Peter com impaciência.

Matthew, Tom, Walt, Gowan, Peter e Anton eram amigos no final da adolescência e início dos vinte anos no apartamento de um sétimo amigo, Ed. Ele havia oferecido sua casa se quisessem ir tomar cerveja enquanto estava fora. Tom encontrou um tabuleiro Ouija na estante da sala e sugeriu que vissem como era. Depois de dizer: "Convido quem quer que esteja lá fora a se comunicar conosco", Tom colocou o dedo no ponteiro de madeira e, junto com os dedos dos outros, menos o de Gowan, começou a empurrá-lo levemente ao redor do tabuleiro. Depois de alguns instantes, o objeto se moveu autonomamente, alternando entre traçar as formas de um círculo e de uma estrela.

Embora ninguém nunca tivesse mexido em um tabuleiro Ouija antes, todos ficaram intrigados, exceto Gowan. Para ele, acreditar no mundo espiritual – ou mesmo acreditar em Deus – era absurdo: o equivalente a acreditar em duendes e fadas dos dentes.

Tom perguntou: "Você está movendo o ponteiro... quem é você?". O ponteiro parou de se movimentar e soletrou: "Stevie. Eu tenho oito anos". Stevie se identificou como o espírito de um menino que havia morrido 52 anos antes. Os membros do grupo o bombardearam com diversas perguntas. "Como você morreu?"; "Onde você cresceu?"; "Onde você está agora?"; "Como é estar morto?". Para cada pergunta, a prancheta soletrava uma resposta: "Acidente de carro"; "Dunhill Road"; "Na sala com você"; "Horrível. Estou com medo".

"Pergunte se ele se balança nas barras do parquinho", zombou Gowan, convencido de que eram os amigos que moviam o ponteiro. Em resposta, Stevie soletrou: "Eu odeio Gowan". Matthew perguntou a Stevie se ele poderia fazer algo para provar a Gowan que ele era real. "Sim", respondeu Stevie. "Placa." Ed, o proprietário do apartamento, tinha uma placa de trânsito "Pare" roubada fixada na parede. Ela estava pendurada diretamente atrás do sofá onde Gowan estava sentado. Em segundos, a placa de metal caiu e aterrissou na cabeça de Gowan com um baque. Por alguns instantes, ninguém falou. O próprio Gowan finalmente quebrou o silêncio com uma risada enquanto ainda esfregava a cabeça. "Foi apenas uma coincidência", disse ele com confiança. "Essa coisa estúpida estava presa por um único prego."

A essa altura, ninguém, além de Gowan, achava que o que estava acontecendo era de mentirinha. Se Gowan também acreditava nisso, ele não deixou transparecer, mas continuou a expressar ceticismo em relação ao tabuleiro Ouija. O grupo desafiou Stevie a fazer algo com Gowan que o fizesse acreditar. "Vômito", dizia a carta. "Hah!", exclamou Gowan. "De jeito nenhum eu vou vomitar."

De repente, Gowan não estava apenas vomitando; estava projetando vômito. De onde Gowan estava no sofá, o vômito se projetou da boca dele com tanta força que atingiu a parede a um metro e meio à sua frente, na altura dos olhos. Seus amigos saíram de perto, pois ninguém queria ser atingido por respingos de fluidos gástricos.

Depois que Gowan limpou o vômito da parede e do chão, o grupo voltou a conversar com Stevie. "O que mais você pode fazer com Gowan?", perguntou um deles. "Dormir", soletrou o ponteiro. Com uma risada, Gowan disse: "Estou bem acordado". Mas, em menos de meio minuto, Gowan roncava no sofá, dormindo profundamente. Os outros cinco se revezaram na tentativa de acordá-lo – um deles chegou a lhe dar um tapa forte no rosto –, sem sucesso. Nada o fazia despertar. Finalmente, alguém perguntou a Stevie se ele poderia fazer com que Gowan acordasse. Quase que instantaneamente, Gowan acordou, esfregando os olhos e perguntando havia quanto tempo estava dormindo. "Dez minutos", alguém disse. "Parece que foram dez horas", murmurou Gowan.

A essa altura, era evidente que estavam interagindo com algo poderoso e perigoso. Embora todos estivessem com medo, ninguém queria ser o primeiro a admitir isso. Ao mesmo tempo, o que o grupo viu era tão intrigante que cada um deles queria ver "só mais um pouquinho".

Nesse ponto, Gowan já acreditava que os amigos realmente estavam se comunicando com um espírito chamado Stevie, e também tomou seu lugar ao redor do tabuleiro. Eles começaram a fazer a Stevie as perguntas mais obscuras: "Quem jogou como *shortstop* no Red Sox de 1932?"; "Qual é a circunferência de Netuno?"; "Quanto dá 456.546

x 870.872?", e o ponteiro respondia imediatamente. Levou mais tempo para eles digitarem a pergunta no navegador de internet e verificar a resposta do que para o tabuleiro Ouija responder.

A essa altura, Gowan era o mais admirado. Seu rosto demonstrava o espanto de alguém que acabara de descobrir outro mundo. Alguém até comentou com Stevie: "Até Gowan acredita em você agora".

"Eu o odeio", respondeu o ponteiro.

"O que mais você pode fazer com ele?", perguntou outro. A prancheta imediatamente soletrou: "MATÁ-LO". Um calafrio percorreu suas veias quando – com um sobressalto – eles simultaneamente tiraram os dedos da prancheta. Matthew deu um tapa no tabuleiro, para evitar que a prancheta escrevesse qualquer outra coisa. Mas, em vez de simplesmente cair no chão, a prancheta saiu da mesa como se fosse autopropelida, batendo na parede, depois ricocheteando pela sala e batendo na parede oposta, onde atingiu um quadro emoldurado de Jesus. A imagem pertencia à avó de Ed, que a havia deixado em testamento para ele. A prancheta bateu com tanta força que o vidro se estilhaçou.

"Vou jogar essa maldita coisa fora!", declarou Matthew, colocando o tabuleiro Ouija de volta na caixa. Seguido pelos outros, ele o carregou pelo corredor e o jogou no cesto de lixo.

Aliviados com o fato de que o tabuleiro agora era uma lembrança, o grupo foi até a loja de conveniência do outro lado da rua para comprar cigarros e cerveja. Depois de terem feito a compra, voltaram para a casa de Ed e entraram no apartamento. Em cima da mesa de centro – como se nunca tivesse sido descartado – estava o tabuleiro Ouija. O ponteiro, movendo-se de forma autônoma, soletrava "Você vai morrer" repetidamente.

"Precisamos nos livrar dessa coisa", disse Peter.

"Nós fizemos isso", respondeu Tom. "Realmente nos livramos dela."

"De qualquer forma, essa maldita coisa é do Ed", interveio Walt. "Deixe-a onde está. Não vou mais tocar nela." A sugestão soou boa para eles. Então, todos se viraram e saíram.

A semana que se seguiu foi a mais desagradável que qualquer um deles já tinha tido.

Cada um deles teve conflitos com familiares e amigos, episódios de "má sorte" e passou por situações perturbadoras. Dois foram demitidos do emprego de meio período sem motivo. Três perderam todos os dados dos discos rígidos do computador. Um deles não conseguia dar partida no carro, enquanto outro encontrava os quatro pneus furados toda vez que ia usá-lo. Todos eles viram luzes piscando e objetos se movendo aleatoriamente dentro de casa.

Além disso, alguém bem próximo a cada um deles veio contar que o tinha visto morto em um caixão, no sonho mais vívido que a pessoa já tivera. Embora as pessoas tivessem tido sonhos diferentes, a cena era sempre a mesma: o corpo estava sendo preparado na sala de um agente funerário; estava deitado em uma igreja enquanto o funeral acontecia; ou estava apodrecendo em um túmulo.

Mas o efeito posterior mais perturbador era uma presença que eles sempre sentiam ao seu redor. Era mais do que apenas a sensação de estarem sendo observados; alguns foram fisicamente atacados. Por exemplo, Anton sentiu os cobertores serem puxados de cima dele certa noite e uma mão o empurrou com força na cama, forçando seu tórax. Com a maior parte do corpo enterrada no colchão, ele estendeu a mão para cima e sentiu um braço grosso e musculoso que não conseguia dominar. Lutando para respirar, Anton se contorceu e conseguiu virar o corpo e sair de baixo daquela pressão. Quando acendeu as luzes, ficou surpreso por não encontrar ninguém no quarto, embora houvesse em seu peito um terrível hematoma em forma de mão, com as marcas dos dedos esticados.

Certa manhã, quando Matthew estava sentado na beira da cama calçando as meias, algo contundente, como um taco de beisebol, o atingiu na panturrilha, fazendo com que ele caísse no chão, estremecendo de dor. Ele ficou com um enorme vergão na perna e andou mancando por mais de uma semana.

Peter encontrou uma barata viva dentro de seu copo de água durante o jantar. Ele se perguntou como ela poderia ter ido parar lá, já que ele havia enchido o copo diretamente da torneira. Pegando um copo novo na máquina de lavar louça, Peter o encheu com água da torneira. Mais tarde, quando foi beber, uma barata viva nadava dentro dele.

Nenhum deles sabia como interromper a tortura. Nenhum deles ousou contar à família o que estava acontecendo. Alguns temiam ser repreendidos por terem se envolvido com ocultismo. Outros temiam ser ridicularizados por acreditarem em superstições.

A mãe de Peter visitava ocasionalmente um mosteiro de freiras carmelitas, a quem pedia orações. Quando criança, ele costumava ir com ela e, por isso, conhecia pessoalmente a priora, Madre Maria. Ela sempre impressionou Peter com sua simpatia, humildade e sabedoria. Ele estava confiante de que poderia confiar nela e que ela saberia como acabar com aqueles tormentos assombrosos.

Levando Anton com ele, Peter foi de carro até o mosteiro, tocou a campainha e pediu para falar com Madre Maria. Depois de pouco tempo, Madre Maria os encontrou na sala de visitas e Peter lhe contou tudo.

"Você abriu a porta para o mal", repreendeu ela. "Isso foi uma tolice."

"Eu sei", respondeu Peter. "Só quero desfazer isso. O que podemos fazer?"

"Arrependa-se e vá se confessar", disse ela sombriamente. "Queime também o tabuleiro Ouija. Então você deve ficar bem."

Peter e Anton foram à igreja local e pediram ao padre o Sacramento da Confissão. Com a nova paz que o sacramento lhes proporcionou, os dois foram até o apartamento de Ed buscar o tabuleiro Ouija, que estava exatamente onde o tinham visto pela última vez, embora agora estivesse imóvel. Foram então até a loja de conveniência, compraram uma lata de fluido para isqueiro e seguiram até a periferia da cidade, parando em um milharal.

O milharal ficava atrás de um muro de pedra, então não seriam vistos pelos carros que passavam. Entre o muro e o milharal havia um caminho de terra, com largura suficiente para a passagem de um trator. Na beira do caminho, a cerca de sessenta centímetros dos primeiros pés de milho, Peter e Anton empilharam gravetos e galhos, formando uma cama de folhas secas. Estava escurecendo, então os dois trabalharam rapidamente, encharcando a pira com butano e depois acendendo-a com um fósforo.

Enquanto o fogo devorava os gravetos, os dois quebraram o tabuleiro Ouija em pedaços e os jogaram nas chamas. Como era feito de madeira compensada, o fogo o consumiu rapidamente. Isto é, exceto o pedaço que continha a palavra "não", que não queimava. Aumentar o fogo com mais gravetos não adiantou. Enquanto as chamas aumentavam e o fogo ficava mais quente, a peça ficava no meio do fogo e não queimava.

A essa altura, o sol já havia se posto e estava escuro. De repente, um caminhão saiu da estrada e veio na direção deles com os faróis acesos. Com o coração disparado e conscientes de quão bizarros pareciam seus atos, Peter e Anton começaram a pensar em uma explicação razoável para a invasão e o incêndio. O caminhão não parou quando chegou ao local onde estavam, mas passou lentamente por eles. Ao verem o motorista, que olhava diretamente para eles, sentiram o cabelo na nuca arrepiar. Era um homem idoso, usando macacão e camisa xadrez. Ele não tinha rosto – nem boca, nem nariz, nem olhos. Seu rosto consistia em pele sobre um crânio plano e sem traços. Congelados, eles observaram o caminhão passar por eles e ir direto para o milharal, derrubando os altos pés de milho pelo caminho. Quando o caminhão entrou inteiramente no milharal, simplesmente desapareceu.

"Você viu isso?", disse Anton espantado.

"Como diabos eu poderia não ter visto?", respondeu Peter. "Vamos terminar e sair logo daqui."

A essa altura, a peça que continha a palavra "não" estava menor, pois o fogo havia começado a consumir as bordas. Anton continuou borrifando fluido de isqueiro enquanto Peter colocava mais gravetos no fogo. Lentamente, a peça ficou menor e menos legível. Finalmente, depois de dez minutos, com a lata de butano quase no fim, o fogo incinerou a última parte.

Nem Anton nem Peter sofreram mais nenhum distúrbio. Depois que Tom e Matthew se confessaram, o tormento também cessou para eles. De fato, a experiência com o tabuleiro Ouija foi o início de uma conversão espiritual para os quatro. Eles começaram a frequentar a igreja e desenvolveram uma vida de oração. Eles se apaixonaram por Cristo, dedicaram suas vidas a servi-Lo e acabaram se tornando líderes em suas comunidades religiosas.

Infelizmente, a história não teve um final feliz para Walt e Gowan, que não seguiram seus amigos no caminho do arrependimento e da conversão. Embora pudessem ver o efeito positivo disso nos amigos, eles se recusaram a fazer de Deus o centro de suas vidas.

Walt se envolveu em um terrível acidente de carro que o deixou permanentemente incapacitado para trabalhar. Relacionou-se com muitas mulheres, mas nunca conseguiu encontrar alguém com quem pudesse compartilhar a vida. Gowan acabou sendo preso por conteúdo ilegal em seu computador e passou vários anos na cadeia. Quando foi solto, só conseguiu encontrar trabalho como entregador de pizza. Embora seja impossível provar que os infortúnios de Walt e Gowan tenham sido causados pelo encontro com o tabuleiro Ouija, o contraste entre a vida deles e a dos outros quatro amigos foi tão dramático que essa possibilidade não pode ser descartada.

Olhando para trás, a razão pela qual o espírito maligno teve acesso tão fácil a Gowan durante a sessão do tabuleiro Ouija (fazendo-o vomitar, colocando-o em sono profundo etc.) pode ter sido por causa do estado de sua alma. Se ela estava sobrecarregada pelo pecado mortal, Gowan já pertencia ao demônio. Nesse caso, isso explicaria por que o demônio o queria morto. Uma alma que morre em estado de pecado mortal é condenada. Se isso se aplicasse a Gowan, tudo o que o demônio precisava para ganhá-lo para sempre era que ele morresse.

Há um ditado que diz que uma pessoa nunca permanece a mesma depois de usar um tabuleiro Ouija. Ou a pessoa se torna melhor, entregando sua vida a Deus e recebendo Seu poder e misericórdia, ou se torna pior. A vida desses seis amigos testemunha a veracidade do ditado.

O OCULTO

Uma das maneiras mais comuns de os espíritos malignos se ligarem é por meio da participação no ocultismo. A palavra "ocultismo" vem do latim *occultus* ("aquilo que está oculto ou secreto") e se refere à manipulação de poderes ocultos ou fora do reino comum da natureza.

O Primeiro Mandamento declara: "Eu sou o Senhor, seu Deus... Não tenha outros deuses além de mim" (Êxodo 20:2-3). Os participantes do ocultismo pecam contra esse mandamento porque suas ações cometem pelo menos uma das seguintes ofensas:

- Recusar-se a confiar na bondade de Deus (por exemplo, que Ele suprirá suficientemente as necessidades da pessoa; que Ele a conduzirá à felicidade etc.).

- Recusar-se a aceitar os limites predeterminados de Deus (por exemplo, os limites dos poderes humanos naturais, os limites que Ele estabeleceu na realidade etc.).

Esses são exatamente os pecados que o Diabo cometeu em sua queda. Assim, o envolvimento com o ocultismo imita sua rebelião primordial contra Deus. *O ocultismo é o desejo satânico de ser Deus*; ele nega a identidade de Deus como Deus e tenta se apropriar dos direitos pertencentes à Sua divindade. É por essa razão que o ocultismo é uma das maneiras mais fáceis de adquirir demônios e por isso é tão difícil quebrar o domínio demoníaco sobre participantes dessa prática. Agir contra qualquer um dos Dez Mandamentos é gravemente pecaminoso, mas violar o Primeiro Mandamento é o pecado mais grave, pois equivale a renunciar a Deus. Expulsar os demônios que entraram por meio desse pecado exige que a vítima se arrependa do pecado *e* se submeta à soberania de Deus.

Com a descristianização da sociedade ocidental, o ocultismo está em ascensão. Os exorcistas são chamados para expulsar mais demônios adquiridos por meio do ocultismo do que por qualquer outro meio. A seguir, uma lista de algumas das práticas ocultas mais comuns.

Tabuleiros Ouija

Entre as práticas ocultas, talvez nenhuma atividade tenha envolvido mais almas com demônios do que o uso do tabuleiro Ouija. O famoso romance de 1971 de William Peter Blatty, que virou filme, *O Exorcista*, foi baseado em uma história real. Um encontro casual com um tabuleiro Ouija foi a causa da possessão diabólica de um garoto de quatorze anos; na história, seu personagem foi mudado para uma menina. "Robbie", como é conhecido pelo pseudônimo, foi convidado para participar de uma sessão de tabuleiro Ouija por sua tia, uma devota do espiritualismo que o usava para se comunicar com os mortos.

Parte do atrativo do tabuleiro Ouija é sua simplicidade. Qualquer pessoa pode usá-lo, individualmente ou com outras pessoas, até mesmo no conforto da própria casa. Os fabricantes o comercializam como um jogo, e está disponível até em lojas de brinquedos ou em milhares de lojas *on-line*. Há tão poucas informações em um tabuleiro Ouija que uma pessoa pode facilmente fazer um para si. Os caracteres podem ser escritos em uma folha de papel e algo tão simples quanto um anel pode servir como indicador. Com pouco esforço, é possível produzir um portal para o mundo oculto.

O primeiro contato com um tabuleiro Ouija acontece, na maioria das vezes, por uma curiosidade "inocente" que leva à decisão de ver como é o "jogo". Certa vez, uma jovem me contou sobre sua experiência durante o ensino médio, quando organizava uma festa do pijama para as amigas. A mãe tinha comprado um tabuleiro Ouija em uma loja de departamentos para a ocasião. O pensamento da mãe dela era bastante inocente. Apesar de ter ouvido histórias sobre pessoas que foram assombradas por espíritos malignos depois de ter usado o tabuleiro, ela presumiu que eram histórias de faz de conta. Ela achava que isso manteria as meninas bem entretidas durante a noite, compartilhando histórias que já tinham ouvido sobre encontros com o tabuleiro Ouija enquanto tentavam fazer contato com um falso "mundo espiritual". Infelizmente, o entretenimento da noite terminou rapidamente.

Pouco depois de as meninas começarem a fazer perguntas ao tabuleiro, o indicador soletrou: "Olá". Elas responderam "olá". Naquele momento, os três cachorros da família se levantaram e rosnaram, olhando para o espaço acima do tabuleiro. Andando para trás, os cães foram levantando o olhar cada vez mais alto, como se estivessem vendo algo emergir dali. Cada um deles soltou um gemido agudo e saiu correndo da sala. Nenhum dos cães voltou a entrar naquela sala de estar.

A reação dos cães deveria ter sido suficiente para fazer as meninas pararem. Infelizmente, não foi. Elas ficaram fazendo perguntas tolas ao quadro, cujas respostas as assombraram por anos. As perguntas incluíam questões sobre seu passado, como "O que aconteceu no meu aniversário de 12 anos?" ou "De onde era a avó materna da minha mãe?". O tabuleiro sempre respondia com precisão. Duas perguntaram: "Como vou morrer?". "Suicídio" foi a resposta para uma e "assassinato" para a outra. Durante anos, cada uma delas sofreu terrivelmente com a possibilidade de morrer da maneira como o tabuleiro Ouija tinha afirmado. Isso preocupou tanto uma delas que ela precisou ser internada duas vezes em um hospital psiquiátrico antes de terminar o ensino médio.

Outra perguntou: "Quando vou morrer?". O indicador respondeu "18". Desde o dia em que completou dezoito anos, ela sentia uma ansiedade terrível sobre se aquele seria o último dia. Ela detestava ficar sozinha, odiava ficar dentro de um veículo, por medo de sofrer um acidente, e tinha pavor do escuro. Muitas vezes ela ficava ansiosa demais até para ir à escola. Durante um ano, até completar dezenove anos, o medo de morrer foi o motivo dominante por trás de muitas de suas decisões.

Embora esse caso não tenha os fenômenos externos do caso do tabuleiro Ouija discutido neste capítulo – baratas se manifestando em copos de água, um pedaço do tabuleiro se recusando a queimar em uma fogueira etc. –, é evidente que as meninas foram demonizadas. Sua experiência com o tabuleiro deixou nelas mais do que apenas marcas psicológicas. O demônio estabeleceu um relacionamento que lhe permitiu manipular e aumentar a ansiedade das meninas. Embora nenhuma tenha sido possuída efetivamente, as maquinações do demônio as deixaram sem paz.

Infelizmente, os pais das meninas nunca as levaram a um padre. Se tivessem feito isso, o domínio do demônio poderia ter sido quebrado, a vitória de Cristo poderia ter sido pregada a elas, sua paz poderia ter sido restaurada e elas não teriam sofrido desnecessariamente por anos.

Mediunidades, médiuns e necromancia

O Diabo e seus demônios são parasitas. Incapazes de ter piedade, eles fazem de tudo para se apoderar de suas presas. Uma das experiências mais difíceis pelas quais alguém pode passar é a morte de um ente querido. Se a morte for repentina, a dor pode ser exponencialmente pior. É natural que os entes queridos do falecido se perguntem sobre seu destino eterno e se ele está em paz. Infelizmente, alguns permitem que essa dúvida os leve à necromancia – entrar em contato com os mortos.

As Escrituras advertem severamente contra a necromancia: "Não se contaminem procurando médiuns e os que consultam os espíritos dos mortos. Eu sou o Senhor, seu Deus" (Levítico 19:31). Ele também explica as consequências de se fazer isso: "Também me voltarei contra aqueles que procuram médiuns ou que consultam os espíritos dos mortos, cometendo prostituição. Eu os eliminarei do meio do povo" (Levítico 20:6).

O uso que Deus faz da imagem de uma prostituta para descrever a necromancia é revelador. Uma prostituta recebe dinheiro em troca do uso de seu corpo. Quem procura um médium paga pelo serviço de entrar em contato com os mortos. No entanto, Deus chama o buscador – e não o médium – de prostituta. O buscador se entrega a espíritos impuros que fazem o que querem com ele. É o equivalente espiritual da prostituição.

Para muitos, a tentação de ouvir a voz de um ente querido falecido é o suficiente para que recorram à necromancia. Mas é preciso ter cuidado: os demônios o observaram durante toda a sua vida. Embora não tenham acesso direto aos seus pensamentos e não possam ler diretamente sua mente, eles tiveram acesso a todos os eventos observáveis em sua vida, como suas conversas, seu comportamento e seus pecados. E eles observam esses eventos com as capacidades e propriedades dos seres angélicos, conforme discutido no Capítulo 1, que eles podem usar para produzir uma ilusão da realidade que você considera natural.

Por exemplo, por ser incapaz de esquecer qualquer coisa, um demônio pode imitar com perfeição a voz, a aparência, os gestos, a personalidade, o estilo e até mesmo o odor corporal de todas as pessoas que você já conheceu. Ele pode se parecer tanto com a sua avó falecida, por exemplo, e fazer referências às suas interações passadas com ela, para fazer você acreditar que é ela que está falando com você. Nunca se pode confiar no conhecimento obtido por meio da necromancia. O próprio Cristo chama o Diabo de "o pai da mentira" (João 8:44).

Cartomantes, videntes, tarô, quiromancia, entre outros

Muitos que se autodenominam cartomantes, videntes, sortistas, adivinhos são fraudes que aceitam dinheiro de pessoas crédulas em troca de informações falsas e inventadas. Por outro lado, um número significativo está sob o poder de espíritos malignos que os investiram de habilidades demoníacas.

Independentemente de quanta fé cristã alguém tenha e do quanto de bem faça, qualquer uso do ocultismo é ofensivo a Deus e o separa do favor divino:

> Jamais deverá haver entre vocês alguém que queime seu filho ou sua filha como sacrifício. Não permitam que alguém do povo pratique adivinhação, use encantamentos, interprete

> agouros, envolva-se com bruxaria, lance feitiços, atue como médium ou praticante do ocultismo, ou consulte os espíritos dos mortos. Quem pratica tais coisas é detestável ao Senhor. É justamente porque as outras nações praticam essas coisas detestáveis que o Senhor, seu Deus, as expulsará de diante de vocês (Deuteronômio 18:10-12).

Para justificar suas práticas ocultas, cartomantes, adivinhos e afins se identificam como profetas que servem ao povo de Deus, ajudando-os a enfrentar as dificuldades da vida. Entretanto, a diferença entre um ocultista e um profeta não pode ser maior. Os profetas cumprem a vontade de Deus, e as habilidades que Deus lhes concede são uma bênção, nunca causam danos e são sempre coerentes com Sua Palavra. Seus profetas também não cobram taxas. Nada disso é verdade para os ocultistas.

Certa vez, uma mulher me procurou em lágrimas, e admitiu que estava consultando um adivinho havia dezoito meses. "Eu sempre soube que era errado, padre, mas tudo o que ele dizia sempre se tornava realidade e ele sabia como conseguir exatamente o que eu queria."

Havia três coisas que ela havia pedido ao adivinho para realizar. Ela queria que o filho e a nora engravidassem, buscava uma promoção no trabalho e desejava que a irmã fosse curada do câncer. O adivinho prescreveu remédios diferentes para cada uma delas. Para gerar um neto, a mulher precisava colocar na comida do filho e da nora um pó branco que ele tinha fornecido e dar a eles sem que soubessem. A nora engravidou um mês depois disso. Ela precisava queimar um gato vivo no quintal para receber uma promoção no trabalho. Ela conseguiu um gatinho e, sem ser pega pelo ato ilegal, amarrou-o dentro de um saco de pano e o queimou em uma fogueira improvisada. Depois disso, ela recebeu a promoção, mesmo reconhecendo que era a menos qualificada entre os candidatos. Finalmente, para a cura da irmã, ela tinha que colocar um colar de couro com uma medalha pendurada no pescoço da irmã. A medalha tinha a imagem do sol de um lado e a da lua do outro. Em um mês, a irmã estava livre do câncer.

"Tudo estava indo bem, padre, mas, em minha última sessão, o homem me disse que queria mais dinheiro", disse ela. "Eu já tinha dado a ele mais de seis mil dólares, mas ele queria mais cinco mil. Eu simplesmente não tinha esse dinheiro. Ele ficou furioso."

Ao chegar em casa, a mulher encontrou a cabeça decepada de um galo na varanda. Na cozinha, outro flutuava dentro da jarra do bebedouro. O celular tocou. Era o adivinho, ameaçando desfazer tudo e prometendo que, a menos que ela pagasse, a próxima cabeça cortada seria a dela. Embora ela nunca tivesse lhe dado o número do celular, ele de alguma forma sabia.

Em duas semanas, a mulher perdeu o emprego e o câncer da irmã voltou. Ela ficou aterrorizada com a possibilidade de que algo terrível acontecesse com o neto ainda não nascido. De repente, o filho mandou uma mensagem de texto dizendo que sua esposa estava com uma hemorragia grave e que ele a estava levando para o hospital. A mulher pegou o carro e foi rapidamente até a igreja me contar tudo. Eu a conduzi à confissão sacramental e à renúncia de suas escolhas ocultas. Ela também fez um voto diante de Deus de nunca mais consultar um adivinho. Enquanto isso, embora a nora tenha permanecido no hospital por mais de uma semana, ela conseguiu manter o bebê, e deu à luz um menino saudável seis meses depois.

É uma tendência humana ficar ansioso com o futuro e desejar controlá-lo. Cristo, no entanto, nos dá um remédio para superá-la: confiança inabalável em Deus.

Reiki e outros elementos do movimento da Nova Era

O Reiki oferece o que todos desejam: redução do estresse, relaxamento e cura. Sua técnica consiste em uma "imposição de mãos" por um praticante que pretende acessar o ki (qi) invisível de uma pessoa ou a "energia da força vital". Ao fazer isso, ele aumenta o ki do cliente, trazendo cura e inibindo o estresse e a doença. O Reiki estourou nos Estados Unidos. Spas, salões de beleza e até centros de retiro cristãos que oferecem Reiki surgiram por toda parte, atendendo ao apelo voraz de uma base de clientes cada vez maior, 80% dos quais mulheres de classe média alta. Receber tratamentos de Reiki tornou-se moda e um símbolo de status.

O Reiki não contém dogmas e não há crenças às quais se deva aderir para fazer essa terapia ou mesmo para ser um praticante. Os terapeutas do Reiki afirmam que ajuda a todos, independentemente da fé, da estrutura de crenças ou da espiritualidade pessoal. Embora o Reiki não seja uma religião, contém espiritualidade suficiente para fazer alguns acreditarem que, ao fazer a terapia, estejam se conectando com o sobrenatural, embora sem nenhum dos elementos "pegajosos" da religião tradicional, como dogmas ou regras morais. Além disso, os praticantes do Reiki afirmam que é compatível com qualquer tratamento médico. O International Center for Reiki Training (Centro Internacional de Treinamento de Reiki) o descreve como uma cura para tudo com qualidades aparentemente mágicas.

> O Reiki é um método simples, natural e seguro de cura espiritual e autoaperfeiçoamento que todos podem usar. Tem sido eficaz para ajudar praticamente todas as doenças e enfermidades conhecidas e sempre cria um efeito benéfico. Ele também funciona em conjunto com todas as outras técnicas

médicas ou terapêuticas para aliviar os efeitos colaterais e promover a recuperação.[2]

O slogan do Reiki poderia muito bem ser "Todos os benefícios, sem dor". A essa altura, devemos estar vendo imagens de vendedores ambulantes de óleo de cobra, pois o conceito é o mesmo: charlatões vendendo produtos fraudulentos. É claro que a estratégia de marketing é a mesma: *você pode se dar ao luxo de perder algo tão maravilhoso?* No entanto, ao contrário do óleo de cobra clássico, que, embora ineficaz, era inofensivo, o mesmo não pode ser dito sobre o Reiki. O centro descreve o treinamento em Reiki da seguinte forma:

> Uma técnica incrivelmente simples de aprender, a capacidade de usar o Reiki não é ensinada no sentido usual, mas transferida para o aluno durante uma aula de Reiki. Essa habilidade é transmitida durante uma "harmonização" dada por um mestre de Reiki e permite que o aluno aproveite um suprimento ilimitado de "energia da força vital" para melhorar a saúde e aumentar a qualidade de vida.[3]

Isso deve fazer soar um alarme. O Reiki tem tudo a ver com a transferência de um poder invisível, que não tem base científica e que nem mesmo seus praticantes dominaram intelectualmente por meio do aprendizado, mas o receberam misticamente por meio da transferência. Assim, aqueles que recebem o Reiki, não importa o quão benevolente seu praticante possa ser, estão perigosamente se abrindo para entidades espirituais desconhecidas.

Em resposta à crescente popularidade do Reiki, mesmo em centros cristãos de retiro e espiritualidade, o Comitê de Doutrina da Conferência dos Bispos Católicos dos Estados Unidos emitiu um documento intitulado *Guidelines for Evaluating Reiki as an Alternative Therapy* (Diretrizes para avaliar o Reiki como uma terapia alternativa). O documento adverte que:

> para usar o Reiki, a pessoa teria que aceitar, pelo menos de forma implícita, elementos centrais da visão de mundo que sustenta a teoria do Reiki, elementos que não pertencem nem à fé cristã nem à ciência natural. Sem a justificativa da fé cristã ou da ciência natural, no entanto, um católico que deposita sua confiança no Reiki estaria operando no reino da superstição, a terra de ninguém que não é nem fé nem ciência.[4]

A popularidade vertiginosa do Reiki se deve, em parte, à sua semelhança e compatibilidade com a espiritualidade da Nova Era, que cresceu de forma explosiva nas últimas décadas. O movimento da Nova Era originou-se de grupos religiosos ocultistas e metafísicos nas décadas de 1970 e 1980, que acreditavam em uma "nova era" vindoura de iluminação do ser humano. Como o Reiki, o movimento da Nova Era é eclético em suas crenças e não tem um credo definido ao qual seus membros devam aderir. Um de seus princípios centrais é que o bem-estar humano se origina da energia psíquica. A energia pode emanar de eventos astrológicos, do contato com objetos especiais (por exemplo, montanhas, árvores, cristais etc.) ou da canalização de seres preternaturais invisíveis. Além da canalização, os praticantes de Reiki e da Nova Era às vezes integram outras formas de ocultismo tradicional em sua prática espiritual, como leitura de tarô, numerologia, astrologia, ioga, mediunidade e o tabuleiro Ouija.

Enquanto no passado os praticantes da Nova Era eram geralmente excêntricos e estranhos, hoje representam todos os níveis da sociedade: professores, profissionais da área de saúde, engenheiros, executivos de negócios e talvez até mesmo os simpáticos vizinhos da casa ao lado.[5]

Os princípios por trás do movimento Nova Era podem ser resumidos da seguinte forma:

- As formas tradicionais de religião, com suas regras, doutrinas e credos, são opressivas e sufocantes.
- Nosso ser requer elevação, que ocorre por meio da recepção de energia paranormal/supernatural/psíquica.
- O divino está dentro de nós – ele *é* parte de nós –, e o certo e o errado podem ser discernidos com base na energia que algo nos dá ou tira ou na "energia ruim" que deixa para trás.

Essas crenças são incompatíveis com a fé cristã e são um terreno fértil para os demônios.

Maçonaria

Os maçons estão entre as organizações fraternas mais antigas do mundo, tendo suas origens no início do século XVIII. Vários ramos compõem a fraternidade, que se espalhou pelo mundo todo. Muitos dos que se associam aos maçons o fazem para fins sociais e de rede de negócios.

Embora as autoridades maçônicas neguem, a maçonaria há muito tempo é acusada de ser um culto espiritual. A Grande Loja Unida da Inglaterra, a mais antiga Grande Loja Maçônica do mundo, descreve a relação da maçonaria com a religião:

> Espera-se que todos os maçons tenham uma crença religiosa, mas a maçonaria não procura substituir a religião de um maçom ou oferecer um substituto para ela. Trata do relacio-

namento de um homem com seu semelhante, e não do relacionamento de um homem com seu Deus.[6]

Os requisitos de filiação da maçonaria são simples: é preciso ser um homem adulto de bom caráter moral que acredite em um ser supremo. A organização não faz nenhuma especificação sobre o ser supremo e afirma que os membros podem pertencer à religião de sua escolha.

À primeira vista, a maçonaria pode parecer ser exatamente o que afirma ser: uma fraternidade social. Mas há contradições entre sua alegação de que não é uma religião e as práticas com as quais ela se envolve. Por exemplo, uma loja maçônica é um templo com altares em que:

- são recitadas orações;
- um código moral é pregado;
- são usadas vestimentas cerimoniais;
- o "Ser Supremo" é adorado;
- são celebradas festividades;
- ritos funerários elaborados são oferecidos para os membros.

Se a organização não é religiosa, por que fazê-la parecer tanto com uma?

Entre os aspectos mais perturbadores da maçonaria estão seus rituais e juramentos de iniciação, espiritualmente problemáticos. Para simplificar, limitarei minha discussão neste capítulo apenas ao primeiro juramento, que todo aspirante a maçom deve fazer ao ingressar no primeiro grau, o de Aprendiz.

De acordo com os manuais maçônicos, para ser iniciado como Aprendiz, o candidato se despe de suas roupas e joias – incluindo a aliança de casamento – e veste um traje azul tipo pijama. Quando o ritual começa, ele arregaça uma perna da calça e abre a parte esquerda da camisa, expondo o coração, que é tocado com a ponta de uma espada. Com os olhos vendados e uma corda amarrada em um laço ao redor do pescoço, ele é levado ao diácono sênior da loja, que pergunta: "Quem vem aqui?". O primeiro diácono, que sempre fala em nome do candidato (o candidato nunca tem permissão para responder por si mesmo), responde: "[Nome do candidato], que há muito tempo está na escuridão e agora busca ser trazido à luz e receber uma parte dos direitos e benefícios desta adorável loja...".[7]

Ao permitir que o primeiro diácono diga isso em seu nome, o candidato cristão concordou de fato que a luz de Cristo foi insuficiente para ele. Ele chamou o Filho de Deus – Aquele que declarou ser "a Luz do Mundo" (João 8:12) – de mentiroso que o deixou nas trevas.

Depois de permitir essa blasfêmia, o candidato faz um juramento incompatível com a crença cristã.

> Eu... na presença de Deus Todo-Poderoso [algumas versões declaram "Grande Arquiteto do Universo"]... por meio deste documento e aqui, solene e sinceramente, prometo e juro sempre ocultar, sempre esconder e nunca revelar qualquer arte, parte ou ponto dos mistérios ocultos da Antiga Maçonaria Livre, que possam ter sido ou que venham a ser comunicados a mim neste momento ou em qualquer período futuro... Tudo isso eu prometo e juro solenemente e sinceramente, com a firme e inabalável resolução de cumpri-lo, sem qualquer reserva mental ou evasão secreta da mente, seja qual for, sujeitando-me a nenhuma penalidade menor do que a de ter minha garganta cortada, minha língua arrancada pela raiz e meu corpo enterrado nas areias ásperas do mar, na marca da maré baixa, onde a maré sobe e desce duas vezes em vinte e quatro horas, caso eu alguma vez viole conscientemente esta minha obriga-

ção de Aprendiz Iniciado. Que Deus me ajude e me mantenha firme no devido cumprimento dessa obrigação.[8]

O juramento contém elementos gravemente incompatíveis com as crenças cristãs básicas.

Primeiro, é impossível que o "Deus Todo-Poderoso", a quem o juramento é dirigido, seja o Deus cristão, pois tal juramento nunca poderia ser feito em Seu nome. Cristo exortou seus seguidores a abandonarem juramentos elaborados e a deixar que seu "sim" seja sim, e seu "não" seja não, declarando que "qualquer coisa além disso vem do maligno" (Mateus 5:37).

Em segundo lugar, o juramento é elaborado de forma a parecer que substitui todas as outras alianças que o cristão fez, incluindo até mesmo seus votos matrimoniais. Em ocasião alguma a Igreja pede a um cristão casado que remova a aliança, que ele usa como sinal do compromisso que ele e a mulher assumiram perante Deus. A Igreja também não pede que ele exponha o coração à ponta de uma espada. Se a própria religião não impõe um simbolismo tão radical, por que uma fraternidade o faria, a menos que buscasse forjar novos laços ainda mais primordiais do que a própria religião do candidato? É inconcebível que um cristão se submeta a um juramento em que seu corpo seja a penalidade por algo tão trivial quanto pertencer a uma organização fraternal. O corpo de um cristão não é seu: "Vocês não sabem que seu corpo é o templo do Espírito Santo, que habita em vocês e lhes foi dado por Deus? Vocês não pertencem a si mesmos, pois foram comprados por alto preço. (1 Coríntios 6:19-21).

Terceiro, o juramento implica a afirmação implícita de que a maçonaria substitui a Palavra de Deus. Depois de recitar o juramento, a venda do candidato é removida e ele se vê ajoelhado diante de um altar maçônico, sobre o qual foi colocada uma Bíblia, que ele beija para confirmar o juramento que acabou de fazer. No entanto, em um gesto que só pode ser interpretado como uma declaração simbólica de que a maçonaria substitui a Palavra de Deus, o emblema da maçonaria – um esquadro e um compasso – foi colocado em cima da Bíblia. De fato, no ritual maçônico, a Bíblia é descrita como uma mera peça de "decoração".[9]

Em quarto lugar, o truque está no simbolismo e nas palavras do juramento. A maçonaria declara que seus juramentos têm apenas um significado simbólico e não devem ser tomados literalmente. Mas isso apenas intensifica a acusação de que a maçonaria é, em si, uma religião, distinta do cristianismo e incompatível com ele. Os símbolos significam coisas diferentes para pessoas diferentes, e há pelo menos três entidades envolvidas em um juramento maçônico: a pessoa que faz o juramento, os oficiais maçônicos que o supervisionam e o "Deus Todo-Poderoso" que o recebe (que não é o Deus cristão, como já foi demonstrado).

As autoridades maçônicas afirmam que o juramento não é literal, mas o compromisso não é feito a elas. O juramento é feito ao "Deus Todo-Poderoso", que é o único que pode decidir como aceitar a proclamação feita a ele. Ele é livre para aceitá-la da maneira que desejar. Então, por que não literalmente?

É impossível exagerar os perigos espirituais aos quais aquele que faz o juramento maçônico se submete. O simbolismo enganoso do juramento o deixa vulnerável à transferência demoníaca. Muitas vezes, durante exorcismos, encontrei demônios com nomes enganosos. Por exemplo, encontrei demônios cujos nomes eram "Jesus", "o verdadeiro Jesus" e "Senhor". Se o exorcista ordenar a um determinado demônio que saia "em nome de Jesus", que é o que o exorcista sempre faz por causa do poder do nome de Cristo, e houver um segundo demônio dentro da vítima que responde pelo nome "Jesus", então a ordem do exorcista não causará nenhuma mudança. Se o exorcista não especificar o Jesus Divino – o Jesus que é o Filho de Deus e Salvador do Mundo –, então os demônios estão livres para interpretar a ordem favoravelmente. O demônio ordenado a sair pode se recusar a fazê-lo, deixando o exorcista sem saber o motivo. Ou pior, ele pode parecer que vai embora, mas simplesmente se esconde, continuando a trabalhar contra a vítima e o exorcista. O exorcista vai ficar patinhando, gastando tempo e energia, e não vai conseguir liberar a vítima. Assim como os demônios podem usar um jogo enganoso de nomes e palavras em um exorcismo, também podem fazer isso em um juramento maçônico.

Em quinto lugar, além dos sinais, símbolos e jogos de palavras, os rituais e juramentos maçônicos são projetados para forjar *relacionamentos de aliança*. Em meus trabalhos de exorcista, encontrei muitas pessoas com problemas que se repetiam na família, especialmente em relacionamentos familiares e questões de carreira, devido à filiação maçônica dos pais e avós. Essas disfunções incluem conflitos familiares constantes, incapacidade de concluir os estudos ou de prosperar na carreira escolhida por causa de uma profunda "má sorte" e padrões repetitivos que se manifestam por várias gerações (por exemplo, todos os maridos abandonam as esposas, morte de crianças etc.).

Em um dos casos, um garoto de quatorze anos começou a ter ataques de raiva contra o pai. O garoto se inflamava de raiva quando o pai simplesmente entrava na sala. Várias vezes o atacou. Essas reações eram estranhas, pois ele e o pai sempre foram próximos. Quando lhe perguntavam o motivo de tanta raiva contra o pai, ele nunca conseguia articular um motivo. A família o submeteu a exames clínicos, e não foi verificado nada de errado. Os pais suspeitaram que o problema poderia ser espiritual e pediram a ajuda da diocese, e então comecei meu trabalho com essa família.

Depois de uma entrevista com o garoto, não encontrei nada moral ou espiritualmente errado. No entanto, comecei a fazer orações de libertação para ele, assumindo autoridade sobre quaisquer espíritos malignos que estivessem ligados a ele. Como sua origem étnica incluía ancestrais escoceses e ingleses, orientei o rapaz a renunciar a votos maçônicos que pudesse haver na linhagem familiar. Enquanto eu fazia isso, ele se manifestou de forma demoníaca, cerrando os punhos e mostrando sinais de angústia. Depois de concluir as renúncias, orei novamente para ele, quebrando todos os vínculos e alianças maçônicas ligados a ele. O garoto nunca mais apresentou comportamento violento contra o pai.

Em outro caso, uma mulher de meia-idade estava tendo pesadelos assustadores e debilitantes havia anos. Os sonhos seguiam um padrão. Ela estava dentro de uma loja maçônica, sendo oferecida a uma criatura horrenda com cabeça de bode. Ela também vivenciou outros fenômenos. Sozinha em casa, sempre sentia que algo a observava e, ocasionalmente, até sentia que esse algo a tocava: um toque na cabeça ou uma carícia na perna. Os fenômenos eram acompanhados por uma consciência interior de que "aquilo" estava só esperando o momento de se apossar dela. O pai dela, os dois avós e três bisavós eram maçons. Como no exemplo anterior, depois que ela renunciou aos votos maçônicos feitos por esses antepassados, todos os sintomas cessaram.

Os juramentos da maçonaria são incompatíveis com o cristianismo, e é pecaminoso para um cristão fazê-los. O ensinamento da Igreja Católica é inequívoco.

> O julgamento negativo da Igreja em relação às associações maçônicas permanece inalterado, uma vez que seus princípios sempre foram considerados irreconciliáveis com a doutrina da Igreja e, portanto, a participação nelas permanece proibida. Os fiéis que se inscrevem em associações maçônicas estão em estado de pecado grave e não podem receber a Sagrada Comunhão.[10]

Para aqueles que acreditam que a intenção ao proferir um juramento define sua extensão, é crucial lembrar que recitá-lo implica em concordar plenamente com seus termos. As palavras têm significado e, quando alguém assina um contrato, não pode definir os seus termos sem a participação da outra parte. Se o juramento tiver implicações espirituais, como acontece com os juramentos maçônicos, essas implicações são parte do acordo e afetarão nossos familiares e a nós mesmos.

Astrologia e horóscopo

A astrologia e os horóscopos também são incompatíveis com a fé cristã. Como todas as práticas ocultas, elas ofendem a Deus porque duvidam de Sua bondade e usurpam Sua soberania.

A maioria dos horóscopos e leituras astrológicas é o trabalho fictício de um escritor. Ao comparar suas publicações, e possível perceber contradições ou que as previsões não têm relação entre si. Se fosse possível prever o futuro com base na posição das estrelas e dos planetas, pelo menos haveria mais consistência, pois nada pode ser mais objetivo do que a posição desses corpos solares maciços. Se a astrologia fosse de fato uma ciência, então a previsão de um horóscopo seria científica. Mas não é.

Muitas pessoas que leem horóscopos afirmam que fazem isso apenas para se divertir e consideram o conteúdo apenas um faz de conta. No entanto, consultar horóscopo coloca a pessoa em um relacionamento com sua mensagem, e o Diabo sabe como manipular esse relacionamento para seus propósitos. Satanás pode fazer parecer que a realidade se desenrola como descrito em um horóscopo, de modo que pareça que o que ele afirma é correto e preciso.

O ocultismo é tão acessível quanto a seção de horóscopo de qualquer site, revista ou jornal que as pessoas leem para relaxar, tão inocente quanto um jogo de tabuleiro comprado numa loja de brinquedos, tão moderno quanto uma sessão em um spa que oferece terapia energética juntamente com tratamentos de pele e manicure, e tão inócuo quanto um clube para fazer contatos comerciais. Está sempre por perto e bem integrado à vida de muitas pessoas, mesmo inadvertidamente. "Pois o coração deste povo está endurecido; ouvem com dificuldade e têm os olhos fechados" (Mateus 13:15). As práticas ocultas são incompatíveis com o cristianismo, e é tolice subestimar seu poder.

8

BRUXARIA E SATANISMO

O CASO DA NAMORADA BRUXA

Assim que Trent pôs os pés no terreno da Incarnate Word Bible College (Faculdade Bíblica do Verbo Encarnado), começou a sentir paz – uma paz profunda, uma paz que nunca havia sentido antes. O acidente que tinha sofrido e tudo o que o precedera foram experiências tão terríveis que permaneceriam para sempre em sua memória. Oito dias depois de ter chegado à faculdade, ele já nem fazia questão de ir embora.

Desde que chegara, Trent já tinha rezado o terço inúmeras vezes. Ele também passava muitas horas em silêncio diante do Santíssimo Sacramento e ia diariamente à missa. Para alguém que raramente havia praticado qualquer fé desde a oitava série – havia mais de vinte anos –, a mudança espiritual nele foi dramática.

Trent ficou grato pela hospitalidade da escola bíblica, pelas refeições e pelo quarto de hóspedes no dormitório masculino. Também havia alguém por perto caso ele precisasse de alguma coisa. Acima de tudo, Trent recebia o ministério diário de oração, que o libertava cada vez mais do pesadelo dos últimos seis meses de sua vida. Por meio dos alunos e do corpo docente da escola, Trent sentiu o amor de Deus e a bondade de Seus discípulos fiéis como nunca havia sentido antes.

A Incarnate Word Bible College era uma faculdade nova, em seu sexto ano de funcionamento. Como ocorre em todas as faculdades não credenciadas, o dinheiro era escasso, e a instituição estava sempre correndo o risco de falir. A instituição alugou o terreno de um mosteiro desocupado e se manteve ativa cortando custos sempre que possível. Além de pagar a mensalidade, os alunos tinham tarefas designadas, como limpar os prédios e cozinhar para os 39 alunos matriculados. Além de ser uma necessidade financeira, a cooperação do corpo discente gerou proximidade e um senso de comunidade que criou e estreitou vínculos entre todos. Cada aluno sentia que fazia parte de algo, semelhante a como era na Igreja primitiva.

O oitavo dia de Trent na faculdade significava o sexto dia em que ele não aparecia no trabalho. Ele nem ao menos tinha ligado para a empresa de fretes para explicar o motivo da ausência. Certamente não tinha mais um emprego, mas nem se importava. Não estava bem o suficiente para voltar a trabalhar tão cedo após o acidente e não estava no equilíbrio espiritual apropriado para sair dali. *Depois eu consigo outro emprego como entregador*, pensou ele. *Estou onde preciso estar agora.*

Havia pouco mais de uma semana, Trent dirigia uma caminhonete na Stanwood Road quando atropelou um cavalo. Os estragos foram enormes; o veículo ficou destruído. A parte dianteira empurrou o motor para dentro; se tivesse avançado só mais um pouquinho, as pernas de Trent teriam sido esmagadas. Ele ficou tão gravemente preso nas ferragens, entre o painel deformado e o assento, que, até conseguir se soltar, tinha perdido a circulação nos pés. O banco do passageiro havia sido projetado para fora e agora jazia na vala ao lado da estrada. O eixo dianteiro estava dobrado em um V, a seis metros de distância do veículo. Pedaços de carne e ossos do cavalo que ele havia atropelado estavam espalhados dentro da caminhonete e na estrada atrás dele.

O fato de Trent ter sobrevivido, mais ainda, ter saído apenas com um machucado grave no peito – por ter batido contra o airbag – e alguns cortes no braço direito – quando o corpo do cavalo projetado na batida estilhaçou o vidro –, foi surpreendente. Quem olhasse para os destroços jamais acreditaria que o motorista havia sobrevivido.

O acidente ocorreu pouco depois da uma hora da tarde. A Stanwood Road é uma estrada pouco movimentada que divide longas trilhas de terras agrícolas no leste de Idaho. Trent a tinha descoberto anos atrás, quando ele e um amigo foram caçar alces. A viagem pela estrada sinuosa era mais lenta do que pela rodovia, mas a vista das montanhas era tão cênica quanto qualquer outra e proporcionava uma bela viagem.

O que normalmente aumentava o prazer de dirigir naquela estrada – a falta de outros veículos – quase tornou as coisas mais trágicas. Depois de ter atropelado o cavalo, Trent ficaria preso na caminhonete, com as pernas imobilizadas, até que alguém aparecesse para ajudá-lo. A área era tão rural que não havia sinal de celular, mesmo que ele conseguisse encontrar o aparelho. Depois de se contorcer, torcer e puxar dolorosamente as pernas, ele conseguiu liberá-las, embora não tenha conseguido manter os sapatos. A porta do motorista também tinha ficado amassada com o impacto e não abria, então Trent teve que rastejar pela janela para sair.

O som do acidente ainda ressoava em seus ouvidos. Trent começou a mancar pela estrada em direção ao sul, procurando qualquer sinal de civilização. Depois de ter caminhado quase um quilômetro, ele viu a placa da faculdade bíblica e entrou na pista anexa, com a intenção de usar o telefone para pedir ajuda. Não demorou muito para que fosse notado. Coberto pelo sangue do cavalo, com pedaços secos da carne do animal grudados no rosto e na camisa, ele era uma visão horrível. Uma aluna, que caminhava do dormitório para o refeitório, ficou tão assustada quando o viu que gritou, e muitos alunos se aglomeraram ao redor dela para ver o que estava acontecendo.

Quando John Brooks, o diretor da escola, chegou, Trent explicou o que havia acontecido. John levou-o para dentro da escola para relatar o acidente à polícia. O operador despachou uma unidade imediatamente, mas levaria mais de trinta minutos até que ela chegasse à área rural. Nesse meio-tempo, John ofereceu a Trent o chuveiro no banheiro de seu quarto para que ele se lavasse do sangue, e Trent aceitou, agradecido.

Quando a polícia chegou, ouviu o relato de Trent sobre o acidente, preencheu o relatório e se ofereceu para levá-lo a um hospital para ser examinado, mas ele recusou educadamente. Sentiu tanta paz naquele curto período desde que tinha entrado na faculdade que não queria ir embora. Ir a um hospital para cuidar de alguns arranhões não valia a pena. John disse que poderia ficar na faculdade o tempo de que precisasse, e Trent não conseguia pensar em nada que pudesse querer mais.

A bondade cristã que Trent viu ali o deixou sem palavras. Aquelas pessoas não o conheciam, mas o tratavam como um irmão. Um aluno prometeu oferecer uma hora santa para ele na capela, e vários outros disseram que o colocariam nas intenções da oração do terço. Outro lhe emprestou um laptop para que ele pudesse enviar um e-mail para a família e informá-la de onde estava.

Enquanto os alunos e o corpo docente jantavam naquela noite, John providenciou para que ele e Trent comessem em sua sala de jantar particular. Depois de se sentarem, Trent lhe contou a versão ampliada de como havia chegado lá. Como motorista de caminhão de longa distância, Trent cruzava o país e, como todos os caminhoneiros, tinha suas paradas favoritas ao longo da rota, nas quais estacionava para dormir. Nos seis meses anteriores, fez a mesma viagem com frequência: Houston, Memphis, Wichita e Seattle. Ele havia descoberto um restaurante a cerca de trinta quilômetros de Seattle onde gostava de comer. Embora a comida fosse boa, o que ele achou mais extraordinário foi a garçonete Evelyn. Excepcionalmente amigável, ela o envolvia em uma conversa agradável a noite toda. Em cada uma das visitas subsequentes de Trent, ela o atendia, e a conversa continuava do ponto onde havia parado na vez anterior.

Trent adorava a personalidade de Evelyn e a achava fisicamente atraente e agradavelmente feminina. Em sua quarta visita, Evelyn estava flertando abertamente e, na metade da refeição, disse: "Ok, se você não vai me convidar para sair, acho que cabe a mim fazer isso. Você gostaria de jantar comigo amanhã à noite?".

Assustado e lisonjeado com a assertividade dela, Trent sorriu e respondeu: "Eu adoraria jantar com você. Aonde você gostaria de ir?".

"Na minha casa", disse ela. "Estará tudo pronto às seis e meia", acrescentou ela. E entregou a Trent um papel com o endereço, dando uma piscadela ao fazer isso. "Vejo você amanhã", disse ela.

"Evelyn era incrivelmente charmosa e tinha tudo o que eu sempre quis em uma mulher", admitiu Trent a John. "Sua voz, seu jeito, seu andar eram hipnotizantes. Era o tipo de mulher que fazia você se esquecer de todo o resto."

Embora adorasse a estrada, Trent tinha plena consciência de sua solidão e, aos 34 anos, seus planos de se casar e ter filhos já eram uma realidade distante. Quando Trent chegou ao endereço fornecido por Evelyn, sentiu o cheiro do maravilhoso jantar. Ela percebeu sua chegada antes de ele tocar a campainha. "Bem na hora", disse ela, cumprimentando-o com um abraço apertado. Fazia tanto tempo que ele não sentia algum tipo de afeto humano que poderia ter ficado naquele abraço para sempre.

"Sinta-se em casa", disse ela quando finalmente o soltou. "Tenho mais uma coisa no fogão, e o jantar estará pronto."

A casa de Evelyn era uma antiga casa de fazenda de pedra que havia sido absorvida pela cidade crescendo ao redor. A construção tinha sido reformada recentemente, e evidentemente custado uma fortuna. Tinha ficado muito bonita. A lareira de pedra, as paredes de madeira e as janelas estilo medieval criaram um dos cômodos mais convidativos que Trent já tinha visto. Ele se perguntou como Evelyn poderia ter pagado por tudo aquilo com um salário de garçonete.

"Você mora sozinha?", perguntou ele.

"É claro", respondeu ela da cozinha. "Comprei a casa há cinco anos e a reformei. Vou pegar uma bebida para você", disse ela.

A decoração da casa era simples, porém elegante, com espelhos e obras de arte que harmonizavam perfeitamente com o cômodo.

"Aqui está", disse ela, entregando-lhe uma cerveja. Trent olhou para a cerveja que ela lhe estendia. Uma garrafa de La Fin du Monde, uma cerveja fabricada em uma pequena cervejaria em Quebec, Canadá.

"Onde você conseguiu isso?", perguntou ele. "É a minha favorita."

"Achei que você gostaria", respondeu ela ironicamente. "Estou no ramo de restaurantes. Tenho amigos que podem me trazer coisas." De todas as bebidas que ela poderia lhe oferecer, ele jamais esperaria uma garrafa de La Fin du Monde. Ele conheceu a cerveja por um velho caminhoneiro em um bar em Montreal. "É fabricada em Chambly, a cerca de trinta quilômetros de onde você está sentado", disse o velho, com um forte sotaque quebequense. Trent achou simplesmente divino o gosto da cerveja de estilo belga. "Mas beba com cuidado", o caminhoneiro o advertiu. "Tem 9% de álcool. Adoro, mas não muito", disse ele, rindo com seu sotaque carregado. Trent sempre ficava ansioso para chegar a Quebec e poder tomar aquela cerveja. "De todos os drinques que ela poderia me servir, como foi pensar logo nesse?", ele se perguntava surpreso.

Evelyn preparou um maravilhoso prato de frango e arroz para o jantar, com vagem, salada e pão fresco. Ele saboreou cada porção.

Durante o jantar, Evelyn falou sobre sua vida, sobre os oito anos em que tinha morado na Europa, onde aprendeu três idiomas. "Meu pai foi transferido para a Europa e moramos lá desde que eu tinha seis anos até quatorze. Ainda temos uma casa na Alemanha", disse ela. "Eu vou para lá a cada dois anos."

Embora Trent fosse três anos mais velho que Evelyn, ela tinha visto muito mais do mundo que ele. Se ela não estivesse sempre olhando para ele com olhos indulgentes, poderia até ter se sentido intimidado por ela.

Depois do jantar, Evelyn sugeriu que eles passassem para o solário nos fundos da casa. "Podemos ver o pôr do sol de lá", disse ela. "Ah, e como já é muito tarde, seria melhor passar a noite aqui", acrescentou casualmente.

Eram apenas sete e meia da noite, mas Evelyn acabara de esclarecer seus desejos. *Gosto disso*, Trent pensou, divertindo-se com quão friamente Evelyn encontrou uma maneira de tirar a incômoda questão do sexo do caminho enquanto ainda era cedo. "Eu não gostaria de passar a noite em qualquer outro lugar", respondeu ele.

Juntos, eles assistiram a um lindo pôr do sol, tomaram mais alguns drinques e conversaram até tarde da noite, acariciando-se no sofá. Trent não se sentia tão bem havia anos. Àquela hora da noite, ele estaria bebendo sozinho em um bar ou dentro da cabine do caminhão assistindo a um filme. De qualquer forma, seria uma noite solitária. Era tão bom ter companhia, especialmente a de alguém que deixava tão claro que gostava dele. *Não estrague tudo*, ele disse para si mesmo.

Eles tiveram várias relações sexuais naquela noite, com intervalos de vinte minutos entre cada uma. Trent nunca havia estado com uma mulher tão sensual.

Dormiram até tarde na manhã seguinte. Ao acordar, Evelyn se aproximou e começou a fazer carícias nele, e Trent entendeu que ela queria sexo novamente. *Uma ninfomaníaca*, pensou ele. *Devo estar sonhando.*

Depois do café da manhã, Evelyn sugeriu que Trent deveria se mudar para a casa dela. Ela disse isso exatamente enquanto ele pensava em como seria maravilhoso viver assim todos os dias. A mudança seria simples, pois tudo o que ele possuía estava na cabine do caminhão. Ele havia gastado uma fortuna naquele caminhão para morar nele: vinha completo, com uma cama e um banheiro na cabine, logo atrás dos assentos. Ele ainda usava o endereço da casa da mãe no Texas para correspondência, mas planejava trabalhar na estrada o máximo possível para ter um rancho um dia. Mas, ao pensar nisso, não estava mais decidido a ter um rancho. Embora fosse do sul e sempre pensasse em se estabelecer por lá, se tivesse Evelyn, seria feliz em qualquer lugar, inclusive no frio e úmido estado de Washington. Trent já estava convencido de que Evelyn faria parte de seu futuro.

No fim da manhã, Trent teria que estar de volta à estrada para fazer sua próxima entrega no prazo, um transporte para Memphis. Antes que ele saísse pela porta, Evelyn o agarrou e começou a despi-lo novamente. "Mais uma vez", disse ela. "Não o verei até que volte à cidade na semana que vem."

Uma vez em seu veículo na estrada, Trent reviveu os últimos dois dias. Tinham sido os mais felizes de que ele se lembrava. Evelyn era linda, amorosa, financeiramente estável e louca por ele. Encontrar uma mulher como essa sempre tinha sido o sonho dele. A imagem dela ocupava sua mente continuamente, e ele exibia um sorriso constante.

Trent ficou surpreso com a intuição de Evelyn. Embora não se lembrasse de ter dito a ela, de alguma forma ela sabia que ele estaria de volta a Washington na semana seguinte. Normalmente, eram algumas semanas de intervalo entre uma e outra viagem a Washington. No entanto, um operador de despacho na linha de frete trocou inadvertidamente os destinos de dois reboques, e cada um foi para o local do outro. Então foi solicitado a Trent que fizesse uma mudança de rota para entregar um deles. Em vez de dirigir de Seattle para Wichita, como normalmente fazia, Trent faria uma coleta em Chicago e a entregaria em Denver e, em seguida, pegaria a carga de Denver e a transportaria para Tacoma, Washington. Assim, teria três dias de folga para passar com Evelyn em Seattle.

Quando entregou a carga em Tacoma, Trent foi direto para a casa de Evelyn, onde os dois combinaram de se encontrar. Um envelope colado na porta dizia: "Esta é a sua chave". Ao entrar, ele chamou Evelyn, que respondeu do andar de cima. Ele subiu e entrou no quarto, e a encontrou esperando por ele. "Achei que não viria nunca", disse ela.

Trent ficou três dias em Seattle. Durante esse período, ele e Evelyn tiveram relações sexuais várias vezes ao dia. Quando ele entrou na cabine do caminhão para partir, Evelyn saiu de casa com uma mala na mão. "Para que isso?", perguntou ele.

"Eu vou com você", respondeu ela.

"Você vai o quê?", perguntou ele. "Evelyn, vou dirigir por quase três semanas seguidas."

"Eu sei", respondeu ela. "Tirei três semanas de folga do trabalho. Quero ir com você. Vai ser muito romântico. E também vou poder estar com você no seu aniversário."

Trent não conseguia acreditar. Ao sair para a estrada, levava uma companheira, uma experiência que nunca tinha tido antes. Ter Evelyn significava uma companhia para viajar, comer, fazer as compras e, o melhor de tudo, alguém com quem passar o tempo ocioso. E Evelyn também estaria com ele em seu aniversário, o que ela novamente de alguma forma adivinhou.

Evelyn pediu a Trent que saísse da estrada três vezes nas primeiras quatro horas para que pudessem ter intimidade. Embora Trent tenha gostado dos momentos, as paradas exigiam que ele dirigisse por mais tempo para manter o cronograma. Prevendo que poderia haver problemas para dormir o suficiente à noite, Trent disse a Evelyn que, por mais que eles estivessem muito excitados, ele precisava de um intervalo de sete horas sem perturbações durante a noite, ou a segurança deles na estrada estaria comprometida. Ela concordou. Mas quando a noite chegava, ele tinha que continuar lembrando-a disso.

Se Evelyn em algum momento ficou entediada ou cansada durante a viagem, não demonstrou isso. Ocasionalmente, ela dormia, ouvia música ou simplesmente olhava pela janela e apreciava a paisagem dos Estados Unidos. A única irritação que ela demonstrava era quando Trent interagia com outra mulher durante a viagem, como uma garçonete ou uma caixa. Evelyn não queria que Trent falasse com mulheres de jeito nenhum, e insistia muito nisso, inclusive interferindo, para que as interações fossem as mais breves possíveis. Se uma mulher bonita passava por eles enquanto estivessem em uma parada para descanso, Evelyn entrava no modo "distrair", desviando a atenção de Trent para que ele não a notasse. O ciúme era o único defeito que Trent conseguia perceber nela.

Quando retornaram a Seattle, Trent tinha pouco mais de 36 horas de intervalo até a próxima viagem. Como a casa de Evelyn era agora também a sua casa, ele resolveu comprar uma caminhonete usada para não precisar usar somente o carro de Evelyn quando estivesse ali. Ela fez Trent comprar uma caminhonete de tamanho normal com assentos que se reclinavam até uma posição completamente plana. Ele sabia exatamente por que ela queria esse recurso.

Em sua quinta visita a Seattle, Trent já não estava tão entusiasmado quanto antes para ter intimidade física com Evelyn. Não porque não gostasse de sexo, apenas porque era demais. Evelyn queria tantas vezes que seu corpo não conseguia se recuperar rápido o suficiente entre uma relação e outra, e o apetite de Evelyn era insaciável. Ela nunca considerou fazer outras coisas que casais normalmente fazem – como ir ao cinema e fazer longas caminhadas. Ela não se afastava muito do quarto.

Trent levantou sua preocupação da forma mais gentil possível. "Você não gosta quando fazemos amor?", perguntou Evelyn, obviamente surpresa.

"É claro que sim", respondeu Trent. "Mas estamos fazendo com tanta frequência que estou com dificuldade física de acompanhar."

"Mas, querido, sexo é puro amor", retrucou ela. "É a entrega total de si ao outro. É uma proximidade total. Você não me ama?"

"É claro que eu amo você", respondeu Trent. "Mas o amor não precisa ser sempre sobre sexo."

"Por que você não gosta de sexo?", perguntou Evelyn, parecendo genuinamente confusa.

"Eu gosto", insistiu Trent. "Só que isso não é tudo. Há outras maneiras de demonstrar amor."

Agitada, Evelyn se levantou e saiu da sala. Trent esperou um pouco antes de ir atrás dela. Nem em seus sonhos mais loucos ele imaginaria dizer à namorada que estavam fazendo sexo demais.

Trent encontrou Evelyn na cozinha preparando o jantar. "Desculpe-me por ter sido tão insensível", disse ele. Evelyn largou a cenoura que estava descascando e correu para abraçá-lo. Ela o pegou pela mão e o conduziu escadas acima, na direção do quarto, e começou a se despir.

Dois meses depois, Trent estava na estrada e fez algo que nunca tinha feito antes: parou para abastecer e comer alguma coisa em Hays, Kansas. Hays estava deliberadamente fora de sua rota, mas ele queria testar uma teoria. Depois de abastecer, Trent entrou em um mercadinho para comprar bebidas e alimentos. Enquanto caminhava pelo corredor de hortifrúti, ele parou e perguntou a uma vendedora onde ficavam as nozes. Depois que ela lhe disse, Trent perguntou onde estava o açúcar mascavo. Em seguida, pediu ajuda para encontrar lâmpadas, ração para gatos e óleo de gergelim. Por fim, agradeceu e, antes de ir embora, perguntou: "Eu costumava vir aqui anos atrás. Jerry ainda trabalha no departamento de carnes?". Jerry não existia, era alguém que ele tinha inventado só para prolongar a conversa. "Não faço ideia de quem seja Jerry", respondeu a moça.

"Um cara baixo, de constituição robusta", acrescentou Trent casualmente. "Usa óculos e é um pouco gago."

"Desculpe, mas não faço ideia de quem seja essa pessoa", respondeu ela. "Mas trabalho aqui há apenas dois anos. O gerente está aqui faz mais de quinze. Se perguntar a ele, tenho certeza de que poderá lhe dizer."

Em seguida, Trent foi até o balcão da *delicatessen* e pediu um sanduíche, e ficou conversando bastante com a moça que preparava seu pedido. Depois de comentar sobre o clima e perguntar como tinha sido o dia dela, pediu-lhe que recomendasse um queijo para o sanduíche. A loja tinha sete tipos diferentes de queijo, e Trent perguntou a ela sobre cada um deles com detalhes minuciosos. Ela fez a lista e recomendou o cheddar temperado. "Todo mundo adora", disse ela. Ele agradeceu, escolheu o queijo cheddar para o sanduíche, pagou e saiu.

Em seguida, Trent foi à churrascaria ao lado, mas deixou o celular – que ele havia desligado havia horas – dentro da cabine do caminhão. No restaurante, ele se sentou a uma mesa longe da vista de qualquer janela. Antes de fazer o pedido à garçonete, conversou com ela sobre o tempo, os pratos especiais e o que ela recomendava do cardápio. Eram quatro horas da tarde e o restaurante tinha acabado de abrir. Ele era o primeiro cliente do dia e, até então, o único. Ele fez o pedido. Enquanto a garçonete preparava a bebida, o telefone do restaurante tocou. A garçonete atendeu. Depois de um momento, ela veio até ele e perguntou, como ele esperava: "Você é Trent? A ligação é para você".

Trent sabia que era Evelyn. Ele estava sozinho em um restaurante em que nunca havia estado antes, em uma cidade por onde nunca havia parado. E ninguém podia vê-lo no restaurante. No entanto, de alguma forma, Evelyn sabia exatamente onde ele estava e com quem ele falava.

"Olá, Evelyn", disse ele.

"Por que seu telefone está desligado?", perguntou ela em tom breve.

"Estava com pouca bateria e achei que não precisaria estar ligado enquanto eu jantava", respondeu Trent.

"Por que você o deixou na cabine?", ela exigiu saber. "E se eu precisasse entrar em contato com você?"

É como se Evelyn tivesse um olho mágico monitorando-o a cada momento. De alguma forma, ela sempre sabia de detalhes sobre a vida dele.

"Querida, eu só queria jantar tranquilamente", respondeu ele. "Foi um dia difícil, e eu só queria um tempo para mim", acrescentou, tentando parecer exausto.

"Sobre o que estava falando com aquelas mulheres?", gritou ela.

Trent fingiu ignorância: "Que mulheres?".

"As duas mulheres do supermercado e essa garçonete", Evelyn bufou. "Você falou com cada uma delas por bastante tempo."

É isso mesmo, pensou Trent. *Evelyn sempre sabe exatamente onde estou e o que estou fazendo a cada momento. Ela sabe. Ninguém está lhe contando. E mesmo assim ela sabe.*

Na última semana, Evelyn tinha ligado para Trent duas vezes, perguntando por que ele conversava tanto com as garçonetes. Ele não tinha certeza se alguma coisa em sua vida era particular e estava fora do alcance do olhar dela. Um calafrio subiu por sua espinha.

Eles só se falaram de novo dois dias depois. A essa altura, Evelyn já havia superado o mau humor. Trent deveria deixar sua entrega no armazém de Seattle e depois voltar para a casa de Evelyn. "Vejo você em breve", disse a ela. "Vou estar esperando", respondeu ela. Mas Trent não estava ansioso para ver Evelyn. O relacionamento deles era atípico e estranho. Ele já podia prever o que sua estadia com ela implicaria: sexo e nada mais. Ele não se sentia o namorado de Evelyn, apenas o homem que ela usava para satisfazer ao seu apetite sexual, que não tinha limites.

Quando Trent chegou à casa de Evelyn, ela estava sentada, sem roupa, no sofá. Ela o abraçou e lhe deu um longo beijo. "Senti sua falta", disse ela ao conduzi-lo pela mão até o quarto.

O que se seguiu foi algo que Trent jamais esquecerá. Eles se envolveram em um único ato sexual que durou horas. Embora ele estivesse cansado e quisesse terminar depois de vinte minutos, de alguma forma não conseguia parar. Depois de uma hora, ele estava totalmente exausto e seu corpo estava dolorido, mas, por algum motivo desconhecido para ele, achou mais fácil continuar.

O fato de seu corpo conseguir sustentar a excitação física por esse período de tempo era desconcertante para ele. No entanto, se ele tentasse forçar o corpo a parar, a pedido de Evelyn, uma compulsão robótica interna o forçava a continuar, mesmo que a dor que ele estava sentindo fosse agora excruciante. Embora tivesse controle da mente, Trent tinha apenas controle parcial do corpo e Evelyn se recusava a deixá-lo parar. Finalmente, depois de cinco horas, Evelyn chegou a um ponto de satisfação e permitiu que a relação terminasse. Trent caiu na cama e perdeu a consciência.

Quando acordou no dia seguinte, Trent estava em agonia. Estava inchado e com uma dor excruciante. O ato de se aliviar no banheiro era insuportável. O inchaço mal permitia a passagem da urina.

Ao ouvi-lo se movimentar no banheiro, Evelyn o chamou do andar de baixo: "Bom dia, querido. O café da manhã está pronto".

Quando Trent desceu as escadas, Evelyn estava esperando com uma cesta de piquenique em uma mão e um cobertor na outra.

"Como a nossa noite foi tão bela", disse ela, "achei que poderíamos tomar café da manhã no parque hoje".

Bela? disse Trent para si mesmo. *A noite passada foi um pesadelo. Eu me senti como se estivesse sendo controlado e estuprado até ficar do avesso, por algo dentro de mim.* Ele não fazia ideia do que responder para ela.

"Vamos logo antes que esfrie tudo", disse ela.

Trent estava tão a fim de tomar o café da manhã no parque quanto estaria a fim de arrancar os dentes. De alguma forma, porém, ele não conseguia expressar que não queria ir. Quando Evelyn começou a se mover em direção à porta e a sair da casa, foi irresistível não a seguir. Ele precisou de uma fração mínima de energia para ir andando atrás dela do que precisaria para resistir e ficar parado. Se o impulso de obedecer não viesse dela, mas de dentro dele, ele teria dito que se sentia como um cachorro arrastado por uma coleira.

No parque, Evelyn estendeu o cobertor na grama, abriu a cesta e começou a dispor os itens. "Sente-se e coma um pouco de mingau de aveia", disse ela. O corpo de Trent obedeceu roboticamente quando ela disse "sente-se". Ela lhe entregou uma tigela de mingau de aveia, e ele usou todas as suas forças para resistir a tomá-lo. Embora tivesse aceitado a tigela, Trent fez um esforço imenso e pressionou a mão na coxa, recusando-se a deixá-la se mover, não apenas porque achava a aveia nojenta, mas também porque sabia que corria grande perigo e precisava escapar. De uma forma que Trent não conseguia entender, Evelyn o estava transformando em seu escravo.

"Tome o mingau de aveia", disse Evelyn, com o sorriso desaparecendo de seu rosto. "Depois, iremos para casa e faremos amor lindamente de novo, como na noite passada", acrescentou ela, com o sorriso voltando.

"Eu não... quero mais... um relacionamento com você", gaguejou Trent. "Estou indo embora", acrescentou. Com essa afirmação, ele sentiu como se algo pesado tivesse saído de cima de seus ombros. Estava agora mais leve e tinha mais autocontrole. "Você e eu terminamos, Evelyn", disse ele assertivamente, com uma força recém-descoberta.

O rosto de Evelyn se transformou em um dos semblantes mais ameaçadores que ele já tinha visto. De repente, ele não conseguia respirar. Seus pulmões não conseguiam puxar o ar. Evelyn estava olhando para ele com o olhar mais intenso que ele já tinha visto. Para Trent, era como se duas mãos estivessem em volta de sua garganta, sufocando-o. Evelyn não o estava tocando, mas de alguma forma o estava estrangulando.

Naquele momento, um frisbee caiu entre eles. Dois homens o estavam jogando a uma certa distância deles quando um arremesso errado o fez cair no cobertor de piquenique. Aquela aparição inesperada quebrou a concentração de Evelyn e seu estrangulamento diminuiu. Em um instante, Trent se levantou e correu o mais rápido que pôde em direção à caminhonete, dizendo repetidamente: "Meu Deus, me ajude. Meu Deus, me ajude". Ao chegar ao veículo, ele entrou, ligou a ignição e apertou o acelerador, com tanta força que os pneus guincharam quando o veículo entrou em movimento.

Trent continuou dirigindo até chegar ao sul de Idaho. Então, aconteceu uma coisa muito estranha. Enquanto dirigia pela Stanwood Road, um cavalo galopou a toda velocidade em sua direção. Para evitar atropelá-lo, Trent desviou para a esquerda, entrando na pista do tráfego em sentido contrário. Mas o cavalo mudou de pista e estava novamente em rota de colisão com a caminhonete. Trent desviou de volta para a pista da direita. O cavalo fez o mesmo. A essa altura, a colisão era inevitável.

John estava sentado em silêncio, ouvindo atentamente o relato de Trent. Quando ele terminou, John ficou pensativo. A faculdade existia pelos esforços de quatro pessoas – John era uma delas –, cujas jornadas espirituais passavam pela Renovação Carismática, um movimento espiritual que se concentra em um relacionamento intencional com o

Espírito Santo e os dons que Ele concede à Igreja. A espiritualidade carismática estava muito presente no coração da faculdade. Nas noites de sexta-feira, era feita uma reunião para louvar e adorar a Deus com canções, e quem quisesse podia receber um ministério de oração. As pessoas vinham de vários lugares da região – alguns viajando oitenta quilômetros – para participar. Muitos eram curados fisicamente nessas reuniões, e o Espírito Santo muitas vezes se manifestava com profecia e libertação para aqueles que precisavam.

"Trent", disse John, "você passou por muita coisa. Você precisa do poder do Senhor. Temos um grupo de oração que vai se reunir daqui a pouco. Muitos alunos e funcionários participam, e muitas pessoas vêm de fora. É aberto a todos. Por que não vem e nos permite orar por você?".

"Eu adoraria isso", respondeu Trent. "Não sou muito religioso, mas acredito em Deus e sei que somente Ele pode me ajudar neste momento."

"Louvado seja Deus", respondeu John. "Será impossível conseguir um padre a esta hora para ouvir sua confissão, mas sempre vem um aqui aos sábados; então ele estará aqui amanhã. No entanto, para que a oração tenha algum efeito positivo, você precisa se arrepender dos seus pecados. Seu relacionamento com Evelyn foi pecaminoso – vocês dois tiveram relações sexuais e não eram casados. Você se arrepende disso?"

"Eu me arrependo", respondeu Trent.

John continuou: "Você se arrepende de ter ignorado Deus, de não ter cultivado um relacionamento com Ele, de não ter feito Dele o centro de sua vida?".

"Eu me arrependo", disse Trent.

Por fim, John disse: "Você se arrepende de ter ignorado a lei de Deus, de não ter praticado sua fé, de não ter observado sua obrigação dominical de assistir à Santa Missa e de todos os outros pecados que cometeu? E está pronto para entregar sua vida completamente a Deus?".

"Com certeza", respondeu Trent. "Estou."

"Louvado seja Deus!", exclamou John. "Você rejeitou uma vida de pecado e se colocou aos pés do Senhor. Amanhã você vai confessar seus pecados e receber o perdão Dele pela absolvição do sacerdote. Por enquanto, você já pode receber o poder do Espírito Santo."

A reunião de oração foi feita na capela. Um grupo de alunos músicos tocou músicas de adoração. John foi o facilitador da reunião e, ao apresentar Trent, pediu discretamente a todos que intercedessem por ele para que se libertasse de todos os laços "de um mal que ele havia encontrado recentemente". O ministério de música conduziu o grupo em uma canção de adoração, após a qual todos invocaram o poder do Espírito Santo sobre Trent. A sala ficou agitada com uma sinfonia de orações, pedindo a Deus que manifestasse Seu poder em Trent e o libertasse das garras do mal.

Quando as orações tiveram início, Trent começou a se balançar da esquerda para a direita, e a oscilação foi aumentando cada vez mais. De repente, os olhos dele se reviraram até ficarem totalmente brancos e ele caiu de costas no chão, se debatendo e em convulsão. Depois de alguns segundos, ele gritou e começou a movimentar a cabeça de um lado para o outro em um ritmo acelerado. Ninguém se assustou. A maioria era veterana em oração intercessória por tempo suficiente para já ter visto manifestações demoníacas antes, ou seja, o confronto entre o Inimigo e o Espírito Santo. Essas manifestações são a expressão visível de que o demônio está abandonando o controle sobre sua vítima. Em resposta, a reunião elevou as orações a outro nível. Eles invadiram o céu em favor de Trent por quase uma hora.

Depois, Trent se lembrava apenas de John o apresentando ao grupo. Quando se deu conta, estava deitado de costas, com pessoas orando ao seu redor. Mais de duas horas haviam se passado desde o início da reunião. Trent sentiu uma paz maravilhosa que nunca havia experimentado.

Nos dias seguintes, as pessoas da faculdade continuaram a orar por Trent todas as noites. Em todas as vezes, havia alguma manifestação perturbadora. No entanto, iam diminuindo progressivamente.

Trent permaneceu na faculdade por mais quatro meses, absorvendo a presença do Senhor e descobrindo sua identidade Nele. Ele era grato pela comunidade cristã que tinha encontrado lá, que o ensinou a viver somente para Deus, um estilo de vida que Trent achou irresistível quando o experimentou.

Conheci Trent quando ele estava em seu segundo mês na faculdade. Naquela época, já estava praticamente livre das feridas do período que tinha passado com Evelyn. No entanto, dois sintomas persistiam, o que o levou a me procurar. Ele tinha sonhos perturbadores frequentes envolvendo Evelyn o torturando. E uma dor constante e persistente nos órgãos genitais, a mesma que tinha sentido depois de ter passado a última noite com Evelyn. Ele havia consultado vários médicos e tomado vários antibióticos, sem nenhum resultado. Embora seu corpo parecesse normal, a dor nunca desaparecia.

Perguntei a ele se ainda tinha alguma coisa que Evelyn havia lhe dado. Ele mencionou que ainda usava uma corrente no pescoço e tinha um suporte na viseira da cabine do caminhão que ela tinha lhe dado. Eu lhe disse que ter essas coisas significava continuar ligado a ela. Se ele quisesse ser livre, teria que se desfazer delas. Ele concordou em fazer isso. Em seguida, fiz uma oração de exorcismo para ele. Ele não disse nada durante a oração, mas contou depois que sentiu calor na região íntima enquanto ela acontecia. Eu o abençoei e o mandei embora.

A partir daquele momento, Trent ficou livre e tranquilo. Por fim, ele conheceu uma mulher cristã maravilhosa, casou-se com ela e começou uma linda família.

Acontece que Evelyn era proprietária do restaurante onde trabalhava. Por isso, ela podia tirar folga sempre que desejasse. Evelyn é o que alguns exorcistas chamam de "viúva negra" ou "Jezabel": uma bruxa que atrai homens desavisados sob o pretexto de um relacionamento, mas que depois se transforma em uma predadora que os prejudica. Seu restaurante assegurava um suprimento constante de caminhoneiros que estavam apenas "de passagem" e não sabiam nada sobre seus relacionamentos anteriores. Trent tinha sido apenas uma de suas vítimas. Ela havia destruído a vida de vários caminhoneiros antes dele.

SATANISMO

O satanismo se apresenta como o oposto do cristianismo. No entendimento cristão da realidade, Deus é soberano. Por meio da paixão, morte e ressurreição de Seu Filho, Ele conquistou a vitória sobre Satanás e seu reino das trevas, resgatando Sua criação que estava sob o jugo do pecado, da doença e da morte desde Adão e Eva. Em sua compreensão teológica da realidade, o satanismo difere muito pouco do cristianismo. O que é diferente são os rótulos do bem e do mal. Os satanistas veem o Diabo como seu benfeitor e Deus como seu inimigo. Eles consideram a rebelião do Diabo contra Deus como a resposta adequada às limitações de seu Criador. Por mais bizarro e pervertido que pareça, os satanistas acreditam que o Diabo um dia derrotará Deus e que ele mostrará favorecimento àqueles que lhe demonstraram devoção. Eles fazem a vontade de Satanás para obter seu favor.

O satanismo existe livremente em duas formas: desorganizado e organizado.

Satanismo desorganizado

Essa forma de satanismo não tem um sistema de crenças padronizado ou uma estrutura formal, e aqueles que o praticam se identificam como satanistas por vários motivos. Em um polo estão os totalmente devotos a Satanás. Eles desejam fazer dele o centro de suas vidas. No outro polo estão os ateus que não acreditam no sobrenatural. Eles usam o rótulo "satanista" como sinônimo de rebeldia e independência, duas qualidades inerentes à noção de Satanás. E há, é claro, todas as formas de expressão entre esses dois polos.

O satanismo desorganizado é tipicamente praticado por um único indivíduo ou, na melhor das hipóteses, por um círculo frouxo de devotos, e pode haver uma notável falta de uniformidade entre eles. No entanto, essas pessoas podem cometer atos de terrível maldade.

Nos primeiros anos de meu ministério sacerdotal, eu estava lotado em Houston, Texas, uma cidade com muitas prisões a uma distância de duas horas de carro, que eu visitava regularmente. Conheci alguns detentos que afirmavam ser satanistas praticantes antes de terem sido encarcerados. Um detento que cumpria pena por homicídio triplo admitiu que nunca teve a intenção de matar ninguém, embora fantasiasse com assassinatos nas cerimônias satânicas que praticava. Um dia, pouco depois de ter saído do "transe" que ele mesmo havia induzido durante um ritual satânico, viu-se algemado pela polícia. Ele estava na casa de uma família que não conhecia e, no chão ao seu redor, os corpos dos três moradores.

"Tinha que ter sido eu o assassino, padre", disse ele. "Não havia mais ninguém por perto. Mas eu não os conhecia e nunca tive a intenção de matá-los. Não sei como fui parar na casa deles."

Os exorcistas são frequentemente questionados sobre se o demônio pode matar pessoas. Felizmente, Deus não permite que ele faça isso, pelo menos não diretamente. Entretanto, se o demônio possuir alguém, ele pode usar seu hospedeiro para fazer tudo o que um ser humano é fisicamente capaz de fazer e emprestar-lhe a assistência preternatural para fazer ainda mais. O exemplo dos assassinatos cometidos por esse detento é uma ilustração disso. O que também é notável nesse caso é a própria experiência do assassino.

Quando o demônio possui, dois espíritos – o do hospedeiro e o do demônio – habitam o mesmo corpo. Há uma fusão ou "travessia" dos dois espíritos: o demônio experimenta a realidade por meio do corpo do hospedeiro (por exemplo, o demônio sentirá um toque no braço do hospedeiro como se fosse em seu próprio braço) e o hospedeiro geralmente compartilha a mente e a experiência do demônio. No caso do presidiário, logo após ter cometido o assassinato, assim que saiu do transe, ele viu pela janela da frente uma viatura da polícia entrando na garagem. Era o meio de um dia claro e ensolarado no Texas e não havia nuvens no céu. Porém, mesmo anos depois, quando o preso conversou comigo, ele ficou perplexo com o fato de sua prisão ter ocorrido durante o dia, pois ele se lembrava perfeitamente de ter visto o carro da polícia chegando durante a escuridão da noite. O que ele percebeu foi uma realidade como o Diabo a vivencia. Para o demônio, tudo está envolto em escuridão.

Satanismo organizado

O satanismo organizado ou "cúltico" é sistemático e hierárquico. Ele tem as características típicas de um culto: extrema lealdade a outros membros, obediência completa à hierarquia, adesão total às doutrinas, rituais degradantes e de autoimolação, abuso e violência.

Os cultos satânicos não fazem propaganda de si mesmos e tomam muito cuidado para permanecerem secretos. Eles raramente aceitam novos membros de fora, preferindo produzi-los dentro do culto. Os cultos satânicos obtêm novos membros por meio de um suprimento de mulheres conhecidas como "reprodutoras", cuja tarefa é gerar filhos para o culto. A gravidez delas geralmente resulta de cerimônias de estupro elaboradas e violentas, nas quais os atos sexuais fazem parte dos rituais satânicos.

As crianças que foram concebidas em um culto satânico possibilitam uma de suas práticas mais hediondas – sacrifício de sangue –, em que a vida da vítima é oferecida a Satanás por meio de assassinato ritualístico. Como os cultos têm um suprimento regenerador de nascimentos não registrados e como o satanismo tem uma propensão à perversão sexual, alguns se envolvem na produção de pornografia. Como as crianças reproduzidas em cultos são isoladas da sociedade, ninguém jamais as reconhecerá se suas imagens aparecerem em pornografia impressa ou on-line.

Quando essas crianças são velhas demais para serem usadas para esse fim, elas são sacrificadas em uma cerimônia satânica. Portanto, embora ocasionalmente se ouça falar da polícia descobrindo grandes esconderijos de pornografia infantil ou uma rede de distribuição desse material, *nunca ninguém fica sabendo do resgate das crianças usadas em tais produções*. Quando a polícia é envolvida, as vítimas já foram sacrificadas.

Já atendi a vários casos de possessão que envolviam cultos satânicos. As vítimas nascidas dos criadores do culto conseguiram escapar. Elas carregavam feridas insondáveis. A nenhuma delas foi permitido ter o benefício de uma infância. Cada uma delas foi repetidamente estuprada, espancada e torturada para garantir sua conformidade com o culto e a doutrinação com suas crenças aberrantes. Duas delas também foram vítimas de controle mental administrado para atingir esse objetivo. O controle da mente é o uso de técnicas psicológicas para romper a identidade de uma pessoa (pensamentos, ideias, atitudes, valores e crenças) e assim controlá-la.

Os membros do satanismo organizado e do culto celebram a chamada Missa Negra, uma paródia blasfema e obscena da missa católica. Presidida por um "padre" satânico que usa vestes semelhantes às de um padre católico, essa cerimônia incorpora – embora com um significado invertido – os elementos típicos encontrados na liturgia cristã tradicional: um altar, velas, vasos e uma hóstia eucarística consagrada, que foi roubada ou contrabandeada de uma igreja católica. O sacerdote satânico profanará a hóstia de forma zombeteira, colocando-a dentro dos órgãos genitais de uma mulher ou cobrindo-a com excrementos corporais.

BRUXAS, BRUXARIA, WICCA E PAGANISMO

Uma bruxa pratica bruxaria, uma apropriação mágica (ou seja, paranormal) de poderes ocultos por meio de feitiços e da invocação de espíritos. Historicamente, o termo "bruxa" se aplicava apenas às mulheres, e seus equivalentes masculinos eram chamados de "magos". Nos tempos modernos, no entanto, o termo é usado de forma intercambiável entre ambos os gêneros. Algumas bruxas preferem ser chamadas de "wiccanas", que praticam a Wicca em vez de bruxaria, devido à conotação negativa dos termos "bruxa" e "bruxaria".

Junto com o satanismo, a bruxaria forma o segundo grupo ocultista mais identificável do mundo. Embora alguns juntem os dois sob o rótulo genérico de "satanistas" ou "adoradores do demônio", eles têm espiritualidades muito diferentes que são, de fato, incompatíveis. O satanismo é de caráter patriarcal, enquanto a bruxaria é matriarcal. Embora os satanistas usem mulheres em seus rituais e práticas sexuais, elas são odiadas e vistas como repugnantes. Elas nunca são vistas como iguais. Por outro lado, as bruxas veem a mulher como o ápice de poder, beleza e perfeição da natureza. Os homens costumam ser vistos como objetos a serem controlados por meio de feitiçaria e encantamentos.

Em contraste com o satanismo tradicional, que reconhece as existências de Deus e Satanás, uma bruxa típica *pode* acreditar em Deus, em um "Ser Supremo" ou nos "deuses". Mas quase nenhuma acredita no Diabo, pelo menos não como o cristianismo o concebe tradicionalmente. A maioria dos bruxos considera a bruxaria como a "religião antiga", anterior ao cristianismo, ao judaísmo e a todas as outras religiões monoteístas. Para os bruxos, as religiões não pagãs são "novidades" pelas quais eles têm pouco respeito. Em outras palavras, embora o satanismo seja uma reação direta ao cristianismo, a bruxaria não é, e não tem as mesmas categorias teológicas que o satanismo. Embora as bruxas acreditem em "espíritos" (bons e maus), normalmente não os consideram seres pessoais (anjos e demônios) como um cristão (ou mesmo um satanista) os definiria. Para muitos bruxos, esses espíritos são apenas forças impessoais da natureza que podem ser manipuladas por meio de ministrações ocultas.

Embora a maioria dos que se identificam como bruxos não considerem o cristianismo como um meio para a perfeição, eles têm grande respeito pelo cristianismo como inimigo e estão bem cientes do poder de Cristo e de Sua Igreja. O padre Michael, um pároco de quem sou muito amigo, tem uma vizinha bruxa autoproclamada morando do outro lado da rua da casa paroquial. Tanto ele quanto a mulher têm um gato, e os dois brincam juntos ao ar livre. Um dia, na festa de São Francisco, o santo padroeiro dos animais, ele abençoou seu gato e, como o gato da bruxa estava ali, abençoou o dela também. Mais tarde, naquela semana, a mulher bateu à sua porta, perguntando com rispidez se ele havia feito mal ao gato dela. "Claro que não", respondeu ele. "Por que você perguntaria uma coisa dessas?"

"Porque ele está se recusando a entrar em casa nos últimos três dias", disse ela de forma sarcástica.

Devido ao poder que o cristianismo exerce, as bruxas veem a Igreja como sua inimiga. Por causa das bruxas, os reservatórios de água benta nas igrejas paroquiais eram historicamente trancados, uma prática que caiu em desuso recentemente, mas que servia a um propósito fundamental. Sabe-se que as bruxas "trocam" a água benta por água amaldiçoada; contaminam o tanque deixando cair um animal morto ou contaminam a água benta colocando sangue menstrual nela. O efeito trágico: quando os católicos se abençoam com água benta ao entrar em uma igreja ou enchem garrafas para levar para casa, podem estar se submetendo, sem querer, à matéria amaldiçoada das bruxas.

A eficácia dessa simples estratégia deve ser motivo de reflexão. Ao realizar essas ações, as bruxas tentam impedir a eficácia da água benta, um sacramental cuja finalidade é afastar o mal. Imagine como o mal poderia ser eficaz se as bruxas fossem livres para remover essa arma drenando o tanque de água benta. Ou, o que é muito pior, substituindo essa arma pela sua própria, que o cristão incauto aplicaria em si mesmo. As bruxas podem conseguir isso quando têm acesso aos reservatórios de água benta.

Historicamente, as bruxas odeiam as relíquias dos santos e as roubam para usá-las em suas cerimônias, nas quais as ridicularizam, profanam e destroem. Nesse aspecto, a bruxaria é semelhante ao satanismo; elas profanam relíquias e a Eucaristia em rituais horríveis. Embora a bruxaria e o satanismo possam diferir na forma e na aparência cerimonial de seus rituais, são notavelmente semelhantes no conteúdo. Ambos envolvem sangue e sacrifício humano – especialmente de crianças – que são imolados em altares. O satanista faz isso para agradar a Satanás; uma bruxa pode fazer isso para "ganhar a energia da criança" ou como um bem dado "em troca" a um espírito.

Uma das práticas mais comuns usadas na bruxaria é a magia sexual, o uso do orgasmo para lançar feitiços ou para efetivar algum outro tipo de realidade desejada. Baseia-se na noção de que a energia sexual é uma das forças mais poderosas do universo – poderosa o suficiente para criar ou destruir –, e pode ser direcionada para fins específicos.

De acordo com os praticantes, uma bruxa produz magia sexual concentrando-se mentalmente em um resultado que deseja criar. Com esse resultado fixado na mente, ela se envolverá em atividade sexual, no auge da qual enviará a "energia" gerada pelo orgasmo para produzir o efeito desejado.

No caso de Trent e Evelyn, é quase certo que Evelyn estava usando a relação sexual para criar magia sexual, cujo efeito era obter o controle submisso de Trent. Embora Evelyn talvez não soubesse que estava empregando espíritos demoníacos – acreditando que estava apenas manipulando o oculto, as forças impessoais da natureza que a bruxaria disponibilizava para ela –, o poder por trás de suas ações não vinha da natureza, mas de demônios. Os demônios produzem o efeito por trás de todas as práticas ocultas.

A bruxaria e o satanismo estão ao nosso redor. Como ambos tendem ao individualismo radical, seus adeptos raramente marcam presença na sociedade, contentando-se em praticar seu estilo de vida anonimamente. Seu anonimato muitas vezes faz com que as pessoas não estejam preparadas para o mal que enfrentam quando o encontram, o que as prejudica.

9

MALDIÇÕES

O CASO DA MALDIÇÃO DA MÃE

Anos atrás, no verão, passei férias em Portugal. Viajei a várias cidades e vilarejos para ver seus festivais religiosos, além de visitar a família (meus ascendentes paternos e maternos são portugueses).

As cidades e vilas portuguesas comemoram seus santos padroeiros com um festival ao ar livre no verão, quando o tempo está bom. As festividades incluem uma procissão, música, desfiles de bandas, comida e elaboradas exibições de fogos de artifício.

Vi o mesmo homem, de aparência estranha, em cada festival em que estive. Seu trabalho era transportar os fogos de artifício, organizá-los em uma sequência e dispará-los. Esses fogos de artifício são imensamente potentes. Além de produzir padrões coloridos de luz, suas explosões são muito mais ruidosas do que as de uma espingarda. Poderíamos chamá-los de bombas. O manuseio desses fogos de artifício sempre representa um risco à segurança do usuário.

O homem usava um sobretudo longo e abotoado que ia até um pouco abaixo dos joelhos. Suas canelas estavam nuas, deixando evidente que ele não usava calças por baixo do casaco. Ele parecia ter aproximadamente sessenta anos e era, de fato, uma visão estranha. Imaginei que o homem tivesse optado por não usar calças para evitar que pegassem fogo durante a iluminação pirotécnica.

Em um dia sufocante e extraordinariamente úmido, participei de um festival e vi o agora familiar homem trabalhando na organização dos fogos de artifício para o show noturno. Mais uma vez, ele estava usando o mesmo casaco longo e pesado. O calor do dia era opressivo, e só de olhar para ele já me sentia desconfortável.

Um primo meu conversava com esse homem. Ao observar o tom casual da conversa, ficou evidente que eles eram amigos, e mais tarde perguntei ao meu primo sobre ele. A resposta foi surpreendente.

"O nome dele é Francisco. É um cara legal", respondeu meu primo. Prevendo que eu teria perguntas sobre sua aparência, ele continuou: "Francisco não tem os órgãos genitais e boa parte do sistema urinário. A urina dele não se acumula na bexiga, simplesmente escorre para fora à medida que se forma. É por isso que ele não usa calças. É também por isso que ele só trabalha ao ar livre. Sua bexiga está constantemente se esvaziando, gota a gota".

O enredo da história foi de mal a pior. "Meus pais conheciam a mãe dele. Ela engravidou quando era adolescente, e não era casada. A gravidez foi difícil. Como ela tinha enjoos matinais todos os dias e vomitava com frequência, seus pais suspeitaram de que estivesse grávida. Com vergonha de admitir, ela negou por um tempo, até que a barriga começou a aparecer. Então, mesmo evidentemente grávida, quando o pai a confrontou, ela gritou: "Não estou grávida! Se eu estiver, que o bebê dentro de mim não seja nem homem nem mulher!".

Ele continuou: "Quando ela entrou em trabalho de parto e deu à luz, a tragédia se tornou conhecida. Francisco nasceu sem os órgãos genitais. Também lhe faltava grande parte do que é necessário para esvaziar a bexiga. Não havia como saber se o recém-nascido era homem ou mulher. Somente depois de exames médicos foi possível confirmar que o bebê era um menino".

Francisco sofreu a vida inteira por causa da deformidade. Ele vivia recluso e nunca se casou, ganhando a vida fazendo trabalhos eventuais que podia executar ao ar livre. Ele não tinha dinheiro para comprar fraldas geriátricas.

MALDIÇÕES PRONUNCIADAS

A palavra "maldição" é frequentemente usada para designar palavras grosseiras na fala, ou seja, palavrões. Embora xingar e amaldiçoar possam significar a mesma coisa na fala cotidiana, não são efetivamente a mesma coisa. Uma maldição é uma fala ou ação pedindo que o mal aconteça a alguém ou a alguma coisa. Ao contrário de uma bênção, que fortalece, dá força e vida, uma maldição drena, enfraquece e mata.

Há muitos motivos pelos quais alguém amaldiçoaria uma pessoa: para se vingar; para destruir um casamento (ou outro relacionamento); para estabelecer um relacionamento profano; para causar dificuldades financeiras; para perturbar e causar infelicidade a alguém; para causar doenças ou a morte de outra pessoa etc.

As bênçãos e maldições existem por causa da maneira como Deus construiu a realidade. Deus criou um universo moral, em que é possível escolher o bem ou o mal. A escolha de Adão pelo mal – ou, dito de outra forma, sua rebelião contra Deus – destruiu a bênção primordial do paraíso no qual ele estava vivendo. Também se tornou a ocasião para as primeiras maldições da história, que o próprio Deus pronunciou: Ele amaldiçoou a serpente (Gênesis 3:14), Eva (3:16), a terra (3:17) e, finalmente, Adão (3:17-19).

Uma maldição é simplesmente uma invocação da justiça ou a justa convocação da punição para o mal. Por essa razão, a maldição de Deus é boa e santa. No entanto, Deus nunca amaldiçoa apenas por causa da punição; Ele nunca deseja apenas "se vingar" do transgressor com mera justiça. As maldições de Deus são medicinais e se tornam o meio para uma bênção. A maldição de Eva, por exemplo, foi uma condenação a sofrer intensas dores de parto. Ainda assim, sua glória suprema consiste na maternidade, por meio da qual ela se tornará a mãe de todos os seres vivos (Gênesis 3:20). O Salvador – que desfará o mal cometido por ela e Adão – nascerá de uma de suas filhas. A maldição de Adão foi ser condenado ao trabalho, mas o trabalho se tornou o meio de sua salvação e de seus descendentes (Colossenses 3:23-24). O Salvador um dia trabalhará para trazer a salvação à família humana. Embora as maldições de Deus sejam amargas, é a amargura do remédio, que produz saúde e bênçãos.

Portanto, existe algo chamado maldição santa. A maldição santa tem a intenção de realizar a vontade de Deus. Até mesmo São Paulo amaldiçoa quando diz: "Que seja amaldiçoado qualquer um, incluindo nós, ou mesmo um anjo do céu, que anunciar boas-novas diferentes das que nós lhes anunciamos" (Gálatas 1:8).

Invoco regularmente essas maldições. Quando passo de carro por um lugar proeminente do mal – uma loja de pornografia, um clube de *striptease* ou uma clínica de aborto, por exemplo –, traço o sinal da cruz em sua direção e invoco uma "maldição sagrada":

> Que você seja atingido pela invisibilidade.
> Que a maldição do Deus Todo-Poderoso esteja sobre vocês.
> Que você murche e morra como a figueira amaldiçoada (cf. Marcos 11:21).

Para ser claro, direciono minha maldição para o *trabalho maligno* que ocorre dentro da respectiva instalação (a luxúria comercializada nas lojas de pornografia e clubes de *striptease*; o assassinato de bebês nas clínicas de aborto etc.). Minha maldição *nunca* é dirigida aos pecadores que realizam o trabalho. Oro pela conversão deles e peço a Deus que os afaste do mal que aceitaram.

Em oposição, a maldição maligna pretende ferir pecaminosamente ou manipular egoisticamente uma pessoa. Esse tipo de maldição pode causar danos terríveis. A maldição proferida pela mãe de Francisco é um exemplo. Francisco pagou caro pelas palavras da mãe.

A eficácia de uma maldição se deve a três princípios:

1. As palavras têm poder

Uma palavra criou o universo. Pela palavra de Adão, os animais da criação foram nomeados, e o próprio Deus obedeceu ao nome que Adão lhes deu (Gênesis 2:19). A Igreja pronuncia as palavras do batismo enquanto derrama a água, e o pagão que a recebe se torna uma nova criação em Deus (Romanos 6:4). Um homem e uma mulher pronunciam seus votos no casamento, e eles se tornam uma só carne (Gênesis 2:24). Há muitos outros exemplos.

No caso de Francisco, as palavras da mãe levaram à alteração da realidade física. Ela certamente nunca teve a intenção de mutilar o bebê, mas suas palavras o afetaram no útero quando ela as pronunciou. Isso não se deve ao fato de ela poder manipular forças misteriosas e invisíveis da natureza simplesmente falando, mas porque suas palavras deram aos demônios o direito legal de fazer isso.

2. Toda maldição maligna é uma união mística com Satanás

Quando alguém amaldiçoa outra pessoa, imita Satanás, cuja rebelião foi uma maldição contra Deus e tudo o que Deus ama. Essa imitação abre uma conexão com Satanás, e os demônios podem entrar na maldição e produzir o que ela invoca. Os demônios são o combustível que alimenta as maldições.

A mãe de Francisco recusou a verdade. Ela se recusou a admitir o fato de que tinha tido relações sexuais fora do casamento, que estava grávida como resultado disso e que o bebê dentro dela era um ser vivo, uma pessoa que Deus criara à Sua imagem. Ao escolher uma realidade diferente daquela que a providência e o projeto de Deus haviam permitido, ela cometeu um ato de rebelião semelhante ao de Satanás. Tragicamente, Satanás se aproveitou disso.

3. Os seres humanos estão misticamente conectados

Os seres humanos estão interconectados. Tendo os mesmos dois pais originais, todos os seres humanos têm um vínculo comum. Nosso DNA humano compartilhado é a evidência desse vínculo em um nível físico, e a herança comum do Pecado Original é a evidência em um nível espiritual.

No caso de Francisco, embora tenha sido a mãe dele que cometera o mal, Francisco sofreu as consequências. Mesmo depois de a mãe ter se arrependido, Francisco sofreu os efeitos da maldição a vida toda. E pelo fato de ter sido invocada por sua mãe, a maldição foi severa e eficaz. A mãe não apenas compartilhava a linhagem sanguínea de Francisco, mas, como mãe dele, tinha autoridade espiritual. Se um estranho tivesse dito palavras semelhantes, provavelmente não teriam afetado Francisco. Mas como era a mãe *dele* – falando tão enfaticamente e com tanto desprezo –, significava a porta aberta de que o mal precisava para produzir um resultado trágico. As palavras dela deram permissão ao mal para prejudicar seu bebê.

Acreditar em maldições não é irracional nem simplista. Todas as sociedades humanas têm maldições no repertório de sua compreensão da realidade. Mais do que algo isolado de culturas ou povos específicos, a crença em maldições é um fenômeno humano.

A melhor maneira de saber se alguém está amaldiçoado é procurar padrões destrutivos. As maldições se revelam por meio da repetição. Embora todo mundo tenha uma sequência de má sorte de vez em quando, se a "má sorte" ocorrer com uma regularidade que desafia a probabilidade e a expectativa racional, então a causa pode ser uma maldição.

Os sintomas comuns de maldições incluem:

- Pesadelos frequentes e sono perturbado.
- Problemas de saúde repentinos e persistentes.
- Dificuldades financeiras ou problemas legais.
- Dificuldades de relacionamento.
- Perda de energia (emocional, física, mental e espiritual).
- A pessoa ser muito "azarada".
- Dores aleatórias.
- Mente dispersa, confusão e desorientação.
- Esquecimento atípico.
- Falhas mecânicas e quebra frequente de objetos.

MALDIÇÕES FÍSICAS

Uma maldição física é aquela anexada a um objeto por meio de algum ritual. O item amaldiçoado é colocado em posse da vítima pretendida e seu mal é liberado. Essas maldições às vezes são chamadas de maldições vinculadas a objetos, mandingas, malefícios, efígies ou simplesmente pragas ou feitiços.

As maldições físicas têm o poder de desencadear um grande mal. Conheci uma família que passou por dificuldades financeiras significativas depois que seus eletrodomésticos e aparelhos eletrônicos estragaram repentinamente. A geladeira, o freezer, o computador da família, o fogão, a secadora de roupas e o forno pararam de funcionar. Uma semana depois de terem sido substituídos, os novos aparelhos também estragaram. Um mês após o início da provação, uma mulher estranha bateu à porta da casa dessa família, alegando descaradamente que era a causadora do caos, pois tinha lançado neles uma maldição. Dois membros da família a reconheceram. Era uma desconhecida que tinha vindo ali e pedido para usar o banheiro, dois meses antes. Com a intenção de serem gentis com uma estranha em necessidade, eles permitiram que ela entrasse.

A mulher exigiu três mil dólares para desfazer a maldição, mas a família estava sem dinheiro. Eles tinham comprado eletrodomésticos usados, o que significava que os aparelhos não tinham garantia, e tinham gastado tanto em eletrodomésticos que, mesmo que quisessem pagar o que a mulher estava pedindo, não poderiam. Quando a família explicou isso à mulher, ela disse: "Então vai continuar estragando tudo".

A família não sabia o que fazer para resolver aquela situação. Então, algo aconteceu. Uma das filhas encontrou um objeto estranho dentro do armário do banheiro. Parcialmente enfiado em um vão na parede – quase imperceptível, a menos que se olhasse por baixo da prateleira inferior, na junção com a parede do fundo – havia uma folha de papel comum enrolada, e dentro dela um alfinete com uma imitação de pérola na ponta. A moça o mostrou aos membros da família. O alfinete não pertencia a nenhum deles, então ela o jogou fora. Quando o lixo foi recolhido, três dias depois, todos os aparelhos da casa começaram imediatamente a funcionar. Avaliando as evidências, eles perceberam – de uma forma que não conseguiam entender – que todo aquele caos estava de alguma forma relacionado com o alfinete. Também se deram conta de que devia ter sido a mulher que o colocara ali, pois estava no banheiro que ela havia usado.

As maldições físicas não causam apenas destruição e caos. Podem manipular alguém para que faça uma escolha que normalmente não faria. Patrick, parente de um amigo, ganhou alguns doces caseiros de uma colega de trabalho que não escondia a intenção de namorar com ele. Ela flertava regularmente com ele, apesar de ele ter deixado claro várias vezes que não tinha interesse. Um dia, quase no fim do turno de Patrick, a mulher lhe entregou o pacote de doces, dizendo: "Fiz estes doces especialmente para você. São certamente os mais gostosos que você já provou". Patrick entrou no carro e colocou o pacote no banco do passageiro, mas se esqueceu dele quando chegou em casa. No dia seguinte, quando saía para o trabalho, viu o pacote e decidiu pegar um doce. Quando olhou lá dentro, viu que todos os doces tinham se transformado em cabelos.

É impossível dizer o que teria acontecido se Patrick tivesse consumido um doce. É claro que não teria sido bom. Por que viraram especificamente cabelo? Não faço a menor ideia. Maldições físicas podem manifestar uma ampla gama de características. Mas a transformação dos doces – a perda de seu apelo enganoso – foi um sinal de que pelo menos parte da maldição por trás deles não estava mais operando. Felizmente, tinham apenas algumas horas para trabalhar. Se fosse por um período mais longo, Patrick poderia ter comido um doce e sido vítima da maldição.

Algumas maldições são mais eficazes do que outras. Isso geralmente se deve ao *nível de sacrifício* que é feito para elas. A maioria das maldições exige que algo de valor seja oferecido no momento de sua geração, como:

- Tempo: alguns rituais de maldição exigem muito tempo para serem realizados.
- Dinheiro: pagamento do feiticeiro para criar a maldição; pagamento oferecido a uma divindade pelo sucesso da maldição etc.
- Consolo: algumas maldições são mantidas por automutilação ou mortificação extrema da pessoa que amaldiçoa, para "alimentar" o mal por trás dela.
- Sacrifício de sangue: a vida de pelo menos uma pessoa ou animal é oferecida para animar a maldição.

Obviamente, as maldições não são baratas. Elas custam algo para a pessoa que as invoca.

Ao receber uma oração para quebrar uma maldição, a vítima – que talvez não soubesse que estava amaldiçoada – pode vomitar repentinamente um objeto estranho. Esses objetos podem incluir penas, cabelos, unhas, pedras e até mesmo paus. É um mistério como o objeto entrou na pessoa, mas o poder por trás de algumas maldições é quebrado somente quando a vítima o expulsa.

QUEBRANDO UMA MALDIÇÃO

A melhor maneira de se defender contra uma maldição é, em primeiro lugar, evitar ficar sob seu poder. Ser um discípulo comprometido do Senhor e buscar Sua santidade é a melhor maneira de garantir isso. Quando alguém anda com o Senhor, vai ter Sua bênção, compartilhar de Sua autoridade e operar sob Sua proteção, como São Paulo atesta: "Se Deus é por nós, quem será contra nós?" (Romanos 8:31).

Paulo tinha boas razões para pregar a coragem cristã. Nenhum mal ou infortúnio que lhe sobreviesse poderia dominá-lo. Quando uma cobra o picou na praia em Malta, por exemplo, ele a sacudiu para o fogo enquanto ela ainda o picava e continuou o que estava fazendo como se nada tivesse acontecido, para o espanto dos espectadores (Atos 28:5). Devido à confiança e à despreocupação de Paulo, os malteses o consideravam um deus.

Mais tarde, quando Paulo foi questionado sobre o que fazer com a carne sacrificada a ídolos – o que significava que havia sido oferecida a demônios (1 Coríntios 10:20) –, ele disse para comê-la sem preocupação. Ele estava tão cheio de Jesus que os perigos que encontrava, fossem eles físicos ou espirituais, não o preocupavam nem um pouco. A proteção de Deus lhe dava tanta confiança que nada mais lhe causava preocupação ou ansiedade, nem mesmo a carne amaldiçoada.

A confiança demonstrada por São Paulo contrasta com a ansiedade que as pessoas de hoje demonstram. No momento em que escrevo este texto, ao digitar a pergunta "Como quebrar uma maldição?" em um mecanismo de busca na internet, surge uma infinidade de artigos escritos por bruxas e praticantes do ocultismo oferendo remédios para desfazer maldições que, ironicamente, foram *feitas por outras bruxas e outros praticantes do ocultismo.* Longe de ser libertador, o abandono do cristianismo e a reversão ao paganismo apenas submeteram as pessoas mais uma vez à escravidão espiritual – a mesma escravidão sob a qual o mundo estava antes da vinda de Cristo. De fato, os resultados da pesquisa na internet não mostram quase nenhum texto cristão, mesmo depois de percorrer várias páginas de resultados. A espiritualidade neopagã parece sujeitar a pessoa a infinitas maldições predatórias. Por sua falta de preocupação, os cristãos estão, evidentemente, protegidos das maldições de uma forma que os pagãos não estão.

Se algum dia um cristão se encontrar sob o poder debilitante de uma maldição, sua primeira preocupação deve ser *fechar todas as portas* pelas quais o mal tem direito sobre ele. Lembre-se, o mal está sujeito às regras da soberania. A vítima de uma maldição deve se livrar imediatamente de todos os pecados dos quais é culpada. A seguir, as cinco falhas mais comuns.

1. *Não se arrepender*

Para se livrar do poder do mal, é preciso se livrar da prática do mal. Arrepender-se do pecado, especialmente do pecado mortal, e parar de cometer mais pecados é essencial para permitir que a graça de Deus faça seu trabalho. Mesmo que o pecado não seja a causa direta da maldição, o pecado nos fecha para a graça de Deus, o que, por sua vez, nos torna vulneráveis ao mal que vem contra nós.

Quebrar o poder de uma maldição vem inteiramente da graça, e a graça não pode habitar em alguém que escolhe o pecado em vez de Deus. Os pecados que parecem tornar uma pessoa especialmente vulnerável a maldições e à atividade demoníaca em geral são os sexuais e os que envolvem o ocultismo.

2. *Não adorar a Deus da maneira que Ele deseja*

Se Deus não for o centro de nossa vida, então não estamos vivendo como Seus discípulos. O discipulado significa um compromisso com a oração diária (ou seja, dedicar fielmente tempo à oração; não apenas o tempo que "sobra"), estudar a Palavra de Deus, realizar obras de caridade e participar da missa aos domingos e em dias santos de obrigação. Se não estivermos adorando o Deus do Céu dessa maneira, estaremos adorando outro deus.

3. Deixar de receber os sacramentos

Jesus Cristo deu os sete sacramentos para curar o mundo. Recusar os sacramentos é rejeitar Jesus Cristo. Ponto final. Entre os sacramentos, o da confissão é crucial, pois nos restaura à pureza do batismo, o sacramento que nos tornou cristãos e participantes da natureza divina. Deixar de confessar um pecado mortal específico, não porque nos esquecemos de tê-lo cometido, mas por vergonha de tê-lo cometido, ou por orgulho, porque consideramos que admitir tê-lo cometido é "inferior a nós mesmos", nos impede de receber a graça sacramental.[1]

4. Não remover o que é inútil e destrutivo

Se há pessoas em nossa vida que nos derrubam por nos distraírem da santidade e nos levarem ao pecado, ou por transferirem suas tendências disfuncionais ou destrutivas para nós, talvez precisemos terminar nosso relacionamento com elas. Isso se aplica até mesmo a amigos e conhecidos de longa data. Se alguém for uma pedra de tropeço em nossa busca pelo Céu, é melhor não ter essa pessoa em nossa vida. O mesmo se aplica a qualquer coisa específica, como um bem ou até mesmo um emprego.

5. Não perdoar

O perdão é um dos grandes mandamentos de Jesus, que é a própria misericórdia e o perdão de Deus. Como tal, somos obrigados a perdoar de coração aqueles que nos magoaram e feriram. De fato, comprometemo-nos a perdoar os outros toda vez que rezamos o Pai-Nosso: "Perdoai-nos as nossas ofensas, *assim como nós perdoamos a quem nos tem ofendido*". A recompensa de Deus para aqueles que perdoam é a glória (Provérbios 19:11).

Se nenhuma dessas cinco falhas se aplicar, e a pessoa ainda estiver sofrendo o efeito de uma maldição, deverá entrar em combate direto contra a maldição por meio de um dos seguintes atos:

1. *Ore e peça ao Senhor que retire a maldição*

Não presuma que o Senhor removerá uma maldição de você sem *a sua participação ativa*. Embora Deus queira vê-lo liberto, mais do que você, Ele tem muito respeito pelo seu livre-arbítrio para violá-lo. Para que Deus tenha a liberdade de agir contra a sua maldição, você precisa permitir que Ele o faça, e isso exige que você use palavras. Não presuma que você já permitiu isso a Ele!

2. *Perdoe quem quer que o tenha amaldiçoado (quer você saiba ou não quem ele seja) e ore por ele*

O próprio Senhor diz: "Eu, porém, vos digo: Amem os seus inimigos e orem por quem os persegue" (Mateus 5:44). Essas palavras devem ser a base de nossa atitude para com aquele que nos amaldiçoou. A oração e o sacrifício diários pela pessoa ou pelas pessoas responsáveis pela maldição nos conformam a Cristo e tiram o poder da maldição.

3. *Procure o que pode ser um objeto amaldiçoado*

Tente localizar um objeto amaldiçoado em seu veículo, entre seus pertences, em sua casa ou até mesmo em sua pessoa (por exemplo, a corrente em volta de seu pescoço tem um novo objeto nela – como uma nova medalha – que você nunca colocou lá?). Se encontrar algo que não lhe pertença ou que tenha sido significativamente danificado, desfigurado ou modificado por alguém, mesmo que seja desconhecido, descarte. Seja cauteloso ao receber um presente, especialmente um objeto de propriedade anterior (por exemplo, uma antiguidade). Se os efeitos de uma maldição tiverem começado após você ter recebido esse objeto, descarte-o ou destrua-o e observe se isso encerra a maldição.

Localizar um objeto amaldiçoado pode ser extraordinariamente difícil, pois a pessoa que o amaldiçoou vai fazer de tudo para que não seja encontrado. Caso o localize, jogue água benta nele, queime-o ou destrua-o de outra forma. Tudo o que restar deve ser descartado, não deve mais ficar com você. A destruição garante que não vai afetar mais ninguém.

4. *Repreenda a maldição e ore contra ela*

Ofereça orações diárias, sacrifícios penitenciais e jejum para quebrar a maldição.

5. *Peça às pessoas santas, especialmente aos santos no céu, orações e intercessões*

São Tiago nos diz: "A oração de um justo tem grande poder e produz grandes resultados" (Tiago 5:16).

6. *Procure um padre católico e peça a ajuda dele para quebrar a maldição*

Nem todos os sacerdotes têm a mesma experiência nessa área. Alguns talvez nunca tenham se deparado com maldições e podem simplesmente oferecer uma bênção. Isso é insuficiente. O efeito de uma maldição é obra de um demônio. Procure um sacerdote que possa exorcizá-la, inclusive em sua casa, veículo, empresa ou qualquer outro lugar em que sinta que a maldição esteja operando. Se isso não resolver o problema, entre em contato com a diocese católica local e solicite os serviços de um exorcista.

Há uma distinção entre uma maldição e seus efeitos. Mesmo que uma maldição seja quebrada ou expire (algumas são temporárias por natureza), o que ela causou pode ser permanente e irreversível. O que aconteceu com Francisco, o homem que nasceu sem os órgãos genitais, é um exemplo. A maldição de sua mãe resultou em uma deformidade física permanente, com a qual ele teve que conviver pelo resto da vida.

A noção de que as maldições são reais ofende a sensibilidade de muitos cristãos, pois muitos acreditam que sejam apenas superstições.

Entretanto, como o oposto das bênçãos, as maldições são igualmente reais e podem causar danos significativos. Especialmente graves são as maldições produzidas por alguém com autoridade especial: pais em relação aos filhos; um cônjuge em relação ao outro; um empregado em relação ao empregador etc. Quanto mais próximo o relacionamento, mais prejudicial e destrutiva pode ser a maldição.

O mundo material pode desempenhar um papel importante na entrega de maldições. Assim como os objetos físicos podem ser abençoados, também podem ser amaldiçoados e servir de canal para o mal.

A melhor maneira de se proteger contra maldições é estar na graça de Deus, vivendo como Seu amigo. Se andarmos com o Senhor, teremos Sua proteção, e nossos inimigos terão uma limitada capacidade de nos ferir. De fato, São Paulo declara: "Se Deus é por nós, quem será contra nós?" (Romanos 8:31).

10

Fantasmas e Assombrações

A VÍTIMA DE ATAQUE CARDÍACO REAPARECE

Um grande amigo meu se casou com uma enfermeira do St. Mary's General Hospital, em Kitchener, Ontário. Ela me contou a história de um homem que morreu de parada cardíaca no quarto 104, logo após ter dado entrada no pronto atendimento, no início da década de 1990. Após sua morte, o homem morto apareceu várias vezes para a equipe do hospital.

Em uma dessas ocasiões, quem o viu foi uma enfermeira recém-contratada que havia acabado de começar seu turno da tarde. Ela entrou no 104 para pegar medicamentos. Embora já tivesse sido uma sala médica totalmente funcional, servia agora para armazenar suprimentos hospitalares. Apenas ocasionalmente, caso todas as outras instalações do pronto-socorro estivessem lotadas, era usada como sala extra de atendimento médico.

Ao entrar na sala, a enfermeira ficou chocada ao ver um homem ali, deitado em uma maca sem assistência.

"Por que ninguém me disse que há um paciente no quarto 104?", ela foi reclamar no posto de enfermagem. "Há quanto tempo ele está lá?"

"Do que você está falando?", respondeu a enfermeira-chefe.

"Há um paciente cardíaco no 104. Quando foi a última vez que alguém o examinou?"

Parando o que estava fazendo, a enfermeira-chefe olhou diretamente para a enfermeira júnior. "Não há ninguém internado nesse quarto", declarou ela.

"Tem, sim. E ele está com uma aparência horrível."

"Acho que você acabou de ver nosso fantasma", declarou a enfermeira-chefe. "É um homem que morreu de parada cardíaca no quarto 104 há cerca de oito anos. O fantasma dele aparece aqui ocasionalmente..."

"Eu não vi um fantasma", interrompeu a jovem enfermeira, ofendida com a sugestão de que ela não conseguia diferenciar real de irreal. "Eu vi uma pessoa de verdade."

"Vamos lá dar uma olhada, então."

Quando as duas enfermeiras entraram no quarto 104, não encontraram ninguém. Tampouco havia uma maca ou qualquer evidência de que um paciente tivesse estado ali. Na sala estavam apenas as prateleiras usuais de suprimentos médicos.

"Mas eu vi!", insistiu a jovem enfermeira, atônita.

"Sem dúvida, você viu", respondeu a colega. "Eu também já o vi. Às vezes, a campainha desta sala toca, e não encontramos ninguém aqui quando entramos para atender."

FANTASMAS

Os fantasmas são reais. Eles não são apenas tema de filmes de terror ou de livros de ficção. Embora a Igreja Católica não tenha um ensinamento definido sobre fantasmas, teólogos católicos altamente respeitados sustentam que os espíritos que vagam pela Terra – e que ocasionalmente podem ser vistos – são almas de humanos falecidos que estão passando pelo Purgatório.[1] Em outras palavras, são almas que receberam seu julgamento e foram consideradas dignas de salvação, mas que, ainda assim, estão passando pela purificação necessária para entrar no Céu. Por que as almas precisam ser purificadas? Porque não se pode estar diante de Deus sem estar em estado de perfeição. Nas palavras de São João Paulo II:

> O encontro com Deus exige pureza absoluta. Todo vestígio de apego ao mal deve ser eliminado, toda imperfeição da alma deve ser corrigida. A purificação deve ser completa e, de fato, é exatamente isso que significa o ensinamento da Igreja sobre o Purgatório. O termo não indica um lugar, mas uma condição de existência. Aqueles que, após a morte, existem em um estado de purificação, já estão no amor de Cristo, que remove deles os restos de imperfeição.[2]

Uma maneira mais adequada de falar desses espíritos poderia ser *almas angustiadas*, uma vez que estão experimentando a angústia da purgação.[3]

O Novo Testamento faz referência a um estado de purificação após a morte, antes da entrada da alma no Céu, quando Jesus declara que todo pecado pode ser perdoado, exceto a blasfêmia contra o Espírito Santo, "nem neste mundo nem no mundo por vir" (Mateus 12:32). Embora Nosso Senhor assegure a Seus seguidores que Deus perdoa pecados *nesta vida*, a expressão "no mundo por vir" implica um tipo de perdão obtido em uma era futura, após a morte. O livro de Apocalipse também faz alusão à dor temporária na vida após a morte, onde Deus "enxugará dos olhos toda lágrima, e não haverá mais morte, nem tristeza, nem choro, nem dor. Todas essas coisas passaram para sempre" (Apocalipse 21:4). Os versículos imediatamente anteriores a essa passagem declaram que essas lágrimas *não* são derramadas nesta vida, mas na vida após a morte, quando Cristo *já* instituiu um "novo céu e uma nova terra" (Apocalipse 21:1). A teologia católica tem interpretado consistentemente a fonte dessas lágrimas como o fogo da purificação que São Paulo diz que os salvos suportarão (1 Coríntios 3:11-15). Esse mesmo fogo parece ser o que São Paulo tem em mente quando ora para que seu amigo Onesíforo seja ressuscitado para a vida eterna "naquele dia", o que implica que o homem *já falecido* talvez ainda não esteja lá (2 Timóteo 1:16-18).

É extraordinariamente raro uma pessoa ver uma alma aflita e, se isso acontece, é porque Deus, em Sua misericórdia, permitiu que isso acontecesse para que a alma pudesse receber orações que apressassem sua purificação.

Quando fiquei sabendo das aparições periódicas do falecido no hospital, ainda estava no seminário. Embora não pudesse oferecer uma missa para ele, providenciei para que um padre fizesse isso. Já se passaram mais de dezoito anos desde aquela missa, e nenhum dos funcionários do hospital o viu desde então. Uma missa para o descanso de sua alma parece ser tudo o que ele precisava.

É digno de nota o fato de que essa alma angustiada nunca tenha falado. Deus raramente permite que as almas mortas falem. Nas ocasiões em que fazem isso, é apenas para pedir orações. Mas, uma vez que isso é feito, Deus raramente permite que ela diga qualquer outra coisa. Ela não fará comentários sobre o tempo, não perguntará como você está, não compartilhará o tipo de música que prefere e nunca revelará informações "tentadoras", como conhecimentos secretos e ocultos.

Os demônios podem enganar as pessoas disfarçando-se de fantasmas "amigáveis" ou "benevolentes" que oferecem informações exclusivas e privilegiadas que não estão disponíveis por nenhum outro meio. *Não existem fantasmas amigáveis!* Existem apenas fantasmas necessitados, ou seja, almas aflitas que precisam de oração ou demônios que fingem ser fantasmas.

Ocasionalmente, uma alma aflita requer mais do que apenas orações. Conheço o caso de uma família em que o pai, já falecido, aparecia constantemente para eles. A família orou por ele e mandou rezar missas, mas ele continuava aparecendo. Finalmente, ele falou com a filha mais velha, revelando um ato de roubo que cometera em vida. Uma pedra marcava o limite entre a propriedade da família e a do vizinho, e ele a havia movido desonestamente para aumentar o tamanho do próprio terreno. O homem morto não podia descansar. A extensão do terreno roubado do vizinho precisava ser restaurada. Depois que a pedra foi recolocada no devido lugar, o homem morto nunca mais apareceu.

Fantasmas e demônios: diagnosticando a causa de uma "assombração"

Exorcistas geralmente atendem pessoas que os procuram por causa de fenômenos de "casa mal-assombrada" ou "poltergeist": vultos que aparecem do nada, vozes desencarnadas falando em salas ou corredores adjacentes, sons inquietantes e perturbadores (chocalhos, pancadas, gemidos, choro etc.) e fenômenos maliciosos em geral.

O exorcista deve diagnosticar se os fenômenos são causados por uma alma angustiada ou por um demônio. Um diagnóstico adequado é crucial, pois qualquer entidade pode produzir esses fenômenos, e as orações que tratam de um tipo de entidade não afetarão o outro.

A chave para distinguir demônios de fantasmas é observar se houve mudança *nas pessoas que presenciaram o fenômeno*. A experiência com um fantasma é enervante para a maioria das pessoas. Mas, embora isso possa deixar a pessoa *assustada*, um encontro com um demônio deixa qualquer um *aterrorizado*.

Uma alma aflita *nunca se apavora*, pois isso impediria o propósito para o qual Deus permite que a alma aflita seja vista: assegurar a assistência em oração.

Por que Deus permite que a manifestação de um fantasma assuste? Por que não remover tudo o que é assustador da experiência? O fato de algo ser desagradável não significa que seja ruim. A dor sentida ao quebrar uma perna é, sem dúvida, desagradável. Ela serve para sinalizar um problema grave – um osso quebrado –, o que é algo bom e útil. Além disso, se a manifestação de uma alma aflita não nos "chocasse" e "perturbasse" levemente, talvez não levássemos sua presença a sério o suficiente para fazer o que ela pede: oferecer orações e súplicas em seu nome para acabar com sua purgação ou Purgatório.

Depois de avaliar o nível de pavor das pessoas que estão convivendo com os fenômenos de assombração, o exorcista responde com o tipo apropriado de oração: orações de súplica ou de exorcismo. Se o seu discernimento estiver incorreto e a causa dos fenômenos for outro tipo de entidade, a mudança para o modo de oração correspondente é fácil, e a única perda é de tempo. No entanto, como a maioria dos exorcistas tem pouquíssimo tempo disponível, qualquer economia é benéfica.

Caça-fantasmas

Uma das piores coisas que alguém pode fazer ao se deparar com uma alma angustiada é chamar um investigador paranormal ou um "caça-fantasmas", pois eles só agravam o problema. Embora afirmem ser úteis, a abordagem consiste em se comunicar com a entidade desconhecida e buscar um relacionamento com ela. Se a entidade for um demônio, isso é extremamente perigoso, pois conversar com ele solidifica seus direitos de estar ali. Além disso, um investigador paranormal ou caça-fantasmas não tem a autoridade da Igreja, portanto, não há motivo para a entidade

– demônio ou fantasma – obedecer às suas ordens. Os caça-fantasmas sempre pioram a situação. Além disso, como normalmente cobram por seus "serviços", também deixam a pessoa mais pobre.

Os investigadores paranormais e caçadores de fantasmas são charlatões que praticam enganos pseudocientíficos e frequentemente estão procurando conteúdo para usar em um livro, programa de televisão ou vídeo na internet. Anos atrás, os produtores de uma popular série de TV sobre caça-fantasmas vieram me pedir que fizesse um exorcismo em um dos caçadores de fantasmas do programa, que havia sido vítima de possessão. Não era de surpreender que ele tivesse se tornado demonizado. No programa, frequentemente declarava à "fonte" da assombração: "Venho em paz. Quero ser seu amigo". Ter uma conversa como essa com um demônio solidifica seu vínculo com o falante e concede ao demônio direitos sobre ele.

Esse caçador de fantasmas em particular foi hospitalizado, acometido por uma série de doenças misteriosas e inexplicáveis (ele estava em um estado semelhante ao coma e, quando falava, uma personalidade diferente falava por meio dele). Além de a equipe médica não ter conseguido diagnosticar a doença, todos os tratamentos administrados para ele foram ineficazes. Além disso, fenômenos estranhos ocorriam continuamente ao seu redor. Por exemplo, um fluxo constante, mas inesgotável, de água pingava do teto em cima dele, independentemente do quarto que ele ocupasse no hospital. Embora eu acredite que os produtores estivessem genuinamente preocupados com o colega, eles foram inflexíveis quanto à gravação do exorcismo realizado nele para uso no programa. Eu me recusei a contribuir para a falsa educação de seus espectadores e não quis me envolver.

Almas condenadas

Encontrar "almas condenadas" foi sem dúvida a descoberta mais inesperada que fiz como exorcista. Quando digo *condenadas*, quero dizer exatamente isso: almas que morreram, foram julgadas por Deus e consideradas indignas Dele, merecendo a condenação ao inferno por toda a eternidade.

Como um demônio, uma alma condenada pode habitar uma vítima, falar por meio dela, animar seu corpo e se comportar de maneira indistinguível de um demônio. Ela também é capaz de demonstrar grande fúria e violência.

Muitos exorcistas encontram almas condenadas sem perceber, geralmente durante um exorcismo extraordinariamente difícil. A entidade que eles encontram (que acreditam ser um demônio) será excepcionalmente forte, e as orações de exorcismo não a afetam. Orações não causam dor nem atormentam a alma condenada, não drenam sua energia nem lhe causam o menor incômodo.

As orações de exorcismo da Igreja foram compostas para combater anjos caídos, e não almas humanas condenadas, portanto, as orações parecerão ineficazes. Desnorteado, um exorcista pode pensar que o problema esteja nele mesmo:

- "Minha fé não é forte o suficiente."
- "Há algo moralmente errado com o estado de minha alma" (mesmo que ele tenha se preparado adequadamente).
- "Eu sou incompetente como exorcista."

Um colega meu – um exorcista experiente que já enfrentou mais almas condenadas do que qualquer outro que conheço – comentou que algumas delas são mais sádicas e violentas do que até mesmo os demônios.

Como isso pode acontecer? As almas condenadas parecem se manifestar quando os demônios de alto escalão as possuem. Elas parecem estar ligadas aos demônios, como se cada uma estivesse ligada a um demônio específico por toda a eternidade. Pela minha experiência em exorcismos, parece que o demônio se torna o "demônio da guarda" dessa alma, uma contraparte pervertida de um anjo da guarda. Na Terra, essa alma recebeu a proteção e a assistência de um anjo da guarda, mas, em sua condenação, ela é forçada a guardar, proteger e cumprir as ordens malignas de seu demônio guardião na eternidade. Os demônios garantem a obediência afligindo seu séquito com torturas horríveis. As almas condenadas procuram evitar isso perseguindo os interesses de seu demônio guardião e protegendo-o de um exorcista. (Se isso não é a própria definição de inferno, então não sei o que é!)

Em minha experiência, apenas uma coisa parece cortar o poder de uma alma condenada em um exorcismo: falar com ela sobre a misericórdia de Deus. As almas condenadas estão em um estado de terrível miséria. Elas devem esperar apenas dor, miséria e vergonha sem fim por toda a eternidade. Quando encontro uma alma assim, falo da misericórdia de Deus e a convido a pedir ao Senhor por ela. Um diálogo típico pode se dar mais ou menos assim.

> **Eu:** Você sabe que não é feliz. Deus o criou para a felicidade. Volte-se para Ele agora mesmo e a receba. Peça a Ele que perdoe seus pecados.
> **Alma condenada:** Estou feliz, seu padre filho da *%#$! Você que é infeliz.

Eu: Você sabe que isso não é verdade. Sua existência é uma tortura sem fim. Você não foi criado para a tortura. Deus o criou para si mesmo, para sua alegria e a Dele.
Alma condenada: Isso é tudo mentira, &%$#@. Nem você acredita nisso.
Eu: Não é mentira. E eu acredito nisso. Peça agora a Jesus por misericórdia, e Ele a dará a você. Basta dizer: "Jesus… Misericórdia". Isso será suficiente. Ele o salvará de toda a sua miséria.
Alma condenada: Ele não tem misericórdia de mim.
Eu: Isso não é verdade. Basta dizer: "Jesus, misericórdia".

Então, de repente, ele desaparece. Em seu lugar, seu demônio guardião assume a possessão, como se quisesse evitar alguma perda para o inferno. Os diálogos que tenho com almas condenadas raramente chegam a esse ponto. Geralmente, a simples menção da misericórdia é suficiente para que o demônio guardião se manifeste.

Por que um exorcista ofereceria misericórdia a uma alma condenada, já que é dogma cristão que uma alma é julgada por Deus imediatamente após a morte e é *irrevogavelmente* salva ou condenada? Em outras palavras, por que um exorcista ofereceria a uma alma condenada a interrupção de seu sofrimento quando não há possibilidade de tal interrupção?[4] Não tenho uma resposta teológica para essa pergunta, mas, como exorcista, tenho uma resposta prática: *porque funciona para que a alma condenada vá embora*. Não sei dizer se ela vai embora por vontade própria (porque ouvir sobre a misericórdia de Cristo é doloroso demais) ou se é seu guardião demoníaco que a tira dali. Pessoalmente, depois de ter conversado inúmeras vezes com almas condenadas e testemunhado a "troca", ou seja, o demônio guardião delas subitamente se colocando no lugar delas, estou inclinado a acreditar que seja a última opção. Acredito que o guardião as arrebate. Em última análise, o inferno é isso: o desejo de bondade de uma pessoa nunca é satisfeito.

Fantasmas que se manifestam durante o exorcismo

Uma última questão que vale a pena mencionar é a manifestação de fantasmas – almas aflitas – durante um exorcismo. Uma personalidade que não apresenta as características de um demônio ou de uma alma condenada – raiva, violência, agressividade e outras qualidades que os demônios e as almas condenadas demonstram – pode ocasionalmente se manifestar. Um fantasma demonstrará mansidão, humildade, tristeza, sofrimento e até mesmo tremor. Quando solicitado a se identificar, ele faz isso com relutância, não por desafio, mas por causa dessas mesmas disposições.

A seguir, um diálogo de um desses encontros. Embora a conversa entre um exorcista e uma alma aflita seja única, no geral pode se dar mais ou menos assim:

Exorcista: [*ao descobrir uma nova personalidade que não responde às orações de exorcismo*] Em nome de Jesus, diga-me se você é um demônio ou um humano.

Alma aflita: [*depois de muito persuadir e comandar, disse fracamente*] Humano.

Exorcista: Como o Senhor Jesus o julgou?

Alma aflita: [*depois de um longo silêncio*] Eu fui salvo. O Senhor, em Sua bondade, me salvou.

Exorcista: Diga-me seu nome.

Alma aflita: Meu nome não é importante.

Exorcista: Há quanto tempo você morreu?

Alma aflita: Há muito tempo.

Exorcista: Vinte anos?

Alma aflita: Mais ou menos vinte gerações.

Exorcista: Ainda há alguém de sua família para rezar por você?

Alma aflita: Não.

Exorcista: Posso orar por você?

Alma aflita: [*expressando espanto e gratidão*] Você faria isso?

Exorcista: Com certeza. Oferecerei missas, as orações de meu Breviário e rosários. Diga-me seu nome.

Alma aflita: O meu nome não importa.

Exorcista: Como posso orar por você se não me disser seu nome?

Alma aflita: [*após uma pausa*] Meu nome é Robert.

Exorcista: Onde você morreu?

Alma aflita: [*após uma pausa*] Limoges [*uma cidade no centro da França*].

Exorcista: Como você morreu?

Alma aflita: [*após uma pausa*] Fiquei doente por muito tempo. Percebi que havia morrido quando me apresentei diante do Senhor para julgamento.

Exorcista: Onde você está agora?

Alma aflita: [*com um olhar de incompreensão, como se essa pergunta fosse impossível de responder*] Eu não sei.

Exorcista: O que você faz?

Alma aflita: Eu vagueio.

Exorcista: Existem outros como você?

Alma aflita: Muitos.

Exorcista: Diga a eles que eu também vou orar por eles.

Alma aflita: [*sorrindo e começando a chorar*] Oh, obrigado! Obrigado!

Exorcista: [*segurando o crucifixo*] Este é o crucifixo que uso nos exorcismos. Segure-o enquanto eu faço agora uma oração por você e pelos outros.
Alma aflita: [*Animando o corpo da vítima, recebe o crucifixo e o beija. Ele chora enquanto a oração é feita*].
Exorcista: Pai Todo-Poderoso, eu lhe trago Robert e todas as almas errantes e peço Sua misericórdia para com elas. Conforte-as e apresse a purgação delas. Permita que elas recebam muitos sufrágios e penitências por meio dos vivos, para que possam em breve morar com o Senhor e seus santos no Céu. Amém. [*Ao ouvir o "Amém", a alma aflita se afasta imediatamente.*]

Quase todos os encontros que tenho com uma alma aflita em um exorcismo contêm os seguintes elementos:

1. A alma mostra profunda mansidão que poderia ser facilmente confundida com medo: as palavras, o tom e os gestos comunicam: "Não sou importante".
2. Ela faz um pedido de oração (ou a aceita com gratidão quando é oferecida, caso ela mesma não seja capaz de solicitá-la), de tal modo que, no fim do encontro, fica evidente que foi por isso que se manifestou.
3. Um reconhecimento de que seu sofrimento é justo e que Deus é o bem perfeito.
4. Ela demonstra piedade e reverência em relação à fé cristã e às coisas sagradas.

É da natureza dos demônios e das almas condenadas serem enganosos, mas eles nunca se humilhariam para demonstrar qualquer resquício disso.

Duas perguntas podem ser feitas nesse momento: existe alguma conexão entre *a alma angustiada* e *a pessoa que está sendo exorcizada*? Por que a alma aflita se manifestou durante um exorcismo?

Com relação à primeira pergunta, raramente encontrei alguma conexão entre a alma aflita e a vítima ou o exorcista. Em um determinado caso, três almas penadas se manifestaram na vítima sucessivamente, sendo que cada uma delas era parente dela. Nesse caso, entretanto, cada alma aflita estava diretamente relacionada a uma maldição hereditária que causara a possessão.

Com relação à segunda pergunta, quando questionadas sobre por que vieram *nesse* momento específico, as almas aflitas muitas vezes não sabem responder; ou podem responder: "Vi uma luz e a segui". Em outras palavras, as orações do exorcista e a resposta de Deus produzem uma graça visível para essas almas, e elas são atraídas para ela para obter ajuda. Depois que uma alma aflita parte, nunca mais a vi retornar. Suspeito de que cada visita seja uma concessão de Deus, feita depois que parte significativa da purgação de uma alma tenha sido concluída, com o objetivo de obter as orações que a completarão. No entanto, essa é apenas uma suposição minha. Continuo orando pelo repouso de cada alma que já se manifestou para mim. Dessa forma, a alma não se perde.

Longe de ser apenas tema de filmes de terror ou de livros de ficção, os fantasmas são reais, e a crença neles é onipresente nas culturas humanas. Não há inconsistência entre a fé cristã e a crença em fantasmas, desde que o cristão entenda que os fantasmas são almas que estão sendo "libertadas de seus pecados" (2 Macabeus 12:45). Uma vez purificados, eles entrarão no Céu e abraçarão Aquele que é o motivo de todo o seu anseio, o Deus Santo, diante do qual ninguém pode permanecer com a menor imperfeição.

A manifestação de almas aflitas, que ocorre até mesmo em exorcismos, lembra-nos de que os laços fraternos não cessam com a morte, mas a transcendem. Como irmãos em necessidade, as almas aflitas merecem nossa misericórdia e nossas orações.

de "libertados de seus pecados" (2 Macabeus 12:45). Uma vez [illegible] entrarão no Céu é abreviado. Aquele que é o motivo de [illegible] Deus Santo, diante do qual nenhum [illegible] com a menor imperfeição.

A [illegible] de almas aflitas, que ocorre até mesmo [illegible] cismos, lembra-nos de que os laços fraternos não cessam com a morte [illegible] a transcendem. Comprometamo-nos em [illegible] as almas aflitas [illegible] recem nossa misericórdia e nossas orações.

11

SEXO E SEXUALIDADE: PORTAIS PARA A ALMA

O CASO DO INTERMINÁVEL FIM DE SEMANA DO DIA DO TRABALHO

Christopher estava todo bagunçado. Equilíbrio instável, rosto pálido e mãos trêmulas. Ele entrou em meu escritório devagar, como se não tivesse energia para gastar, parecendo prestes a ser derrubado por uma brisa.

Embora Christopher não fosse nem um pouco religioso, seus amigos o incentivaram a consultar um padre, pois ele já tinha tentado de tudo para melhorar sua situação. Nos últimos três meses, ele sofria de uma depressão debilitante que o impedia de executar qualquer atividade cotidiana. Com vinte e poucos anos, Christopher havia criado um próspero negócio de design gráfico e estava matriculado em um curso de pós-graduação de meio período em artes plásticas. Ele tinha conseguido fazer tudo isso sem contrair dívidas.

Mas um dia tudo foi interrompido bruscamente. "Não sei o que aconteceu", disse Christopher. "Tudo estava indo bem, mas então entrei no inferno. Comecei a sentir medo, muito medo, o tempo todo. Tranquei-me no quarto e não queria mais sair. Aos poucos, parei de atender ligações, mesmo sabendo que era um amigo tentando falar comigo ou o entregador trazendo a comida que eu tinha acabado de pedir. Choro o tempo todo, sem motivo algum".

Christopher consultou vários médicos e um psicólogo em busca de tratamento, mas nenhum conseguiu diagnosticar a causa da depressão. Além da falta de apetite – o que os médicos atribuíram à depressão –, ninguém conseguiu encontrar nada de errado com ele. Mas, mesmo depois de três semanas fazendo um imenso esforço para comer, uma estratégia sugerida por mais de um médico como digna de ser tentada, seu estado depressivo permaneceu inalterado.

Desde o início da doença, Christopher havia emagrecido 45 quilos, perdido seu negócio e abandonado o curso de pós-graduação. Impossibilitado de trabalhar, ele perdeu todos os prazos que tinham sido estipulados em contrato, e a maioria dos clientes tinha parado de ligar havia muito tempo. Por atraso no pagamento da fatura, o serviço telefônico foi cancelado.

Christopher nem sabia articular exatamente o que estava acontecendo com ele. Repetidas vezes, tudo o que ele conseguia dizer era: "Entrei no inferno". Ele havia recebido os resultados de uma bateria de exames psicológicos e médicos, que compartilhou comigo. Pedi a um médico e a um psicólogo que me ajudam neste ministério para interpretá-los. Nada indicava uma condição médica diagnosticável.

"Quando você começou a se sentir assim?", perguntei.

"Há três meses", respondeu ele.

"Você consegue identificar um dia específico?"

Pensando a respeito por um momento, ele respondeu: "Na terça-feira após o Dia do Trabalho".

"Esse foi o primeiro dia em que você se sentiu assim?"

"Sim."

"O que você fez no Dia do Trabalho?"

"Eu estava em uma casa na praia curtindo o feriado."

"Com quem você estava?"

"Uma amiga."

"Era sua namorada?"

"Não."

"Vocês fizeram sexo?"

Limpando a garganta, Christopher respondeu:

"Sim."

"Há quanto tempo você a conhecia antes de passar o fim de semana com ela?"

"Apenas um dia. Eu a conheci naquela sexta-feira. Combinamos de passar o fim de semana prolongado em uma casa de praia que aluguei." Ele explicou que a conheceu por meio de um aplicativo de namoro, e a única coisa que sabia sobre ela era que seu nome era Lisa.

Resumi o cenário: "Você conhecia essa mulher havia menos de um dia, fez sexo com ela o fim de semana inteiro e, na terça-feira após o Dia do Trabalho, começou a depressão. Até então, você estava em perfeitas condições de saúde. E nenhum médico conseguiu diagnosticar algum problema. Isso?".

"Sim", respondeu ele.

"Então, Christopher", eu disse, "suspeito que você tenha sofrido uma transferência demoníaca por meio de Lisa. Ela provavelmente lhe passou demônios".

O rosto de Christopher assumiu um ar de confusão e desconfiança. Ele não tinha relacionamento algum com Deus e nenhuma formação religiosa. Embora parecesse uma pessoa decente e trabalhadora, conhecia apenas os costumes e a moralidade do mundo. Ele relatou sua crença de que demônios são coisa de filmes de terror, e existem tanto quanto os duendes ou a fada do dente. A ideia de que eles pudessem se transferir de uma pessoa para outra – como se fossem o equivalente espiritual de uma doença biológica – parecia ridícula.

Os ensinamentos católicos sobre sexualidade podem ser vistos como rígidos por alguns. Esse ensinamento não é pudico ou ingênuo, muito menos moderno. É positivo, benéfico e atemporal. Tentei explicar a Christopher em termos que ele pudesse entender. "Christopher, Deus não criou o sexo apenas para o prazer dos participantes. Ele o criou para ser sagrado. Por meio do sexo, nós O ajudamos a criar, pois a relação sexual é a maneira pela qual Deus gera uma nova vida. Ela produz uma união tão forte que perdura por muito tempo após o término do ato sexual."

Continuei dizendo a ele que a única maneira moral e segura de ter relações sexuais é com o cônjuge, como explica São Paulo: "E vocês não sabem que se um homem se une a uma prostituta ele se torna um corpo com ela? Pois as Escrituras dizem: 'Os dois se tornam um só'" (1 Coríntios 6:16). A relação sexual implica uma ligação em um nível tão profundo que essa pessoa ganha direitos sobre o seu corpo e vice-versa, porque você e sua parceira se tornaram um no nível mais profundo do seu ser. Entre outras coisas, isso significa que o que quer que esteja espiritualmente dentro de sua parceira tem acesso total a você e se torna parte de você. E quem quer que tenha se ligado a essa parceira – ou seja, parceiros sexuais anteriores – também fica ligado a você. Além disso, se uma parceira sexual tiver demônios, eles também se tornarão parte de você, e permanecerão enquanto existir união espiritual entre você e sua parceira.

"Precisamos renunciar ao vínculo que você criou com Lisa e depois pedir a Jesus que o rompa", eu disse.

O rosto de Christopher era inexpressivo. Depois de alguns momentos de silêncio, ele disse: "Não há vínculo. O sexo com Lisa acabou. Já tive outras parceiras sexuais no passado e isso nunca aconteceu".

Na visão do mundo, a objeção de Christopher era razoável. Eu tinha que explicar as coisas de uma maneira que fizesse sentido para ele.

"Pense da seguinte forma, Christopher", comecei. "Imagine que você decida deixar as janelas e as portas de sua casa bem abertas enquanto estiver de férias em outro lugar. Ao retornar, você descobre que tudo está como você deixou e começa a acreditar que não há problema em deixar a casa aberta sempre que estiver fora. Isso não é inteligente, mas você pode começar a acreditar nisso mesmo assim. Então, cada vez que você sai e volta e encontra a casa intacta, sua confiança aumenta. No entanto, um dia você volta e descobre que uma família de guaxinins está morando em sua casa e a considera dela. E eles não gostam do fato de você achar que a casa pertence a você e não os quer lá. Agora, vá em frente e tente tirar as criaturas de sua casa. Você já tentou encurralar um guaxinim ameaçado?"

Christopher ficou sentado em silêncio por vários momentos, parecendo cansado e exausto. "Isso parece exagerado, padre", disse ele ao expirar. "Desculpe por desperdiçar seu tempo. Há algo de errado comigo clinicamente, e os médicos ainda não descobriram o que é." Ele se levantou e saiu.

Não tive mais notícias de Christopher por mais seis meses. Mais tarde, ele ligou pedindo outra consulta. Quando chegou, sua aparência estava muito pior do que antes. Estava bem mais magro, com os olhos tão encovados que parecia que tinha levado um soco. A essa altura, ele já estava sofrendo havia nove meses com sua debilidade.

"Farei tudo o que quiser que eu faça", implorou Christopher. "Só quero que isso acabe antes que eu me mate."

"Está bem. Vamos começar", eu disse. "Você acredita em Deus, Christopher?"

"Sinceramente, não. Mas se Deus puder fazer isso desaparecer, com certeza vou acreditar", respondeu ele.

Sua resposta foi perfeita: ele foi honesto quanto à sua falta de crença, mas estava aberto a provar a si mesmo que estava errado. "Então vamos dar a Deus essa chance", respondi com um sorriso enquanto começava a borrifá-lo com água benta. "Isto é água benta, que recebeu uma bênção para afastar o mal." Coloquei uma estola, pousei a mão no ombro dele e comecei a orar:

> Senhor, eu Lhe dou graças. Eu Lhe agradeço por ter criado Christopher. Agradeço por tê-lo presenteado ao mundo e enriquecido o mundo com sua presença. Agradeço por tê-lo trazido para a minha vida. Peço que envie o Espírito Santo sobre ele para curá-lo e recriá-lo de acordo com a Sua imagem e semelhança. Permita que o Espírito Santo o envolva completamente e penetre em todo o seu ser. Permita que Seu Espírito flua através de sua carne, sangue, ossos e órgãos. Permita que Ele penetre em sua mente e flua por sua memória, imaginação, intelecto e vontade. Cure tudo o que estiver fora de ordem e restaure a saúde de Christopher, renovada por Seu poder e amor. Mostre a ele que o Senhor é real.

A essa altura, lágrimas escorriam pelo rosto de Christopher e ele soluçava alto. Era óbvio que Deus estava fazendo alguma coisa. Eu disse a ele: "Christopher, repita comigo. Em nome de Jesus..."

Depois de alguns instantes, após recuperar a compostura, ele repetiu: "Em nome de Jesus".

Em seguida, pronunciei as seguintes renúncias, fazendo uma pausa após cada frase para que ele pudesse repeti-la.

> Eu renuncio ao relacionamento sexual que tive com Lisa. E a todos os outros relacionamentos sexuais que já tive.
>
> Eu corto o vínculo com todas as minhas parceiras sexuais anteriores, especialmente com Lisa.

Eu devolvo a ela tudo o que tirei dela. E pego de volta o que entreguei a ela.
Peço que o Senhor a abençoe, a cure e a traga para o Seu coração.
Eu a perdoo por todo e qualquer mal que ela possa ter desejado contra mim.

Depois de hesitar, ele repetiu: "Eu a perdoo por todo e qualquer mal que ela possa ter desejado contra mim".

Por fim, eu disse: "Peço-lhe que, em Sua bondade, coloque em ordem o que Lisa e eu desordenamos".

"Peço-lhe, em Sua bondade, que ponha em ordem o que Lisa e eu desordenamos", repetiu ele.

Empregando uma linguagem exorcista, continuei: "Peço-Lhe que afaste de mim todo apego demoníaco, todo espírito maligno e tudo o que não for de Você".

"Peço-Lhe que afaste de mim todo apego demoníaco, todo espírito maligno e tudo o que não for de Você", repetiu ele.

"Não quero nada com eles, só quero o Senhor e a vida que o Senhor oferece, e escolho Jesus hoje para ser meu Senhor e Salvador."

Repetindo, e com mais força, ele declarou: "Não quero nada com eles, só quero o Senhor e a vida que o Senhor oferece, e escolho Jesus hoje para ser meu Senhor e Salvador".

"Amém", eu disse.

"Amém", repetiu ele.

Virando-me para Christopher, apontei para uma imagem de Jesus na parede do escritório e disse: "Agora vou orar por você. Basta olhar para essa imagem enquanto faço isso e pedir a Jesus que entre em seu coração e retire tudo o que não for dEle".

Enquanto ele se concentrava na imagem, comecei: "Senhor, em Sua bondade, peço que tenha misericórdia deste Seu filho, Christopher.

Revele o amor infinito que o Senhor tem por ele, libertando-o da doença mórbida que ele sofre e que está sufocando a vida dele. Restaure sua saúde para que ele possa servi-Lo com felicidade e alegria pelo resto da vida. Peço-Lhe que mostre a ele a Sua bondade. Amém."

Voltando-me agora para o demônio ou demônios ligados a Christopher, eu disse: "Em nome de Jesus, eu prendo todo espírito maligno, todo demônio impuro, juntamente com todos os seus trabalhos e maquinações. Sob minha palavra, ordeno que se afastem de Christopher e vão imediatamente para o pé da cruz até que o Senhor Jesus Cristo, Filho de Deus e Salvador do Mundo, ordene que saiam. Nunca mais retorne a Christopher. Saia totalmente, completamente, sem deixar nenhum vestígio, sem contaminar ninguém, sem infectar nada, sem qualquer retaliação. Eu ordeno que você vá embora, em nome de Jesus… *agora!*".

O corpo de Christopher começou a tremer, embora ele continuasse olhando para a imagem de Jesus. Respirei fundo e soprei lentamente sobre ele.[1] Quando terminei, ele estava perfeitamente imóvel.

Continuei a orar silenciosamente por ele por mais três ou quatro minutos, e ele se encheu novamente de emoção. Depois disso, retornei ao meu lugar.

O rosto de Christopher não estava tão pálido como antes e parecia tranquilo. A graça da cura de Deus era evidente. Perguntei-lhe: "Enquanto eu orava por você, você viu, ouviu ou sentiu alguma coisa?".

"Sim", respondeu ele. "Quando você agradeceu a Deus por ter me criado, senti o calor saindo da sua mão e entrando em mim. Estava muito quente. Nunca senti um calor como aquele. Quando comecei a fazer as renúncias, vi o rosto de Lisa. Ela estava com raiva e parecia má. Nunca a vi daquele jeito antes. Depois ela desapareceu."

"O que você sente agora?", perguntei.

"Sinto-me em paz", disse ele.

"Louvado seja Deus!", agradeci.

Os demônios e a depressão debilitante deixaram Christopher naquela tarde. Aquele foi seu primeiro dia de uma nova vida em Deus. Ele se matriculou no ensino religioso e foi batizado na Igreja Católica na Páscoa seguinte. Ele está envolvido em sua paróquia e ministra a grupos de jovens sobre a importância da pureza sexual.

O LADO DEMONÍACO DO PECADO SEXUAL

O apetite sexual é um dos impulsos mais potentes da natureza. Os machos pertencentes a espécies com chifres lutam entre si durante dias pelo direito de um breve acasalamento com uma fêmea. Ursos, leões e primatas se envolvem em violência extrema pelo mesmo motivo. Embora os machos de salmão não lutem propriamente entre si, tanto os machos quanto as fêmeas lutam contra correntes furiosas enquanto nadam pelos rios para desovar. Em muitas espécies de insetos, as fêmeas matam e consomem o parceiro macho durante ou após a cópula – e, às vezes, até mesmo antes. A natureza garantiu a sobrevivência das espécies por meio da vontade incessante de se reproduzir, muitas vezes com risco de morte para seus participantes.

Os seres humanos abrem mão de comida, dinheiro e até mesmo de poder por sexo. Mas enquanto os animais agem de acordo com os instintos que Deus criou, os seres humanos são propensos a ir além do que a mera reprodução exige. Muitas vezes desejamos mais do que apenas sexo com um parceiro atraente: cultivamos apetites pervertidos sem paralelo no reino animal.

Desde o início, Deus pretendia que o sexo fosse sagrado – uma extensão de Seu poder criativo –, e estabeleceu princípios para ordená-lo e governá-lo.

PRINCÍPIOS BÍBLICOS PARA O SEXO

- O relato bíblico da criação revela que o homem e a mulher são os pináculos da criação (Gênesis 1:31), carregando a imagem e a semelhança de Deus de maneiras diferentes, embora complementares (Gênesis 1:27).
- Deus criou a mulher a partir do próprio corpo do homem (Gênesis 2:22), e ambos são reunidos no casamento. É por isso que "o homem deixa seu pai e sua mãe e se une à sua mulher, e eles se tornam uma só carne" (Gênesis 2:24). Quando o fariseu questiona Jesus sobre o divórcio, Jesus cita esse texto, declarando que, no casamento, os cônjuges não são mais dois, mas um em um vínculo permanente (Mateus 19:6).
- Deus criou o sexo antes do pecado e, embora o pecado tenha ferido a natureza sexual humana, a dignidade concedida ao sexo antes da Queda permanece inalterada. "Honrem o casamento e mantenham pura a união conjugal, pois Deus certamente julgará os impuros e os adúlteros" (Hebreus 13:4).
- As Escrituras condenam o adultério e outras imoralidades sexuais (por exemplo, 1 Coríntios 6:12-20). Até mesmo pensamentos luxuriosos intencionais violam gravemente o plano de Deus para a sexualidade humana (Mt 5:28).
- O comportamento homossexual não está dentro dos planos de Deus (Romanos 1:24-27; 1 Coríntios 6:9).
- Como nossos corpos são membros do corpo de Cristo (1 Coríntios 6:15), o que fazemos com eles é importante. Aquele

que se une a um parceiro sexual torna-se um em corpo com esse parceiro e abre seu espírito para o mesmo (1 Coríntios 6:16). Entre outras coisas, isso significa que, por meio do sexo, a pessoa se sujeita a herdar quaisquer demônios que seu parceiro possa ter. Mas mesmo que o parceiro não tenha demônios, o uso da sexualidade à parte do desígnio de Deus abre a porta para o demoníaco. Não existe "sexo seguro" além do sexo de acordo com o plano criativo de Deus.

A revolução sexual, longe de trazer mais felicidade, aumentou o sofrimento humano. A explosão da perversão sexual – aborto, contracepção, pornografia adulta e infantil, tráfico sexual humano, prostituição e vícios sexuais (masturbação, uso de pornografia etc.) – é um testemunho disso. Podemos ver neles um cumprimento do ensinamento de São Paulo de que Deus se vingará da indulgência na luxúria (1 Tessalonicenses 4:6). Santo Agostinho de Hipona escreveu: "A punição para uma alma desordenada é sua própria desordem".[2] Em lugar algum isso é mais evidente do que na vida dos sexualmente imorais.

Theresa, uma jovem de vinte e poucos anos, me procurou em busca de alívio. Pesadelos recorrentes, com temática demoníaca, a atormentavam. Objetos que se moviam sozinhos em sua casa eram comuns. O que ela chamava de "toques demoníacos" – carícias sensuais em sua área genital por um ser invisível – a afligiam dia e noite. Enquanto os dois primeiros sintomas são comuns, manifestações demoníacas "comuns", o último é incomum e raro. Theresa admitiu que não achava o toque sexual desagradável, mas ocorria em momentos aleatórios, mesmo quando ela estava esperando clientes no banco onde trabalhava.

Como o fenômeno era sexual, pedi a Theresa que contasse seu histórico sexual. Ela era sexualmente ativa desde os dezesseis anos. Durante esses nove anos, ela teve três parceiros. Curiosamente, porém, a manifestação só começou depois que ela foi contratada pelo banco, dois anos antes. Nessa época, Theresa tinha 24 anos e estava morando com o namorado, com quem estava havia quatro anos. Os dois tinham uma filha de oito meses.

Para piorar a situação, embora Theresa sempre tivesse sido heterossexual, seu apetite sexual havia aumentado, a ponto de ela querer incluir relações com pessoas do mesmo sexo. Tudo começou com uma colega de trabalho no banco. Um dia, as duas foram a um bar depois do expediente e, após alguns drinques, Theresa começou a beijar a mulher, que retribuiu o beijo. Em trinta minutos, as duas estavam no apartamento de Theresa, envolvidas em atividades sexuais.

O mesmo padrão começou a se repetir com outras colegas de trabalho. Theresa as convidava para sair e, depois de passarem apenas dez minutos juntas, cada uma delas sentia um desejo avassalador. Em pouco tempo, elas estariam na casa de Theresa ou, se o parceiro dela estivesse em casa, na casa da outra mulher – ou no veículo de uma das duas, se houvesse apenas essa opção.

Theresa era uma mulher pequena, com uma personalidade que combinava com a pequena estatura. Seu caráter era despretensioso, quase manso. Ela respondeu a todas as perguntas que lhe fiz – por mais embaraçosas que fossem – de forma simples e direta. Como é difícil para as pessoas falarem sobre seu histórico sexual, elas geralmente encobrem ou omitem completamente detalhes relevantes. Isso geralmente limita a capacidade de ajuda do exorcista. Apreciei a franqueza de Theresa.

Theresa descreveu como, em cinco meses, desenvolveu um relacionamento sexual com oito das doze mulheres que trabalhavam em sua filial. Ela afirmou que tinha tanta confiança em sua capacidade de seduzir as colegas de trabalho que se desafiava a atrair uma nova a cada mês. Nenhuma das mulheres tinha tido atração por alguém do mesmo sexo antes de conhecer Theresa. No entanto, quando estavam na mira dela, cada uma não apenas se via com um novo apetite, mas também impotente diante dos avanços de Theresa. Nenhuma a recusou, mesmo aquelas que sempre foram fiéis aos maridos.

"Nenhuma das mulheres jamais recusou seus avanços?", perguntei.

"Nunca. Eu chamo uma quando quero, e ela obedece", respondeu Theresa.

"Mas, com certeza, elas ocasionalmente recusam por algum outro motivo, como divergência de horário livre?"

"Às vezes, algumas dizem que não podem, mas eu nunca aceito recusas. Eu decido quando e onde faremos sexo. Eu decido o tipo de sexo que fazemos. Elas não estão no comando." Inclinando-se para trás na cadeira e estreitando os olhos, ela acrescentou: "Não importa o que elas querem. Eu estou no comando. Eu decido".

A arrogância que surgiu no tom e no comportamento de Theresa foi surpreendente. Quando a conversa mudou para as parceiras, sua personalidade mansa e despretensiosa desapareceu, e ela falou sobre elas de forma insensível, como se fossem propriedade dela.

"Você está sugerindo que as mulheres largam tudo quando você liga e fazem o que você quer, só porque você pediu?"

"Eu não peço", respondeu Theresa. "Eu digo o que quero, e o que eu digo é o que vale. Certa vez liguei para uma enquanto ela se arrumava para a festa de aniversário do filho. Mas eu queria sexo, então disse a ela que essa era sua prioridade."

"E ela concordou?"

"É melhor você acreditar que ela obedeceu."

"Como ela conseguiu se livrar do fato de estar no aniversário?"

"Ela perdeu parte disso."

“Como ela conseguiu fazer isso? Que desculpa ela deu à família?”

“Quem se importa?”

Theresa falava como uma abusadora de coração frio. Suas palavras soavam mais como as de um traficante de pessoas do que de uma amante. Era absurdo que mulheres cuja única ligação com ela fosse o fato de trabalharem no mesmo banco sucumbissem impotentes às suas seduções, especialmente quando nenhuma delas tinha tido atração por pessoas do mesmo sexo antes de conhecê-la. “Você não acha que há algo de anormal no que está descrevendo?”, perguntei. “Em menos de um ano, você desenvolveu um relacionamento sexual com oito de doze de suas colegas de trabalho. Não acha isso estranho?”

Theresa fez uma pausa por alguns instantes. “Hum, nunca pensei nisso dessa forma”, respondeu ela, diminuindo seu ar de arrogância e superioridade. “Acho que isso é estranho.”

Continuei: “Você também não acha peculiar seu modo de agir em relação a essas mulheres? Você fala sobre elas como se fossem suas para controlar.”

“Mas eu *estou* no controle”, exclamou ela, apontando para si mesma. “Estou no comando, o que vale é o que eu digo.”

“Theresa, você sabe que é uma predadora sexual, não sabe? De alguma forma, você adquiriu controle sobre essas mulheres e elas se tornaram suas escravas sexuais.”

Seu rosto perdeu toda a expressão. Depois de um momento, ela disse: “Nunca pensei nisso dessa forma”.

“Theresa, oito colegas de trabalho estão sob seu controle, você pode exigir sexo delas a qualquer momento, e cada uma se sente compelida a obedecer, e nenhuma se sente livre para recusar. Isso não lhe parece estranho?”

“Sim, acho que isso é estranho”, respondeu ela. Um olhar de ansiedade começou a se formar em seu rosto.

"Você já teve esse poder sobre alguém antes, antes de conhecer essas mulheres?"

"Não", respondeu ela. "Nunca fiz sexo com uma mulher antes. Só com meu namorado."

"Theresa, acho que um demônio é a causa do toque sexual que você tem experimentado. Também acho que o mesmo demônio a transformou em uma predadora sexual. Um de seus encontros sexuais anteriores talvez tenha sido o ponto de entrada. Mas o domínio do demônio é tão forte que você está cega para o fato de que está abusando e torturando outros seres humanos e sentindo prazer em fazer isso. Além de controlar seu apetite sexual, ele manipula seu intelecto, obscurecendo sua consciência dos fatos mais óbvios, como o fato de você ter se tornado uma narcisista sádica e uma predadora sexual."

Theresa precisava de uma oração de libertação. Eu não a administraria até que ela mudasse de emprego. A interação diária com as colegas de trabalho prejudicaria os esforços para libertá-la. A presença delas seria uma tentação constante, despertando seu apetite sexual, comprometendo sua vontade e, portanto, tornando o trabalho de libertação mais difícil do que o necessário. Nunca é prudente colocar força contra força ao enfrentar um demônio.

Felizmente, Theresa levava a sério seu desejo de buscar a libertação e, em seis semanas, após seu pedido, o banco a transferiu para outra agência. Assim que ela se estabeleceu em um novo emprego e destruiu as informações de contato das ex-colegas de trabalho, demos início à sua libertação.

Os demônios respondem de várias maneiras quando as orações são invocadas contra eles. O demônio de Theresa tinha uma estratégia formidável: ele a impedia de se envolver em renúncias estimulando seus órgãos sexuais. Às vezes, Theresa se perdia tanto na manipulação que era induzida ao orgasmo.

Eu orava e ordenava com força que o demônio parasse, mas minhas orações não resultavam em nada. O demônio estava no comando. O problema não era o fato de ele ter me desobedecido. O problema era que eu não tinha jurisdição sobre ele. A atividade dele com Theresa era tão prazerosa para ela que ela a acolheu. Ela permitiu que o demônio permanecesse onde estava, impedindo que qualquer autoridade minha o expulsasse.

Theresa precisava desejar a expulsão do demônio *mais* do que gostava da estimulação dele. Para criar uma barreira entre ela e o demônio, apelei para a sua maternidade. Lembrei-a de que a mãe de sua filha era uma predadora sexual sádica.

"A escravidão que você está infligindo às suas vítimas indefesas é a herança moral e espiritual que você quer deixar para a sua filhinha?", perguntei. "O que sua filha vai pensar quando descobrir que a mãe tem um demônio por meio do qual ela escraviza mulheres sexualmente? Você acha que é saudável para ela viver sob o mesmo teto que o demônio dentro de você?"

O desafio à retidão moral e à integridade maternal deu a Theresa a força para detestar o demônio. Com essa força, Theresa fez as declarações necessárias que sua libertação exigia: "Eu renuncio ao espírito de predação sexual... ao espírito de lesbianismo... ao espírito de luxúria...".

Pouco antes de o demônio deixá-la, um grande corvo pousou no parapeito da minha janela e começou a bicar ruidosamente o vidro. Além de ser uma distração – porque era estranho e assustador –, não tenho ideia de qual era o seu propósito. Mas não fez diferença. Com um grito, o demônio foi embora. Apesar de Theresa ter se sentido tentada a voltar a uma vida de predação sexual por alguns meses, ela resistiu, mantendo o foco na proteção da filha.

O caso de Theresa ilustra o tipo de transferência de espíritos que a atividade sexual imoral pode causar. Deus pretende que o sexo fortaleça permanentemente o casamento, unindo os parceiros em um vínculo de uma só carne. Quando o sexo é mal utilizado, os demônios podem ser integrados a esse vínculo.

BÔNUS ÍNTIMOS

Certa vez, um casal que estava chegando à meia-idade me procurou pedindo uma bênção para que pudessem engravidar. Depois de quinze anos de casamento, Zack e Nella ainda não tinham um filho, e Nella se angustiava com isso. Orei com eles e lhes dei a bênção desejada. Então Zack forneceu um detalhe importante: eles não haviam concebido porque Nella não queria ter relações sexuais. Nella não respondeu quando perguntei o motivo. Depois de um longo silêncio, Zack falou: "Nós temos relações sexuais uma ou duas vezes por ano, no máximo", contou ele. "Ela se recusa a fazer mais do que isso."

"Estou confuso, Nella", admiti. "Você quer um bebê, mas não quer fazer um bebê?"

"Sexo é um problema para mim, padre", disse ela. "Eu só tive um namorado antes de Zack. Éramos sexualmente ativos e eu gostava. Depois dele, parei de gostar."

"Por quê?"

"Não faço ideia. Peter e eu nos separamos, e ficou tudo bem. Simplesmente não deu certo. Eu amo Zack profundamente, mas não consigo mais gostar de sexo."

"Você consegue pensar em um motivo para isso? Houve algo único ou diferente no sexo com Peter que você não pode experimentar com Zack?"

"De modo algum, padre", respondeu ela. "Isso é um mistério para mim."

"Peter abusou de você de alguma forma? Você teve alguma experiência ruim com ele?"

"Peter sempre foi bom para mim. Eu gostava dele e achava que um dia nos casaríamos. Isso até terminarmos e eu conhecer Zack." Ao dizer isso, ela se inclinou carinhosamente sobre Zack, que estava ao lado dela, e colocou a mão na dele. "Eu gostava da intimidade física que tinha com Peter. Na verdade, eu sempre dizia a mim mesma quando estava com ele que, mesmo que nunca nos casássemos, eu sempre estaria disponível e que ele sempre poderia me ter."

"Você disse o quê?", eu a interrompi. "Você disse a si mesma que ele sempre poderia ter você?"

"Sim", respondeu ela. "Eu sei que é estúpido. Mas eu achava que gostava do Peter."

"Você fez um voto íntimo", eu disse. "Você selou sua intimidade física com um vínculo legal."

"O que isso significa?"

"Isso significa que você ainda pertence a Peter. Você está rejeitando Zack; você ainda está espiritualmente ligada a Peter."

"Padre, eu não amo mais Peter. Ele é casado com uma amiga e, de vez em quando, eu o vejo em festas e coisas assim. Não o desejo mais e ele é o tipo de pessoa que nunca faria mal a uma mosca. Não consigo imaginá-lo fazendo qualquer coisa de 'magia negra' ou 'feitiçaria' para me prejudicar."

"Peter não precisa estar envolvido nisso de forma alguma. Você fez um voto – um pacto –, e fazer isso tem implicações. Suspeito de que haja um demônio guardando e protegendo esse voto."

Conduzi Nella por uma série de renúncias, rejeitando os atos de fornicação que ela cometeu com Peter e o voto pecaminoso que fez em seu coração em relação a ele. Em seguida, eu a conduzi por uma série de orações de apego – o oposto de renúncias – por meio das quais ela cedeu os direitos que havia dado a Peter a seu marido, Zack. Ao final dessas orações, Nella relatou que ouviu um rosnado interno alto e sentiu um aperto repentino "ceder" dentro do abdome.

Zack e Nella me ligaram no dia seguinte, contando que Zack colocou a mão no abdome de Nella quando eles se deitaram naquela noite. Normalmente, quando isso ocorria, Nella instintivamente tirava a mão dele. Dessa vez, entretanto, ela não fez isso. Zack chamou a atenção dela para esse fato, e Nella ficou tão surpresa quanto ele. Em suas palavras, ela se sentiu "perfeitamente confortável". Eles tiveram relações conjugais naquela noite. Daquele momento em diante, Nella passou a ter relações completamente à vontade e facilmente. Sua frigidez havia desaparecido.

Um último exemplo que ilustra como os demônios usam atos sexuais para se unirem é o de um menino de dez anos chamado Francis. Um vizinho de dezesseis anos que seus pais contrataram para tomar conta dele o abusou sexualmente, forçando Francis a fazer sexo oral. Após a segunda ocorrência, Francis relatou o fato aos pais. Seguiu-se uma longa e dolorosa investigação policial e um julgamento criminal. Depois que o abusador foi condenado, a família decidiu começar de novo, mudando-se para o outro lado do país.

Seus pais o matricularam em um acampamento de verão local para distrair Francis dos abusos que sofrera e do trauma de ter deixado os amigos para trás. Embora a decisão deles tenha sido bem-intencionada, para Francis foi fatídica. Um dos conselheiros do acampamento era pedófilo e, das duzentas crianças matriculadas no acampamento, Francis era o alvo de seus abusos.

Embora se possa afirmar que o fato de o pedófilo ter escolhido Francis fora uma completa coincidência, há detalhes na história de Francis que desafiam essa afirmação. Francis foi adotado da Rússia aos três anos de idade. As únicas informações fornecidas pela agência estadual de adoção foram que:

1. A mãe era prostituta.
2. Ele foi concebido em um estupro, em que sua mãe foi ferida de forma grave e permanente.
3. Ele foi abusado sexualmente por um parente do sexo masculino que o estava criando.

Há um padrão significativo de abuso sexual na vida de Francis para acreditar que os incidentes envolvendo o vizinho e o conselheiro do acampamento de verão tinham sido coincidência. Por meio do sexo, duas pessoas formam um vínculo, mesmo que uma delas seja um abusador. Até que seja rompido, o vínculo que se forma é real e duradouro. E se os demônios estiverem ligados ao parceiro, o vínculo serve como um canal pelo qual eles podem ser transferidos para um hospedeiro. No caso de Francis, os demônios ligados a ele o ligaram a novos abusadores.

Eu gostaria de poder contar que a história de Francis teve um final feliz. Seus pais não eram cristãos e queriam uma solução rápida para o problema. Quando o ministério para o filho demorou demais para o gosto deles, pararam de trazê-lo. Apesar de concordarem que o problema de Francis era demoníaco, eles não conseguiram entender o caminho para a cura. Os pais optaram por não dar continuidade à catequese e à formação cristã de Francis. E o ministério de libertação nunca foi possível. Eles queriam que o problema do filho desaparecesse sem abraçar a solução – Jesus Cristo, o vencedor do reino do mal.

Por fim, a família se mudou para outra parte do país. Francis continua em minhas orações.

O ELEMENTO DEMONÍACO DA PORNOGRAFIA

O vínculo entre os parceiros sexuais é um dos motivos pelos quais a pornografia é tão viciante. Além da natureza viciante da pornografia em um nível natural, o elemento espiritual é um fator significativo para tornar a pornografia uma dependência habitual.

O Senhor ensina que aquele que olha com cobiça para alguém já cometeu adultério (Mateus 5:28). Mais do que apenas incorrer em pecado, esse olhar estabelece um vínculo de uma só carne. Concretamente, aquele que olha com luxúria para as pessoas retratadas em imagens pornográficas torna-se ligado a elas. Por extensão lógica, entretanto, *ele também se torna ligado a qualquer pessoa que também esteja ligada a essas imagens*. Portanto, usar pornografia é conectar-se em um nível de uma só carne a uma rede de miríades de pessoas.

Além disso, dentro dessa teia, os demônios circulam livremente. Assim, podemos entender por que é tão difícil conter o vício em pornografia: os usuários de pornografia são enxertados espiritualmente em uma rede de disfunção infernal ministrada espiritualmente por demônios.

LIBERTAÇÃO DA ESCRAVIDÃO DO PECADO SEXUAL

Ninguém pode eliminar a influência dos demônios sexuais – ou de qualquer demônio – sem a graça. E a graça deve ser buscada e cultivada. Uma vez obtida, deve ser valorizada, protegida e guardada para não ser maculada.

A maior fonte de graça vem dos sacramentos. Por meio deles, Deus concede Sua própria vida e nos transforma Nele mesmo.

Um encontro diário com o Senhor em oração também é essencial para obter a graça necessária para cortar os laços sexuais imorais e a impureza de nossa vida. Qualquer pessoa que deseje se livrar dos resíduos espirituais de um relacionamento sexual moralmente corrompido deve passar pelo menos um quarto de hora em oração todos os dias. Quanto mais tempo passarmos em oração, mais o Senhor poderá trabalhar em nós, enxertando-nos Nele e podando de nós o que é inútil.

Orar com imagens pode ser especialmente útil, principalmente durante a tentação sexual. Tradicionalmente chamadas de *visio divina* (olhar divino), as imagens sagradas – aquelas que retratam Nosso Senhor, a Virgem Maria, um santo ou uma cena bíblica – afastam as distrações tentadoras que competem por nossa atenção. Na tradição católica, as imagens sagradas, especialmente os ícones, são orações visíveis. O simples fato de olhar para uma imagem dessas é uma oração.

Como em qualquer libertação, renunciar aos nossos erros morais é essencial para alcançar a libertação. Conforme discutido ao longo deste livro, as renúncias são a "anulação legal" de acordos – que podemos ter feito sem nem perceber – em que o mal se aproveita de nós.

—+

O apetite sexual é tão poderoso que as pessoas sacrificam praticamente qualquer coisa para satisfazê-lo. A indústria do aborto é o produto do desejo moderno de sexo sem responsabilidade. Os bebês estão sendo mortos para pagar o custo da liberdade erótica.

A atividade sexual tem implicações espirituais. Deus pretendia que o ato sexual produzisse um vínculo vitalício, de uma só carne, com o parceiro do casamento. Aqueles que adotam a promiscuidade sexual o fazem em seu próprio detrimento e também em detrimento da comunidade da Igreja.

Por fim, devido ao potencial geracional do pecado, os membros imediatos de nossa família e todos os que nos seguem só têm a ganhar com nossa pureza e liberdade em Cristo.

Conclusão

A fúria do demônio é causa de imensa miséria. Desde o início, ele cobiçou a felicidade do homem e não se deterá diante de nada para possuí-la. Sem limites no intelecto, com vontade firme e disposição astuta, o Diabo ronda o mundo "como um leão rugindo à sua volta, à procura de alguém para devorar" (1 Pedro 5:8). Ele devorou nossos primeiros pais, Adão e Eva, e continua a fazê-lo sempre que o pecado, a doença e a morte são encontrados naqueles que foram criados à "imagem e semelhança" de Deus (Gênesis 1:26-27).

Se não fosse por Jesus Cristo, que desfez esse padrão destrutivo, a devoração do Diabo continuaria sem fim, consumindo cada pessoa humana e relegando-a a uma eternidade de miséria sem fim. São João Henrique Newman afirmou com muita propriedade que, quando Jesus Cristo, o Segundo Adão, entrou no mundo, a fúria do Diabo não apenas encontrou seu adversário, mas também sua derrota.

Ó sabedoria amorosa de nosso Deus!
Quando tudo era pecado e vergonha,
Um segundo Adão para a luta
E para o resgate veio.[1]

Na realidade, o resultado da luta entre Cristo e o Diabo nunca esteve em dúvida, embora o Deus encarnado tenha suportado tentações, traição, rejeição, crucificação torturante e morte. O intelecto da serpente se mostrou fraco diante do Criador; sua força, dócil; e sua astúcia, amadora.

É preciso alguém com o brilhantismo de Newman para articular com tanta simplicidade a absoluta incompatibilidade dos dois antigos oponentes.

> Por mais astuto e experiente que seja, ele parece uma criança ou um tolo, como alguém que é ridicularizado, cujo pão de cada dia não passa de fracasso e zombaria, diante da profunda e secreta sabedoria dos conselhos divinos. Ele faz uma suposição aqui, ou faz uma ação ousada ali, mas tudo no escuro. Ele não sabia da vinda de Gabriel, nem da concepção milagrosa da Virgem, nem o que significava o fato de aquela Coisa Santa que nasceria ser chamada de Filho de Deus. Tentou matá-Lo e fez das crianças inocentes mártires; tentou o Senhor de todos com a fome e com perspectivas ambiciosas; peneirou os Apóstolos e só conseguiu um, que já tinha seu próprio nome e já havia sido entregue ao demônio. Ele se levantou contra seu Deus com toda a sua força, na hora e no poder das trevas, e então pareceu vencer; mas com seu maior esforço, e como sua maior conquista, ele não fez mais do que "tudo [...] que havia sido decidido de antemão pela tua vontade" (Atos 4:28). Ele trouxe ao mundo a própria salvação

> que ele temia e odiava. Ele realizou a Expiação daquele mundo cuja miséria estava planejando. Maravilhosamente silenciosa, mas, ainda assim, inabalável, a trajetória da providência de Deus! "Em verdade, tu és um Deus que te ocultas, ó Deus de Israel, o Salvador"[1]; e se até mesmo os demônios, sagazes como são, espíritos por natureza e experientes no mal, não conseguem detectar Sua mão enquanto trabalha, como podemos esperar vê-la, a não ser por aquele caminho que os demônios não podem seguir, por uma fé amorosa? Como podemos vê-lo, a não ser depois, como recompensa à nossa fé, contemplando a nuvem de glória a distância, que, quando presente, era rara e impalpável demais para o sentido mortal?[2]

Se a luta contra o mal é uma parte constante da condição humana, então a solução também é – Jesus Cristo, o Segundo Adão e Salvador do Mundo –, mesmo que cada geração precise redescobri-lo.

Oro para que este livro tenha ajudado o leitor nessa redescoberta. Embora seu assunto seja perturbador por natureza, minha intenção é compartilhar as Boas-Novas da vitória de Cristo, educar outras pessoas para evitar as armadilhas do Adversário e dar confiança na Noiva de Cristo – a Igreja –, que se deleita tanto em anunciar a vitória de Cristo quanto em distribuir os despojos.

BIBLIOGRAFIA

Agostinho, Santo. *Confissões*. Tradução: Henry Chadwick. Nova York: Oxford University Press, 2008.

Ambrósio de Milão, St. *Epistola XXII*: In: The Letters of St. Ambrose. *A Select Library of the Nicene and Post-Nicene Fathers of the Christian Church, Second Series [Uma Biblioteca Selecionada dos Padres Nicenos e Pós-Nicenos da Igreja Cristã, Segunda Série]: St. Ambrose: Select Works and Letters*. Editado por P. Schaff e H. Wace. Traduzido por H. de Romestin, E. de Romestin e H. T. F. Duckworth. Nova York: Christian Literature Company, 1896. v. 10.

American Psychiatric Association. *Diagnostic and Statistical Manual of Mental Disorders (Manual Diagnóstico e Estatístico de Transtornos Mentais)*. 5. ed. Washington, DC: Associação Americana de Psiquiatria, 2013.

American Psychiatric Association. *Diagnostic and Statistical Manual of Mental Disorders, Text Revision*. 5. ed. Washington, DC: Associação Americana de Psiquiatria, 2022.

Amorth, Gabriel. *An Exorcist Tells His Story [Um exorcista conta sua história*]. São Francisco: Ignatius Press, 1999.

Aquino, São Tomás. *Summa Theologiae*. 2. ed. rev. Tradução: Padres da província dominicana inglesa. Nova York: Benziger Brothers, 1947-1948.

Catechism of the Catholic Church. 2. ed. Washington, DC: United States Catholic Conference, 2000.

Code of Canon Law: latin-english edition. 3. ed. Washington, DC: Canon Law Society of America, 2020.

Congregation for the Doctrine of Faith. Declaration on Masonic Associations. Cidade do Vaticano. 26 nov. 1983. Disponível em: www.vatican.va/roman_curia/congregations/cfaith/documents/rc_con_cfaith_doc_19831126_declaration-masonic_en.html.

Crisóstomo, São João. Martyres Aegyptios. In: *The Faith of Catholics: Confirmed by Scripture and Attested by the Fathers of the First Five Centuries of the Church*. 2. ed. Editado por J. Waterworth e T. J. Nova York; Cincinnati: P. Pustet, 1885. v. 3.

Duncan, Malcolm C. *Duncan's Masonic Ritual and Monitor or Guide to the Three Symbolic Degrees of the Ancient York Rite*. 3. ed. Nova York: Dick & Fitzgerald, 1866.

Exorcisms and Related Supplications, English Translation According to the Typical Edition (Exorcismos e súplicas relacionadas, tradução em inglês de acordo com a edição típica). International Commission on English in the Liturgy: Washington, DC, 2017.

Halloween Viewed Favorably by Most Americans. *Public Policy Polling*, 30 out. 2012. Disponível em: web.archive.org/web/20170520192335/http://www.publicpolicypolling.com:80/pdf/2011/HalloweenRelease+Results.pdf.

Hallucinations. *Alzheimer's Association*, 2024. Disponível em: www.alz.org/help-support/caregiving/stages-behaviors/hallucinations

Hilário de Poitiers, São. Contra Constantinum Imperatorem. In: *The Faith of Catholics: Confirmed by Scripture and Attested by the Fathers of the First Five Centuries of the Church*. Editado por J. J. Waterworth & T. J. Capel. Nova York; Cincinnati: P. Pustet & Co., 1885. v. 3.

Hipólito de Roma. *The Apostolic Tradition of Hippolytus*. Tradução: Burton Scott Easton. Ann Arbor, MI: Cambridge University Press, 1964.

Inácio de Loyola. *The Spiritual Exercises of St. Ignatius of Loyola Translated from the Autograph*. Tradução: Padre Elder Mullan, S. J. Nova York: P. J. Kenedy & Sons, 1914.

Jerônimo, São. Against Vigilantius. In: *São Jerônimo: Letters and Select Works*. Editado por P. Schaff e H. Wace, W. H. Fremantle, G. Lewis. Tradução: W. G. Martley. Nova York: Christian Literature Company, 1893. v. 6.

Lee, Philip et al. Acute Psychosis Precipitated by Urinary Tract Infection in a Patient with Gliosis of the Basal Ganglia. (Psicose aguda precipitada por infecção do trato urinário em um paciente com gliose dos gânglios basais). *American Journal of Medical Case Reports*, v. 7, n. 12, 2019, p. 329-333.

Lynch, James Sylvester Mary. *Rite of the Blessing of a Bell, or of Several Bells According to the Roman Pontifical with Additions to the Rubrics* [*Rito da bênção de um sino, ou de vários sinos, de acordo com o Pontifical Romano com acréscimos às Rubricas*]. Nova York: The Cathedral Library Association, 1912.

Melton, J. Gordon. *Movimento da Nova Era*. Encyclopædia Britannica. Disponível em: www.britannica.com/topic/ New-Age-movement

National Conference of Catholic Bishops. *Order of Christian Funerals*. Nova York: Catholic Book Publishing, 1989. p. 126-127.

Newman, John Henry. The Dream of Gerontius. *Verses on Various Occasions* [O Sonho de Gerôncio]. Londres: Burns, Oates, 1868.

Newman, John Henry. *Selection Adapted to the Seasons of the Ecclesiastical Year from the Parochial & Plain Sermons of John Henry Newman* [*Seleção adaptada às estações do ano eclesiástico dos sermões paroquiais e simples de John Henry Newman*]. Londres: Longmans, Green, 1920.

"Nones" on the rise. Pew Research Center. Washington, D.C. Disponível em: www.pewforum.org/2012/10/09/nones-on-the-rise/.

Papa João Paulo II. Audiência Geral de quarta-feira, 4 ago. 1999. Cidade do Vaticano. Disponível em: www.vatican.va/content/john-paul-ii/en/audiences/1999/documents/hf_jp-ii_ aud_04081999.html.

Roberts, A.; Donaldson, J.; Coxe, A. C. (ed.) *Ante-Nicene Fathers: Fathers of the Third Century: Hippolytus, Cyprian, Novatian, Appendix* [*Pais do Século III: Hipólito, Cipriano, Novaciano, Apêndice*]. Buffalo, NY: Christian Literature Company, 1886.

The Revised Standard Version of the Bible: Catholic Edition. Washington, DC: Division of Christian Education of the National Council of the Churches of Christ in the United States of America, 1966.

The Roman Ritual. Tradução: Rev. Philip T. Weller. Boonville, NY: Preserving Christian Publications, 2008. v. 2.

The Roman Ritual, Complete Edition [O Ritual Romano, Edição Completa]. Tradução: Rev. Philip T. Weller. Milwaukee: The Bruce Publishing Company, 1964.

United States Conference of Catholic Bishops (Comitê de Doutrina). *Guidelines for Evaluating Reiki as an Alternative Therapy*, 25 mar. 2009. Disponível em: www.usccb.org/about/doctrine/publications/upload/evaluation-guidelines-final-text-2009-03.pdf.

What Is Freemasonry's Relationship with Religion. United Grand Lodge of England. Disponível em: www.ugle.org.uk/about-freemasonry/frequently-asked-questions.

What Is Reiki? The International Center for Reiki Training. Disponível em: www.reiki.org/faqs/what-reiki.

White, Andrew Dickson. *A History of the Warfare of Science with Theology in Christendom*. Nova York: Appleton and Company, 1896. v. 1.

Woods, Richard J., O.P. The Possession Problem. *Chicago Studies*. George J. Dyer (ed.), v. 12, n. 1, p. 91-107, 1973.

NOTAS

INTRODUÇÃO

1. A. Roberts, Donaldson e A. C. Coxe (ed.). *Fathers of the Third Century: Hippolytus, Cyprian, Novatian, Appendix*, v. 5 (Christian Literature Company, 1886), p. 417.
2. Citado em Richard J. Woods, O.P. The Possession Problem. *Chicago Studies*, George J. Dyer (ed.), v. 12, n. 1, p. 99-100, 1973. George J. Dyer, v. 12, n. 1, p. 99-100, 1973.
3. Associação Americana de Psiquiatria, *Manual Diagnóstico e Estatístico de Transtornos Mentais.* 5. ed., 2022, p. 332. Na edição anterior do *DSM* – o *DSM-5*, publicado em 2013 – a segunda frase diz: "Por exemplo... um indivíduo pode ser 'tomado' por um demônio ou divindade, resultando em profunda deficiência e exigindo que o indivíduo ou um parente seja punido".
4. Ibid., p. 331.
5. O Dr. Paul R. McHugh, ex-psiquiatra-chefe do Johns Hopkins Hospital e atual professor de serviço distinto de psiquiatria, chamou o transgênero de "transtorno mental", observando que aqueles que se submetem à cirurgia de mudança de sexo têm vinte vezes mais probabilidade de cometer suicídio do que a população não transgênero comparável. Consulte McHugh, Paul. Transgender Surgery Isn't the Solution [Cirurgia de transgêneros não é a solução]. *Wall Street Journal*, 13 maio 2016. Disponível em: www.wsj.com/articles/paul-mchugh-transgender--surgery-isnt-the-solution-1402615120?reflink=desktopwebshare_permalink.

CAPÍTULO 1: A REALIDADE DO DEMÔNIO

1. Gabriele Amorth. *An Exorcist Tells His Story*. São Francisco: Ignatius Press, 1999. p. 168.

CAPÍTULO 2: O QUE É ATIVIDADE DEMONÍACA?

1. Ver *Catechism of the Catholic Church*. 2. ed. Washington, DC: United States Catholic Conference, 2000. p. 1989-1992.
2. Um princípio essencial a ser seguido é a quinta regra das famosas Regras para o Discernimento dos Espíritos de Santo Inácio de Loyola (1491-1556): "Uma vez que na desolação o mal tenta fazer com que uma escolha ruim pareça boa e correta, durante um período de desolação espiritual nunca se deve tomar uma decisão importante, mas esperar pacientemente e manter a decisão e o rumo que se estava tomando antes do início da desolação" (Inácio de Loyola. *The Spiritual Exercises of St. Ignatius of Loyola Translated from the Autograph*. Tradução: Padre Elder Mullan, S.J. Nova York: P. J. Kenedy & Sons, 1914. p. 35).
3. *O Ritual Romano* é o livro oficial dos ritos e cerimônias realizados por um padre católico.
4. Sem reconciliação, todos os esforços para limpar o local serão inúteis. O sacerdote não é um feiticeiro ou um operador de magia. Suas ações só são eficazes na medida em que a vítima está em comunhão com Deus.
5. Não me refiro à "encarnação" no sentido de que o Filho de Deus se tornou homem, ou seja, quando Ele assumiu uma natureza que não era a Sua, mas no sentido de que um cristão é feito membro do Corpo de Cristo, uma imagem frequentemente usada por São Paulo em suas Epístolas (Romanos 12:5; 1 Coríntios 12:12-27; Efésios 3:6, 4:15-16 e 5:23; Colossenses 1:18 e 1:24).

CAPÍTULO 3: O QUE É EXORCISMO?

1. Conferência dos Bispos Católicos dos EUA, *Exorcisms and Related Supplications*. Washington, DC, 2017. p. 33.
2. Não é verdade que os dentes de Jeremy realmente cresceram até cinco centímetros e depois voltaram ao normal. Os demônios não têm o poder de produzir tais mudanças. Entretanto, eles são mestres em ilusionismo e podem fazer com que os dentes *pareçam* mais longos e mais ferozes.
3. Os protestantes frequentemente criticam a prática católica de orar aos santos. Essa crítica, no entanto, vem de um mal-entendido sobre o que significa "orar". Como qualquer dicionário pode confirmar, "orar" significa "pedir". Não significa "adorar". Tanto católicos quanto protestantes concordam que a adoração é devida somente a Deus. Shakespeare usou a palavra "*prithee*" em suas peças, uma contração da frase "*I pray thee*". É equivalente a dizer: "Eu lhe peço". No Ato 3, Cena 4 de Macbeth, por exemplo, Macbeth "reza" para Lady Macbeth quando pede que ela olhe para o fantasma que apareceu de repente: "Prithee, veja lá! Veja!".

   Para os católicos, a oração aos santos é sagrada. Em suas epístolas, Paulo frequentemente pede àqueles a quem está escrevendo que orem por ele (por exemplo, 2 Tessalonicenses 3:1-2; Filipenses 1:19; Romanos 15:30). Ele não considerava as orações deles supérfluas, nem considerava suficiente apenas orar por si mesmo. A pergunta lógica é: por que essa intercessão de um cristão por outro deveria parar na morte? Todos os cristãos acreditam que, para aqueles que morrem na amizade de Deus, a morte é o nascimento para a glória do Céu. Os católicos, no entanto, consideram absurdo o fato de que aqueles que estão no Céu tenham menos poder e capacidade do que tinham na Terra. Como poderia faltar-lhes no Céu – quando estão na própria glória de Deus – um poder que desfrutavam na Terra?
4. Exorcismos e súplicas relacionadas, §14.
5. Para proteger a arte do exorcista e as ferramentas que ele usa, não revelarei outras. Como elas são úteis somente se a vítima não tiver conhecimento delas, seria inadequado publicá-las.
6. Manifestações que uma vítima pode apresentar e que ajudam a diagnosticar a presença de demônios:
   - Referir-se a si mesmo no plural, como "Nós" e "Nosso" (como em Marcos 1:23-24; e 5:9).
   - Violência (como em Atos 19:16).
   - Gritos (como em Marcos 5:5).
   - Mutismo (como em Lucas 11:14).
   - Movimentos corporais não naturais (como em Marcos 9:20).
   - Contorções corporais (como em Marcos 9:18).
   - Autoagressão (como em Marcos 5:5).
   - Tentativa de suicídio (como em Marcos 9:22).
   - Fala com uma voz diferente.
   - Soa e se move como um animal.
   - Habilidades paranormais.
   - Insultos e linguagem obscena.
   - Feridas corporais que aparecem e desaparecem repentinamente.
   - Náusea súbita e intensa.
   - Vomita objetos estranhos.
   - Adormece espontaneamente.

CAPÍTULO 4: PORTAIS - COMO OS DEMÔNIOS ENTRAM EM UMA PESSOA

1. A confissão é o ato de reconciliação com Deus e Sua Igreja. Seguindo a exortação de Cristo aos Apóstolos, Seus primeiros sacerdotes em João 20:23, a Igreja Católica sempre ensinou que somente um sacerdote ordenado apostolicamente pode conceder o perdão de Deus.

2. O conteúdo da confissão de uma pessoa é absolutamente confidencial e o sacerdote nunca está livre para divulgar o que o penitente revela, *independentemente do motivo*. A Igreja Católica chama essa confidencialidade de Selo de Confissão. Para ser claro, o que eu disse sobre Linda e Charlie não é uma violação do selo, pois não divulguei a identidade de nenhum deles. "Linda" e "Charlie" são pseudônimos de pessoas cujas identidades permanecem em segredo.
3. Para ser claro, seu batismo não é destruído, mas seus efeitos deixam de ser operativos. O batismo marca a alma de maneira permanente e indelével. Um pecado mortal, entretanto, torna-o ineficaz.
4. *Catechism of the Catholic Church*. 2. ed. Washington, DC: United States Catholic Conference, 2000, n. 1855.
5. Outros exemplos são abundantes. O descuido do filho de Noé, Cam, levou à maldição de toda a nação de Canaã (Gênesis 9:25). A praga final aplicada por Deus no Egito consistiu na morte em massa infligida a todos os primogênitos dos egípcios pelo pecado cometido por Faraó (Êxodo 11:1-12:36). A história do adultério de Davi com Bate-Seba talvez seja o exemplo bíblico mais detalhado de uma maldição geracional. Davi tentou encobrir seu pecado assassinando Urias, o que trouxe imensa desgraça para Davi e seus descendentes (2 Samuel 10:7-14). Outro caso envolvendo Davi ocorreu quando Satanás o incitou a fazer o censo de Israel (1 Crônicas 21:1). Por essa escolha, Deus forçou Davi a escolher um castigo para infligir à nação. O menos prejudicial para ele parecia ser a peste, e setenta mil foram mortos (1 Crônicas 21:14).
6. O exorcismo simples – também chamado de exorcismo menor – é uma oração destinada a libertar alguém que está sendo assediado por demônios. É equivalente à oração de libertação. Em contraste, o exorcismo maior ou solene é a oração oficial da Igreja Católica para libertar aqueles cuja influência demoníaca atingiu a possessão.
7. Um aspecto muito curioso, porém fascinante e afortunado, de seu caso é que, cada vez que uma parte da maldição era quebrada, a situação de seus irmãos também melhorava (por exemplo, eles experimentavam estabilidade no casamento, conseguiam um emprego melhor, tinham melhorias na saúde etc.).

CAPÍTULO 5: UMA SESSÃO DE EXORCISMO

1. São Tomás de Aquino. *Summa Theologiae*. 2. ed. rev. Tradução: Padres da Província Dominicana Inglesa. Nova York: Benziger Brothers, 1947-1948, I-II, Q. 85, Art. 3, respondeo.

CAPÍTULO 6: BACKUP CELESTIAL

1. Em 2023, 4.000 liras valeriam aproximadamente 11.500 dólares.
2. Giovanni Alberti. *Alessandro Serenelli: Storia di un uomo salvato dal perdono*, Santuario Madonna delle Grazie e S. Maria Goretti, 2004, p. 309.
3. Ibid., p. 310.
4. Embora os exorcistas possam usar ambos os ritos, o rito mais antigo é, de longe, o mais amplamente utilizado. Neste livro, fornecerei referências de passagens para ambos os ritos, quando aplicável. Para o primeiro, consulte *The Roman Ritual*, v. 2. Tradução: Rev. Philip T. Weller. Boonville. Nova York: Preserving Christian Publications, 2008. Para o último, consulte o já citado *Exorcisms and Related Supplications* [Exorcismos e súplicas relacionadas].
5. As regras estão incluídas no Ritual de Exorcismo. Ver *The Roman Ritual*, v. 2, p. 169; *Exorcisms and Related Supplications*, n. 13.
6. Papa Pio XII, Carta Encíclica *Mediator Dei*, parágrafo 69. Citado no *Catecismo da Igreja Católica*, 2. ed. Washington, DC: Conferência Católica dos Estados Unidos, 2000, n. 1548.
7. Cânone 1172 do *Código de Direito Canônico* (promulgado em 1983). Não há nenhum cânone correspondente no *Código dos Cânones das Igrejas Orientais* (promulgado em 1990).

8. Peguei esse exemplo de oração e os que se seguem do Rito de 1614 porque é o que a maioria dos exorcistas usa. Há duas traduções em inglês desse rito, ambas feitas pelo padre Philip T. Weller: a tradução original de 1952, escrita em um inglês mais formal, e uma tradução mais idiomática (em que, por exemplo, "*Thee*" e "*Thou*" foram alterados para "*You*" e "*Your*"), publicada em 1964. Para facilitar a leitura, estou usando a última tradução para essas orações. *The Roman Ritual, Complete Edition*. Tradução: Rev. Philip T. Weller. Milwaukee: The Bruce Publishing Company, 1964. p. 650-651.
9. Ibid., p. 651-652.
10. Alguns podem se perguntar se eu abençoei a estola antes de usá-la, já que é costume que um padre faça isso. Eu não abençoei. Tudo aconteceu tão rápido que nem pensei nisso até depois da reunião.
11. Cf. *The Roman Ritual, Complete Edition*, p. 395-397.
12. Em seu tratado, *A Tradição Apostólica*, Santo Hipólito de Roma nos deixou uma descrição dessa prática antiga: "Então o presbítero, pegando cada um dos que estão prestes a ser batizados, ordenará que ele renuncie, dizendo: 'Renuncio a ti, Satanás, e a todos os teus servos e a todas as tuas obras'. E quando ele tiver renunciado a tudo isso, o presbítero o ungirá com o óleo de exorcismo, dizendo: 'Que todos os espíritos se afastem para longe de você'. O Bispo Diocesano abençoa o Óleo de Exorcismo uma vez por ano durante a Missa Crismal (geralmente celebrada na Quinta-feira Santa)". (Hipólito de Roma. *The Apostolic Tradition of Hippolytus*. Tradução Burton Scott Easton. Ann Arbor, MI: Cambridge University Press, 1964. p. 45-46).
13. São João Crisóstomo. *Martyres Aegyptios*. In: J. Berington; J. Kirk. *The Faith of Catholics: Confirmed by Scripture and Attested by the Fathers of the First Five Centuries of the Church*, v. 3, 2. ed. J. Waterworth; T. J. Capel (ed.). Nova York; Cincinnati: P. Pustet & Co, 1885. p. 275-76.
14. Santo Hilário de Poitiers, cit., p. 256.
15. São Jerônimo. (1893). Against Vigilantius. In: P. Schaff & H. Wace (ed.). *St: Letters and Select Works*. Tradução: W. H. Fremantle; G. Lewis; W. G. Martley. Nova York: Christian Literature Company, 1893. v. 6, p. 421.
16. Santo Ambrósio de Milão. Epistola XXII. In: *The Letters of St. Ambrose*: A Select Library of the Nicene and Post-Nicene Fathers of the Christian Church, Second Series: *St. Ambrose: Select Works and Letters*. v. 10. P. Schaff & H. Wace (ed.). H. de Romestin, E. de Romestin, e H. T. F. Duckworth (trad.). Nova York: Christian Literature Company, 1896. p. 439-440.
17. *The Roman Ritual*, v. 3, p. 365.
18. James Sylvester Mary Lynch. *Rite of the Blessing of a Bell, or of Several Bells According to the Roman Pontifical with Additions to the Rubrics*. Nova York: The Cathedral Library Association, 1912. p. 22-23.
19. Ibid., p. 25-27.
20. Conferência Nacional dos Bispos Católicos. *Order of Christian Funerals*. Nova Jérsei: Catholic Book Publishing Corp., 1989. p. 126-127.
21. Para essas descrições e outras, consulte Andrew Dickson White. *A History of the Warfare of Science with Theology in Christendom*. Nova York: D. Appleton and Company, 1896. v. 1, p. 345.
22. Sabíamos que seu nome era Baal por causa de outro demônio exorcizado anteriormente. Antes de expulsá-lo, quando ele estava exausto do exorcismo, nós o obrigamos a revelar os nomes dos outros dois possuidores. Os nomes dados estavam corretos porque cada demônio sempre aparecia quando convocado por ele.

CAPÍTULO 7: O MUNDO OCULTO

1. Pequeno controle de plástico que soletra mensagens ao deslizar pelo tabuleiro Ouija.
2. O que é Reiki? The International Center for Reiki Training, *Reiki.org*. Disponível em: www.reiki.org/faqs/what-reiki.
3. Ibid.

4. Conferência dos Bispos Católicos dos Estados Unidos (Comitê de Doutrina), *Guidelines for Evaluating Reiki as an Alternative Therapy*, Parágrafo 11. Disponível em: http://usccb.org/about/doctrine/publications/upload/evaluation-guidelines--finaltext-2009-03.pdf.
5. De acordo com J. Gordon Melton, PhD, Professor de História Religiosa Americana no Instituto de Estudos da Religião, na Universidade Baylor: "O movimento [...] falava aos doentes e psicologicamente feridos, especialmente àqueles que não conseguiam encontrar ajuda por meio da medicina tradicional e da psicoterapia. Alinhando-se ao movimento de Saúde Holística – que defendia práticas de cura alternativas e naturais, como massagem, dietas com alimentos naturais, quiropraxia e acupuntura –, os adeptos da Nova Era promoviam a cura espiritual. Eles também buscavam a integração de práticas divinatórias mais antigas (astrologia, tarô e I Ching) com o aconselhamento psicológico padrão". (J. Gordon Melton. *New Age Movement*. Encyclopædia Britannica, www.britannica.com/topic/New-Age-movement).
6. United Grand Lodge of England. Disponível em: www.ugle.org.uk/about-freemasonry/frequently-asked-questions.
7. Malcolm C. Duncan. *Malcolm C. Duncan's Masonic Ritual and Monitor or Guide to the Three Symbolic Degrees of the Ancient York Rite*. 3. ed. Nova York: Dick & Fitzgerald, 1866.
8. Ibid., p. 34-35.
9. Ibid., p. 51.
10. Congregação para a Doutrina da Fé, *Declaration on Masonic Associations*, 26 nov. 1983. Disponível em: www.vatican.va/roman_curia/congregations/cfaith/documents/rc_con_cfaith_doc_19831126_declaration-masonic_en.html.

CAPÍTULO 9: MALDIÇÕES

1. Desde que desejemos fazer uma confissão completa, até mesmo os pecados esquecidos são perdoados no Sacramento.

CAPÍTULO 10: FANTASMAS E ASSOMBRAÇÕES

1. São Tomás de Aquino, por exemplo, não apenas acreditava que as almas dos que estão no Purgatório podem aparecer para nós como "fantasmas" (Suma Teológica Supl., 69, 3), como também foi visitado por eles duas vezes. Por volta da época de sua canonização, em 1323, o frade dominicano Bernardo Gui escreveu uma biografia de Tomás. Nela, Gui relata que Tomás foi visitado pela alma de Romanus, o Mestre de Teologia. Este último o sucedeu na Universidade de Paris. Romanus revelou que sua alma havia passado quinze dias no Purgatório, mas que agora estava no Céu. O segundo fantasma era o da irmã falecida de Thomas, que revelou que estava no Purgatório e precisava de orações e missas. Thomas atendeu obedientemente ao pedido dela. Mais tarde, ela apareceu novamente para informá-lo de que agora estava na glória.
2. Papa João Paulo II, Audiência Geral de Quarta-feira, 4 ago. 1999. Disponível em: www.vatican.va/content/john-paul-ii/en/audiences/1999/documents/hf_jp-ii_aud_04081999.html.
3. Embora esteja fora do escopo deste capítulo fazer um relato exaustivo da doutrina católica do Purgatório, algumas explicações teológicas ajudarão a dar sentido aos fatos empíricos apresentados.

   A revelação cristã se apoia nos ombros da tradição judaica e é melhor interpretada por meio dela. O povo judeu oferece expiação em nome dos mortos. No Kaddish, por exemplo, eles oram pelo perdão e pela justificação do falecido, para que a alma possa passar pelo estado intermediário após a morte, atravessar a "Corte Celestial" e chegar ao seio de Deus, justa e merecedora da vida eterna. Um filho do falecido reza o Kaddish todos os dias durante onze meses e depois em cada aniversário de morte. O El Malei Rachamim é uma oração semelhante que pede a Deus que perdoe os pecados de alguém que morreu recentemente. Ela é recitada durante o sepultamento e nos serviços memoriais realizados durante o ano todo.

A oração judaica pelos mortos é descrita em 2 Macabeus 12:38-45, em que Judas Macabeu ordena que se ofereça oração e sacrifício por seus soldados mortos. Sob a túnica de cada um dos mortos, eles encontraram símbolos sagrados dos ídolos de Jâmnia, que a lei proíbe que os judeus usem. E ficou claro para todos que era por isso que aqueles homens haviam caído. Então... eles se voltaram para a oração, suplicando que o pecado cometido fosse totalmente apagado. E o nobre Judas fez uma coleta e a enviou a Jerusalém para que fosse feita uma oferta pelo pecado. E, fazendo isso, procedeu muito bem e com honra, tendo em conta a ressurreição. Pois se ele não estivesse esperando que os que haviam caído ressuscitassem, teria sido supérfluo e insensato orar pelos mortos. Mas se ele estava esperando o esplêndido galardão que está reservado para os que dormem em piedade, esse era um pensamento santo e piedoso. Portanto, ele fez expiação pelos mortos, para que eles fossem libertados de seus pecados (2 Macabeus 12:40-45).

Os cristãos protestantes não consideram 2 Macabeus como revelação divina e não o incluem em suas Bíblias. Na melhor das hipóteses, o relegam a uma seção que chamam de apócrifos. No entanto, está incluído na Septuaginta, a tradução grega do Antigo Testamento compilada durante os séculos III e II a.C., e esse fato não é de pouca importância. A Septuaginta é a versão das Escrituras judaicas (agora chamadas de Antigo Testamento) usada por Cristo e seus apóstolos em seu ministério. Dois terços das citações do Antigo Testamento no Novo Testamento são retirados da Septuaginta, e em nenhum lugar o Novo Testamento adverte contra os escritos que os protestantes agora chamam de apócrifos. Pelo contrário, o Novo Testamento cita textos apócrifos, como em Hebreus 11:35, que é uma reiteração de 2 Macabeus 7.

4. Para a descrição das Escrituras dos tormentos do inferno como eternos, veja, por exemplo, Apocalipse 14:11; 19:3; 20:10. Outra evidência pode ser vista no fato de que a Igreja, que as Escrituras chamam de "coluna e baluarte da verdade" (1 Timóteo 3:15), nunca orou pelas almas dos condenados.

CAPÍTULO 11: SEXO E SEXUALIDADE: PORTAIS PARA A ALMA

1. Para saber o significado e a finalidade dessa ação, chamada de exsuflação, consulte o Capítulo 5.
2. Santo Agostinho. *Confessions*. Tradução: Henry Chadwick. Nova York: Oxford University Press, 2008. p. 15.

CONCLUSÃO

1. John Henry Newman. The Dream of Gerontius. *Verses on Various Occasions*. Londres: Burns, Oates, 1868. p. 333.
2. John Henry Newman. *Selection Adapted to the Seasons of the Ecclesiastical Year from the Parochial & Plain Sermons of John Henry Newman*. Londres: Longmans, Green, 1920. p. 217-218.